LIBRAIRE : UN MÉTIER

Collection ***Logiques Sociales***
fondée par Dominique Desjeux
et dirigée par Bruno Péquignot

En réunissant des chercheurs, des praticiens et des essayistes, même si la dominante reste universitaire, la collection Logiques Sociales entend favoriser les liens entre la recherche non finalisée et l'action sociale.
En laissant toute liberté théorique aux auteurs, elle cherche à promouvoir les recherches qui partent d'un terrain, d'une enquête ou d'une expérience qui augmentent la connaissance empirique des phénomènes sociaux ou qui proposent une innovation méthodologique ou théorique, voire une réévaluation de méthodes ou de systèmes conceptuels classiques.

Dernières parutions

Marie-Caroline VANBREMEERSCH, *Sociologie d'une représentation romanesque. Les paysans dans cinq romans balzaciens*, 1997.
François CARDI, *Métamorphose de la formation. Alternance, partenariat, développement local*, 1997.
Marco GIUGNI, Florence PASSY, *Histoires de mobilisation politique en Suisse. De la contestation à l'intégration*, 1997.
Philippe TROUVÉ, *Les agents de maîtrise à l'épreuve de la modernisation industrielle. Essai de sociologie d'un groupe professionnel*, 1997.
Gilbert VINCENT (rassemblés par), *La place des oeuvres et des acteurs religieux dans les dispositifs de protection sociale. De la charité à la solidarité*, 1997.
Paul BOUFFARTIGUE, Henri HECKERT (dir.), *Le travail à l'épreuve du salariat*, 1997.
Jean-Yves MÉNARD, Jocelyne BARREAU, *Stratégies de modernisation et réactions du personnel*, 1997.
Florent GAUDEZ, *Pour une socio-anthropologie du texte littéraire*, 1997.
Anita TORRES, *La Science-fiction française : auteurs et amateurs d'un genre littéraire*, 1997.
François DELOR, *Séropositifs. Trajectoires identitaires et rencontres du risque*, 1997.
Louis REBOUD (dir.), *La relation de service au coeur de l'analyse économique*, 1997.
Marie Claire MARSAN, *Les galeries d'art en France aujourd'hui*, 1997.
Collectif, *La modernité de Karl POLANYI*, 1997.

© L'Harmattan, 1998
ISBN : 2-7384-6275-8

Frédérique LEBLANC

LIBRAIRE : UN MÉTIER

Éditions L'Harmattan
5-7, rue de l'École-Polytechnique
75005 Paris

L'Harmattan Inc.
55, rue Saint-Jacques
Montréal (Qc) – CANADA H2Y 1K9

Le sociologue n'a pas à décider de ce que devraient être les frontières des groupes sociaux, mais à analyser selon quelle logique les groupes se font, se maintiennent ou se défont, pourquoi et comment un découpage d'une région de l'espace social a prévalu et continue de prévaloir sur d'autres découpages possibles.

Bernard ZARCA : Identité de métier et identité artisanale. *La Revue Française de Sociologie*, **XXIX**-2, 1988.

INTRODUCTION

De façon générale, le rôle éminent des bibliothèques dans la diffusion de la lecture, comme celui des éditeurs dans la création littéraire au sens large du terme, sont reconnus des lecteurs comme des professionnels liés de près ou de loin aux métiers du livre. Cette même reconnaissance n'existe pas pour le rôle des libraires dans la médiation entre un lecteur et un texte publié, quel qu'en soit le genre, c'est-à-dire un auteur et son éditeur. Si quelques romanciers ont salué les efforts de certains libraires, la majorité des lecteurs n'est pas prête à faire la différence, dans ses jugements comme dans ses choix de lieux d'achat, entre un libraire qui développe des compétences particulières autour du produit qu'il vend, et un vendeur de livres dont les compétences peuvent être remarquables, mais pas en lien direct avec le livre. De même, rares sont les chercheurs qui se sont consacrés à l'étude d'un métier tel que la librairie d'aujourd'hui, dont le rôle dans la vente des ouvrages est, certes incontesté, mais trop souvent réduit à l'obéissance aux choix imposés par les éditeurs qui leur envoient les livres. Or, il n'est qu'à observer les vitrines des points de vente de livres pour constater des différences parfois importantes. L'éventail des ouvrages présentés peut, soit se limiter à l'exposition des dernières nouveautés, soit être organisé autour d'un thème et dans un décor qui mette en valeur les ouvrages. Ainsi certains détaillants du livre se contentent de suivre les choix éditoriaux de quelques éditeurs parmi ceux dont la réussite économique est la plus importante, alors que d'autres pèsent de tout le poids qu'ils peuvent sur la diffusion de la création littéraire et des connaissances en sélectionnant scrupuleusement les ouvrages qu'ils proposent à leur clientèle ou en s'efforçant de promouvoir un maximum de livres à la fois.

INTRODUCTION

Si l'on désigne les premiers par le terme de "vendeurs de livres" et les seconds par celui de "libraires", alors il est évident que, même si les libraires sont le plus souvent assimilés de façon erronée à des vendeurs de livres, ils ont bien un rôle moteur dans la diffusion des livres en général et de certains textes en particulier. « Les éditeurs de littérature générale [eux-mêmes, reconnaissent qu'ils] font entre 60 et 70 % de leur chiffre d'affaires avec trois cents libraires d'une qualité exceptionnelle »[1] ... soit entre 1,5 et 1 % des 20 à 30 000 lieux de vente de livres que recense l'INSEE. Cette disproportion entre le poids des libraires et celui des vendeurs de livres dans la diffusion des livres est si importante qu'elle met en évidence le fait même qu'un libraire n'est pas seulement un "bon" vendeur de livres, mais qu'être libraire, c'est d'abord assurer un service comprenant non seulement l'accueil mais surtout le conseil, la recherche bibliographique et enfin la commande des livres à la demande des clients. Mais c'est encore parvenir à créer un lieu et une atmosphère uniques[2] où les habitués, comme la clientèle de passage, soient assurés de trouver en permanence en rayon les livres qu'ils jugent fondamentaux dans des genres très différents. Ces livres jouent le rôle de marquage d'un lieu familier en même temps qu'ils organisent un sentiment d'accord et de partage de certains goûts ou affinités entre les clients de la librairie.

Pourtant, rien ne différencie officiellement les métiers de libraire et de vendeur de livres. Le classement des catégories professionnelles et sociales de l'INSEE ne connaît que des "petits détaillants en livres" et aucun diplôme spécifique ne réglemente, comme dans d'autres métiers, l'accès au commerce du livre ni à la librairie. Comment donc distinguer les libraires, qui ont un rôle actif dans le secteur culturel, des vendeurs de livres, qui ont un

---

[1] BÉTOURNÉ (Olivier) : *Les maux endémiques de l'édition*, in Le Monde, 10/10/97. O. Bétourné est directeur général de Fayard. Malgré ce constat plutôt intéressant pour la librairie, il observe que la proportion des librairies dans l'ensemble des commerces du livre a tendance à se réduire au profit des grandes surfaces.

[2] Un libraire a ainsi aménagé dans sa librairie un coin où les clients peuvent s'asseoir et prendre un café « ... parce que, dans le Nord, le café c'est sacré ».

rôle passif d'intermédiaire entre un éditeur et un acheteur ? Trop souvent la seule réponse offerte s'appuie sur des critères économiques. Sont alors considérées comme "librairies", y compris par certains professionnels du livre, les points de vente qui réalisent le plus gros chiffre d'affaires. Mais dans ce cas sont aussi considérés comme "librairies" des magasins dont seule la taille de la surface de vente permet de vendre beaucoup. Au contraire, sont systématiquement négligées les petites librairies qui ne réalisent pas un chiffre d'affaires suffisant pour que leur poids soit remarqué des éditeurs. Pourtant certaines d'entre elles effectuent un important travail auprès des lecteurs au regard de leurs moyens, notamment en termes de clientèle potentielle permettant de proposer, en dehors des nouveautés et des poches, des ouvrages qui se vendent moins facilement. En outre, la surface de vente réservée aux livres est souvent moyenne, voir petite, et le nombre de salariés au service de la clientèle réduit. Certains professionnels du livre préfèrent alors parler de "vraie" librairie, de librairie "de proximité", "de qualité", ou encore "traditionnelle". Mais les critères déterminant ces appellations sont instables, souvent flous, et ils ne font pas l'unanimité.

Cette pluralité de dénominations et le manque de définition de ce qu'est la librairie masque en fait une absence de reconnaissance, voire de connaissance, du métier de "libraire". Seul le repérage de critères constitutifs de cette activité professionnelle au travers des compétences nécessaires à l'exercice du métier de libraire permet de saisir le plus complètement possible ce qui le définit et caractérise socialement son statut au sein des métiers du livre. La particularité de la librairie qui allie dans une même activité deux démarches antagonistes quant à leur valeur sociale, une démarche commerciale et une démarche culturelle, prend alors toute son importance. En effet, dans la hiérarchie des activités professionnelles, la démarche commerciale ne procure aucun capital symbolique[3] susceptible de rehausser la position sociale d'un professionnel du domaine culturel. De même, la démarche

---

[3] BOURDIEU (Pierre) : *La distinction, critique sociale du jugement*, Paris, Minuit, 1979.

culturelle se doit, pour procurer un maximum de capital symbolique, d'être la plus éloignée possible de ce qui peut avoir trait, de près ou de loin, au capital économique. Cet état de fait plonge ses racines loin dans le passé et structure encore fortement les conceptions du métier ainsi que les jeux de positionnement social des libraires par rapport aux vendeurs de livres.

Nous nous proposons donc de saisir les mécanismes de construction de l'identité professionnelle des libraires d'aujourd'hui. Notre hypothèse principale veut que cette identité synthétise à la fois l'identité sociale a priori attribuée au métier dans la société globale, et l'identité sociale et professionnelle que souhaite se constituer la personne en activité par rapport aux modèles identitaires possibles. Elle repose sur une autre hypothèse qui sous-tend l'ensemble de l'ouvrage, à savoir que l'état actuel d'un métier est porteur de l'ensemble de son histoire sociale. « L'identité sociale constituée à travers la profession exercée résulte à la fois des trajectoires individuelles de ses titulaires et de l'histoire sociale des institutions dans lesquelles elles se matérialisent »[4].

Dans un premier temps, il s'agit d'appréhender le statut qu'occupe la librairie, dans la société globale, ainsi que le rôle qui lui est conféré. Pour cela, encore faut-il connaître les fondements de cette activité professionnelle et saisir les enjeux qui la traversent. « Ce dont nous avons besoin c'est d'une histoire structurale (…) qui ferait apparaître chaque état successif de la structure examinée comme étant à chaque fois le produit des luttes et les principes des transformations qui en découlent, à travers les contradictions, les tensions et les rapports de force qui la constituent »[5]. Or, dans le cas de la librairie, ce travail n'a pas été fait. Trop proche du commerce pour attirer l'attention de ceux qui travaillent sur le champ culturel, et trop liée au commerce pour les

---

[4] DESROSIÈRES (Alain) THÉVENOT (Laurent) : *Les catégories socioprofessionnelles*, Paris, La Découverte, 1988. - p. 110.
[5] BOURDIEU (Pierre), avec WACQUANT (Loïc J. D.) : *Réponses*, Paris, Seuil, 1992. - p. 68.

personnes qui s'intéressent aux "professions", la librairie n'a pas suscité la curiosité des chercheurs. Cet ouvrage se propose donc de cerner la formation et la consolidation du statut social actuel de l'activité de libraire de ses origines à ce qu'il est aujourd'hui à travers la trame qui sous-tend l'organisation et les positions sociales des commerçants de livres imprimés au cours du temps. Toutefois il n'est pas question d'un travail d'historien parce que ce n'est pas l'objet de cet ouvrage. Il serait donc vain de vouloir trouver ici une chronologie exhaustive des événements qui ont jalonné l'histoire du commerce des livres, ou l'ensemble des mouvements qui l'ont traversée, qu'ils aient ou non laissé des traces dans le devenir de la librairie. Il s'agit au contraire, avec la distance que donne la position dans le présent, de repérer, dans le passé déjà exploré de la librairie, ce qui continue de faire sens aujourd'hui, ou qui fait le lien entre plusieurs situations sociales qui perdurent. Ces données doivent permettre de comprendre comment les libraires d'aujourd'hui arrivent à se positionner socialement en alliant à la fois l'histoire sociale constitutive de leur métier et l'adaptation à la situation économique et sociale actuelle. (parties I et II)

Dans un second temps, il s'agit de repérer les diverses manières qui s'offrent aux libraires pour se distinguer des vendeurs de livres, et celles qu'ils utilisent. En effet, à la fin du XIXème siècle, sous l'effet de la division sociale du travail[6], la librairie se sépare de l'édition. Dès lors, la seule place socialement et professionnellement prévue pour les libraires est celle de commerçant. Il s'agit donc de comprendre comment, en cernant les spécificités du travail des libraires, ceux-ci ont réussi à se constituer et à se réserver une position socialement reconnue entre l'éditeur et le vendeur de livres, alors même que cette position ne paraît pas socialement indispensable. Or l'écartèlement de la librairie entre commerce et culture rend problématique, voire impossible, la convergence du statut social attribué a priori par la société globale à l'ensemble des commerçants du livre et le statut

---

[6] DURKHEIM (ÉMILE) : *De la division du travail social*. - Paris : PUF, 1991 (1ère édition : 1893).

que les libraires, eux, tiennent à s'approprier. La revendication d'une simple image de commerçant de produits culturels est alors insuffisante du fait du caractère culturel, inhérent au livre. Force est donc pour les libraires d'affirmer une autre identité professionnelle que celle, de vendeur de livres, qui leur est imposée. C'est seulement par ce jeu entre une identité professionnelle pré-attribuée, mais inacceptable, et une identité professionnelle visée, reconnue professionnellement mais non socialement, que les libraires ont une chance de faire ressortir la spécificité de leur rôle professionnel et social dans la division sociale du travail. (partie III)

Chapitre 1

DEUX TYPES DE COMMERCES DISTINCTS

XVème-XVIIIème SIÈCLES

La tentation est toujours grande de remonter aussi loin dans le temps que la curiosité pour un sujet nous entraîne. En ce qui concerne la librairie, il est possible de poser des jalons. Ainsi, si l'on considère la marchandise principale du libraire d'aujourd'hui comme étant non pas seulement l'écrit, mais l'écrit imprimé, il n'est pas nécessaire de remonter au-delà de la fin du XVème siècle, lorsque l'imprimerie, inventée par Gutenberg arrive en France. Cette innovation technique marque le début de la possibilité matérielle de la production de livres à grande échelle, élément qui, par ricochet, ouvre la voie au développement du commerce des livres encore très limité. C'est donc sous l'Ancien Régime que se fondent quelques unes des règles et des "valeurs" du métier de libraire qui ont marqué de leur empreinte les bouleversements du XIXème siècle. Ces valeurs perdurent toujours de façon plus ou moins apparente malgré une structuration radicalement différente de la société globale et du commerce des livres. En 1791, est aboli le système des corporations et le commerce est libéralisé. C'est la fin d'un système de production et d'un type d'organisation des échanges qui provoque un bouleversement structurel complet dans tous les domaines et marque la fin d'une période pour l'organisation du commerce des livres.

Aujourd'hui on désigne le plus souvent les libraires de l'Ancien Régime par le terme anachronique d'"éditeurs". Mais cette désignation est impropre et si la "librairie" d'alors est très éloignée de celle d'aujourd'hui, elle l'est certainement encore bien davantage de l'édition. Le terme d'éditeur exclurait en effet, certaines tâches qui incombaient au libraire de l'Ancien Régime, telles celles de relieur, brocheur, assembleur et parfois imprimeur et inclurait au contraire des fonctions qui n'existent pas encore, telles la diffusion et la distribution. C'est pourquoi, dans cette partie, nous nommerons "libraires" les artisans ainsi désignés sous l'Ancien Régime. Le deuxième groupe de vendeurs de livres[1] est formé de marchands ambulants. Il y a d'une part les colporteurs, ces porteurs de balle que l'on surnommait "voiture à talons", et d'autre part les forains, marchands ambulants ayant une voiture.

Dans la société de l'Ancien Régime, les rôles sociaux sont prédéfinis[2] et les individus, qui n'ont aucune existence en tant que tels ne peuvent que se couler dans des positions sociales auxquelles ils sont identifiables. Investis de rôles sociaux spécifiques, les libraires et les colporteurs ont donc des statuts distincts, même si certaines règles qui s'efforcent de réglementer la circulation des imprimés leur sont communes. Il s'agit de cerner le rôle social de chacun d'eux et de déterminer leur statut respectif dans le commerce des livres et plus généralement dans le fonctionnement de la société de l'Ancien Régime. Force est donc de mettre à jour les délimitations non seulement des capacités et des modes d'intervention sur la production et la diffusion des livres de ces deux catégories de vendeurs, mais aussi l'étendue de leur action dans ces deux domaines, ainsi que les cadres qui régissent leurs activités. Sous l'Ancien Régime les instances de contrôle des commerçants des livres sont au nombre de deux : l'une est d'ordre professionnel alors que l'autre est d'ordre politique. A priori indépendantes, elles entretiennent dans les faits des liens si étroits qu'ils sont souvent difficiles à démêler.

---

[1] Ce terme désigne toute personne faisant acte de vente de livres, libraire ou colporteur.

[2] Nombre de sociologues ou de prédécesseurs de la sociologie —tels A. Comte, E. Durkheim, M. Weber ou plus près de nous A. Touraine, pour ne citer que les plus connus— ont décrit les phases successives que traversent les sociétés, quels que soient les termes choisis pour les désigner. Les sociétés comme celle de l'Ancien Régime sont une étape appelée à laisser la place à un autre type de société.

I/ Deux catégories distinctes de commerçants

1- Les libraires

A l'apparition du terme de "libraire", au début du XIIème siècle, il n'est pas question de commerce, mais de création et surtout de *copies* de documents effectuées presqu'exclusivement par des moines pour leur monastère. A partir de l'invention de Gutenberg, les libraires des villes universitaires sont pour la plupart issus des métiers du manuscrit et souvent d'anciens copistes, libraires stationnaires ou traducteurs de textes latins et grecs. Dans les villes qui n'accueillent pas d'Université, il s'agit surtout d'anciens écrivains. De la fin du XVème à la fin du XVIIIème siècle, si être libraire ne garantit pas une vie aisée, cela assure par contre une position dominante parmi tous les types de vendeurs de livres sédentaires que sont aussi les étalants, les boutiquiers et les bouquinistes, et surtout une position sociale la plupart du temps enviable au sein de la bourgeoisie. Le commerce du livre en dehors des monastères est quasi inexistant jusqu'au XIIIème siècle, puis il s'étend. C'est alors au "libraire stationnaire" que revient le travail de faire exécuter des copies de manuscrits anciens, ou des rédactions nouvelles, et c'est surtout chez lui qu'est désormais conservé le manuscrit d'origine. Il doit s'occuper de la location de ce dernier, en entier ou le plus souvent en livrets séparés pour permettre à plusieurs personnes de travailler à sa copie en même temps et à laquelle il travaille parfois lui-même. C'est à lui que revient de veiller à ce que la copie soit aussi fidèle que possible à l'original.

L'INVENTION DE GUTENBERG RÉVOLUTIONNE LA CIRCULATION DE L'ÉCRIT ET LES MÉTIERS DU LIVRE

C'est en 1449 que Gutenberg crée l'imprimerie. Mais sous l'Ancien Régime, toute innovation, quelle que soit sa nature, n'est pas la bienvenue dès lors qu'elle bouleverse l'ordre établi. Elle met donc quelque temps à s'imposer lorsqu'elle y arrive, c'est-à-dire lorsque les conséquences sociales du dérangement qu'elle impose sont moindres que celles de l'apport de la novation. C'est pourquoi, bien qu'ensuite treize autres villes de France aient leur imprimerie avant la fin du XVème siècle[3], contrairement aux libraires qui avaient déjà un statut social avant l'invention de l'imprimerie, les imprimeurs occupent d'abord une position dominée. Ce sont des artisans ambulants qui s'installent dans la ville où une offre de travail les arrête, pour en repartir sitôt celui-ci terminé. Ils sont d'ailleurs exploités par les libraires pour lesquels ils travaillent. C'est seulement lorsqu'une maîtrise d'imprimeur est instituée et qu'ils commencent à se fixer, que les différences entre libraires et imprimeurs s'amenuisent. D'ailleurs leur connaissance en matière de métaux les rapproche des orfèvres, corps de métier dont ils sont parfois issus, qui occupent déjà une position élevée dans la hiérarchie des corporations. Ils tiennent désormais souvent une boutique, où ils vendent les livres qu'ils choisissent eux-mêmes, ou que les libraires leur cèdent en paiement de l'édition commandée. De ce fait, au XVIème siècle, en dehors de leur titre de maître, peu de choses distinguent l'imprimeur du libraire qui surveille la fabrication de ses livres, le plus souvent dans son propre atelier. Toutefois, la situation financière des artisans imprimeurs ou libraires n'est satisfaisante que dans les grandes villes, et en particulier dans celles où est implantée une Université qui leur fournit un travail suffisant pour leur procurer un revenu dont ils puissent vivre. La librairie est alors souvent rattachée à cette institution religieuse. Mais « dans les villes secondaires où l'exercice d'un seul métier ne suffisait pas à faire vivre son

---

[3] Dont Lyon (1473), Troyes (1483) et Rouen (1485), in LABARRE (Albert). *Histoire du livre*, Paris, PUF, col. Que sais-je ?, 1985. - p. 56.

homme ; le libraire (...) vendait aussi parchemin et papier, fabriquait de l'encre, reliait des livres et confectionnait des registres »[4].

Un des effets de l'invention de l'imprimerie est le développement de l'édition sur tout le territoire. Dès le XVIème siècle des imprimeries se fixent d'abord à Paris : on en compte 61 sous le règne de Louis XII, soit quelques dizaines d'années seulement après l'arrivée de la première imprimerie. Cent ans plus tard, sous le règne d'Henri IV au cours duquel les libraires se voient exemptés d'impôts, on en dénombre 235 et « pour la seule année 1606, on relève une soixantaine "d'entrées" dans la compagnie »[5]. Par la suite le nombre de librairies se stabilise : en 1767, Diderot estime à 360 le nombre d'établissements de "libraires et imprimeurs" et en 1779 les "libraires" repérés par leur assujettissement à la capitation sont au nombre de 215. En province le développement de la librairie est conditionné par celui de la ville, lui-même dépendant des voies de communication terrestres ou fluviales qui la traversent ou aux croisements desquelles elle se trouve. Dès le XVIIème siècle, et pendant à peu près deux siècles[6], l'importance du trafic commercial à Lyon[7] permet à ce centre urbain de rivaliser avec Paris en matière de librairie, sans pour autant avoir d'Université. Le plus souvent les libraires de province se concentrent essentiellement sur des ouvrages de grande diffusion, comme des livres d'usage ou de piété dont les ventes sont assurées, puis des romans. Cependant, bien que la reconnaissance d'un travail de qualité permette à quelques familles de libraires de province de se faire une réputa-

---

[4] LABARRE (Albert) : op. cit. - p. 78.

[5] NÉRET (Jean-Alexis) : *Histoire illustrée de la librairie et du livre français des origines à nos jours*. - Paris : Ed. Lamarre, 1953. - p. 45.

[6] WERDET (Edmond) : *De la librairie française, son passé - son présent - son avenir*. - Paris, E. Dentu Libraire-Editeur, 1860. - p. 33.

[7] Le premier livre imprimé à Lyon sort des presses en 1473 et en 1500 se comptent plus de 160 imprimeurs dans cette ville in BOURNAZEL (Éric), VIVIEN (Germaine), GOUNELLE (Max) : *Les grandes dates de l'histoire*, Larousse, Paris, 1989. - p. 76 et 80.

tion nationale à partir du XVIIIème siècle, la fracture reste profonde entre librairie de province et librairie parisienne. D'ailleurs, en 1764 la France, c'est-à-dire la France d'aujourd'hui à l'exclusion d'Avignon et de la Lorraine, compte 900 ouvriers pour 274 ateliers en dehors de Paris, alors que la capitale à elle seule regroupe 700 à 1 000 ouvriers entre 1769 et 1771 (chiffre moyen du fait de la mobilité des compagnons) pour quelques 300 presses[8].

L'invention de Gutenberg a aussi des effets sur la présentation des livres eux-mêmes. L'indication de la provenance des ouvrages est contemporaine de l'imprimerie : l'adresse de l'imprimeur ou du libraire est indiquée à la fin puis, très vite, au début de l'ouvrage. Cette pratique s'estompe au XVIIème siècle avec l'instauration du privilège obligatoire[9] (un extrait du texte de celui-ci comprend le nom du libraire qui l'a obtenu). La présentation même de l'ouvrage subit de profonds changements. Du fait de l'augmentation soudaine du nombre d'ouvrages publiés[10], le livre n'est plus l'objet extrêmement rare et précieux qu'il était au Moyen Age et les somptueuses couvertures des incunables n'ont plus lieu d'être. De même le papier remplace rapidement le parchemin, non seulement pour des raisons économiques, mais aussi pour des raisons techniques de pénétration de l'encre. Puis l'idée vient de ne plus commencer le texte sur la première page mais sur son verso, puis sur le recto de la seconde car, les livres voyageant en feuillets, la première page était trop souvent abîmée lors d'échanges commerciaux entre libraires. Ces surfaces inutilisées suscitent alors une grande novation : l'impression d'un titre sur le premier recto. Les premiers titres

---

[8] In MARTIN (Henri-Jean) : *Le livre français sous l'Ancien Régime*, Paris : Promodis Le Cercle de la Librairie, col. Histoire du livre, 1987. - p. 119.

[9] Le privilège réserve à un ou plusieurs libraire(s), pour un temps défini, le droit de faire imprimer et de commercialiser un manuscrit.

[10] A la fin du XVème siècle, la production de livres est évaluée à 30 ou 35 000 éditions pour 20 millions d'exemplaires de livres imprimés pour une Europe qui compte environ 100 millions d'habitants. Au XVIème siècle il s'agit, toujours à l'échelle européenne, de 150 à 200 000 éditions (dont 25 000 à Paris et 13 000 à Lyon) ce qui représente environ 200 millions d'exemplaires.

sont alors des phrases ou des morceaux de phrases, de début de texte. Enfin, la dernière véritable révolution en matière de présentation des livres est l'apparition de la pagination à la fin du XVIème siècle[11], en plus de la numérotation des in-folio pour permettre à l'ouvrier de s'y retrouver plus facilement en particulier lorsqu'il ne sait pas lire. En effet, lorsque les relieurs recevaient les planches de papier imprimées, rien n'indiquait l'ordre des pages —une même planche de papier est pliée puis découpée, formant ainsi un nombre de pages variant selon le format du pliage. Peu à peu sont créés d'autres repères, tels les titres courants. Au XVIème siècle enfin, le titre apparaît sur la tranche des couvertures car, avec l'augmentation du nombre de livres qu'il est désormais possible de posséder, leur présentation à plat n'est plus envisageable car elle prend trop de place. Il devient déjà nécessaire de les disposer, comme ils le sont aujourd'hui, debout, tranche apparente[12]. Par contre la présentation du texte évolue plus lentement.

    En permettant une plus grande diffusion de livres, l'invention de l'imprimerie rend également possible une plus grande diffusion de l'apprentissage de la lecture dont le besoin se fait sentir, en particulier au moment où les villes s'étendent et où la bourgeoisie marchande, prenant de l'importance, ressent la nécessité d'une instruction lui permettant de développer ses affaires. Exclusivement réservé aux hommes d'église jusqu'au XVème siècle l'apprentissage de la lecture et de l'écriture s'étend à d'autres catégories de la population dès le début du XVIème siècle en particulier grâce aux humanistes qui ont à cœur de développer l'instruction en dehors des monastères. Les succès de librairie atteignent alors déjà deux à trois cents exemplaires. L'enseignement se fait dans les collèges religieux. L'enfant apporte son livre qui est rarement le même que celui de son voisin. C'est en général celui dans lequel son père a lui-même appris à lire parce que les livres sont encore rares. En l'absence de l'idée de concevoir des livres spécifiques d'apprentissage progressif de

---

[11] LABARRE (Albert) : op. cit. - p. 63.
[12] LABARRE (Albert) : op. cit. - pp. 61-62.

la lecture, l'enseignement reste longtemps individuel et basé sur la mémoire orale. Petit à petit, les familles les plus fortunées souhaitant investir dans ce domaine emploient leur propre précepteur qui accompagne les enfants au collège où il s'occupe de leur apprendre à lire puis à écrire avec des livres mis à leur disposition sur place.

Mais la vraie révolution induite par l'invention de Gutenberg est encore ailleurs. Ainsi, alors que les livres n'étaient fabriqués qu'à la demande avant l'invention de l'imprimerie, en permettant de publier des livres plus rapidement, donc à un bien moindre coût, cette nouvelle technique offre au contraire la possibilité de publier des livres sans besoin de commande préalable. Petit à petit l'idée vient donc de publier des ouvrages qui ne sont pas de première nécessité et qui s'adressent à un public plus large. Sans l'invention de Gutenberg, il aurait été impossible de concevoir ne serait-ce que l'idée d'investir temps et argent dans de telles entreprises, alors qu'il était déjà si difficile de répondre à la demande d'ouvrages jugés essentiels. Il s'agit bien là d'une révolution : de simple exécutant, peu à peu le libraire, peut puis doit, prendre des initiatives en matière de choix des manuscrits qu'il éditera pour plaire à un public dorénavant seulement potentiel. Ce travail gagnant en importance, les libraires abandonnent progressivement le travail d'écriture et se spécialisent dans la publication et la vente des textes imprimés.

Mais dès la fin du XVème siècle, ils constatent que certains livres se vendent difficilement et ne sont parfois que perte sèche. La situation des artisans devient difficile. L'idée leur vient alors de publier des ouvrages de deux types : des livres de vente facile et rapide faisant rentrer des revenus financiers permettant d'éditer et de stocker des ouvrages de vente lente, dont le coût en matière de capital immobilisé se trouve ainsi amoindri. C'est l'apparition du "fonds" de librairie comprenant à la fois les derniers textes produits et des ouvrages plus anciens. Dès la fin du XVIIème siècle il est possible d'observer une séparation assez nette entre librairie dite "savante et littéraire" et la librairie dite "commerciale", qui distingue les libraires prêts à immobiliser un certain capital pour proposer des livres difficiles et ceux qui préfèrent se spécialiser dans les livres d'écoulement rapide. Ce deuxième changement est aussi fondamental que le premier car se trouvent désormais réunies les bases indispensables au fonctionnement du commerce du livre tel que nous le connaissons aujourd'hui. Dorénavant, même si la librairie change progressivement de visage, les modifications qui vont intervenir jusqu'en 1791 ne seront que des "évolutions" et non des "révolutions".

Enfin les conséquences de l'invention de Gutenberg ne touchent pas seulement la nature du métier de libraire, elles se font également sentir dans la dimension que prend le commerce des livres. Dès le début du XVIème siècle, des libraires s'échangent des balles de livres. Le solde de la transaction est réglé périodiquement par lettres de change, souvent annuellement, lorsque les comptes des transactions entre deux libraires sont en trop fort déséquilibre. Mais les voies de communication permettant le développement de ce commerce ne commencent vraiment à s'améliorer qu'à la fin de l'Ancien Régime[13]. Il est donc hors de question d'imaginer qu'il existe, même sous une forme rudimentaire, une fonction équivalente à celle du représentant d'aujourd'hui, et il n'est pas davantage question de commandes sur catalogue. Les ouvrages ainsi envoyés ne sont donc pas choisis par le destinataire mais par l'expéditeur. Or il est fréquent que celui-ci envoie les ouvrages qu'il ne peut pas écouler lui-même dans sa librairie. Ce système laisse donc une majorité de libraires insatisfaits. Mais là n'est pas le seul risque des échanges entre libraires. Une part importante de la marchandise qui voyage en tonneau, le plus souvent par bateau et quelquefois par voiture, se trouve perdue pendant le transport, qu'elle soit abîmée, en particulier à cause de la non-étanchéité des balles, ou qu'elle se perde faute d'avoir été correctement aiguillée (les signes indiquant la destination des tonneaux aux transporteurs illettrés ne sont pas toujours compris). Enfin, les livres envoyés

---

[13] La France compte alors 12 000 lieues de voies bien entretenues. Paris se trouve à 5 jours de Lyon et à 12 jours de Marseille ou Toulouse, in BOURNAZEL (ÉRIC), VIVIEN (Germaine), GOUNELLE (Max) : op. cit. - p. 142.

en feuilles arrivent souvent incomplets lorsque l'expéditeur a chargé un de ses apprentis peu lettré ou illettré de préparer les envois, les compagnons typographes les plus lettrés étant chargés de la confection des plaques d'imprimerie, tâche jugée plus importante. Le destinataire doit donc toujours vérifier les livres qui lui sont envoyés pour éventuellement demander les feuillets manquants qui peuvent, à leur tour subir les mêmes avatars. Ainsi, il arrive que le destinataire ne propose les ouvrages qui lui sont envoyés que fort longtemps après leur sortie, qui plus est au prix d'un travail et de risques importants et coûteux. Toutes ces différences expliquent pendant longtemps la faiblesse des échanges même entre grands libraires. Pourtant, le nombre exponentiel de livres publiés ainsi que les demandes des lecteurs exigent une plus grande circulation des ouvrages. De ce fait, au XVIIème siècle l'organisation du commerce se modifie quelque peu et la vente des livres dans les foires prend de l'importance[14]. Les libraires y envoient un homme de confiance, un facteur ou un membre de leur famille, lorsqu'ils n'y vont pas eux-mêmes, avec une voiture chargée de livres qu'ils troquent contre des ouvrages qu'ils choisissent eux-mêmes. Cette méthode de travail réduit de surcroît les déséquilibres financiers dans les échanges, ainsi que les difficultés de maîtrise des taux de change entre les diverses monnaies. Certaines de ces foires, et notamment successivement dans le temps celles de Lyon[15], Francfort puis Leipzig, prennent une importance si considérable que certains facteurs ou membres des familles des libraires ouvrent une boutique dans ces villes pour devenir des correspondants en titre.

Les inventaires notariés des fonds des libraires, qui, légalement, doivent être effectués par deux libraires lors de décès ou d'actes de vente, permettent d'avoir une idée de ce que peut

---

[14] Le développement des foires au milieu du XVIème siècle est si important que s'ouvrent des Bourses dans plusieurs villes comme Lyon (1543), Toulouse (1549) et Rouen (1566), in BOURNAZEL (ÉRIC), VIVIEN (Germaine), GOUNELLE (Max) : op. cit. - p. 85.

[15] En 1494 Lyon supplante Genève comme centre bancaire, in BOURNAZEL (ÉRIC), VIVIEN (Germaine), GOUNELLE (Max) : op. cit. - p. 80.

offrir une librairie moyenne des XVIIème et XVIIIème siècles. Rocollet, libraire de moyenne importance qui a la protection du chancelier Séguier à qui il a sauvé la vie pendant la Fronde, tient boutique au Palais et possède à sa mort, en 1662, un total très approximatif de 15 à 20 000 volumes. Barbin, maître libraire depuis 40 ans, également installé au Palais revend en 1695 un total de 25 729 volumes pour 70 titres (en fait 64 titres différents[16]). A ces 70 titres s'en ajoutent 9 pour lesquels il n'a vendu qu'une partie de ses privilèges, soit qu'il ne souhaite pas se déposséder complètement du titre, soit qu'il s'agisse de la seule part qu'il possède. Cependant là n'est pas toute sa fortune puisqu'il continue à exercer son métier après cette vente. D'autres libraires possèdent, à la même époque, un stock bien plus important : « Guillaume Godard qui détenait 263 696 volumes empilés chez lui —pour la plupart des livres d'heures— tenait boutique au Palais et était papetier »[17]. Un siècle plus tard, François Belin[18], installé depuis cinq ans seulement, publie en 1782 une vingtaine de nouveautés et un an plus tard, 33 nouveaux titres, parmi lesquels 20 sont édités à plus d'une unité, entre 2 et 34 exemplaires. En 1787 il présente cette fois un catalogue de 600 titres, dont 30 édités à compte d'auteur. Ces chiffres peuvent paraître démesurés si l'on oublie que l'ensemble des volumes possédés par un libraire pour un même titre (Barbin possède de 2 à 500, voire parfois plus de 1 000 exemplaires d'un même titre) représente le *seul* stock existant pour un titre, sauf lorsque le privilège est partagé par plusieurs libraires, auquel cas les volumes sont répartis entre eux en fonction de leur contribution respective. Du

---

[16] Un "titre" ne doit pas être compris dans son sens actuel du nom donné à un texte. Un même titre est comptabilisé dans les actes de vente ou les inventaires après décès autant de fois que le texte est édité en qualités et formats différents. D'autre part il n'a pas toujours été facile de comprendre, notamment dans les ouvrages d'E. Werdet, G. Reed ou J-A. Néret, de quoi il s'agissait lorsqu'il était question de "volume". Nous réservons ce terme à celui de "livres", ce mot prêtant à confusion avec la monnaie en vigueur sous l'Ancien Régime pour estimer la valeur des biens des libraires.

[17] MARTIN (Henri-Jean) : op. cit. - p. 99.

[18] HUBERT (Jean) : *Librairie Belin, 1777-1977*. - Paris : Librairie Classique Eugène Belin, 1977.

fait de la faiblesse des échanges entre libraires, la majorité des exemplaires d'une édition n'est disponible *que* chez le libraire à qui appartient le privilège, en dehors de quelques ouvrages dans les voitures de forains ... ou sous la forme de contrefaçons un peu partout en province en cas de succès du manuscrit.

DE L'ART D'ÊTRE LIBRAIRE

D'après G. Reed, il est possible de distinguer trois types de commerçants du livre à Paris à la fin du XVIIème siècle. Le premier rassemble les grands libraires qui achètent les manuscrits et font faire eux-mêmes leur édition par un imprimeur, en fournissant le papier et en surveillant la fabrication des ouvrages. L'imprimeur est alors rétribué pour son travail comme un simple salarié et le livre ne porte que le nom du libraire. Le second se compose de "petits libraires" qui achètent également le manuscrit mais qui, faute de capitaux suffisants, s'associent à plusieurs pour entreprendre une édition. Chaque libraire fait alors apposer son adresse sur le seul lot d'ouvrages qui lui revient et qu'il expose dans sa boutique. Enfin, le troisième groupe comprend les « simples étalants ou fripiers qui se contentent d'acheter de vieux livres aux autres libraires et aux particuliers [notamment lors des ventes après décès] pour les revendre dans leurs échoppes »[19]. A la fin du XVIIIème siècle, N. Mercier les décrit comme « arpentant tous les coins de Paris, pour déterrer les vieux livres et les ouvrages rares »[20]. La fonction des libraires des deux premiers groupes, lorsqu'ils ne sont pas imprimeurs, est de négocier avec les imprimeurs le prix du travail, la forme du texte et parfois les caractères typographiques à utiliser, de surveiller l'impression et d'assurer la vente du livre. La fabrication du livre est à la charge du libraire. S'il n'est que simple dépositaire, il ne gagne que très peu d'argent sur une

---

[19] REED (Gervais E.) : *Claude Barbin libraire de Paris sous le règne de Louis XIV*, librairie Droz, Genève, 1974. - p. 61.
[20] MERCIER (Louis Sébastien) : *Tableau de Paris, le nouveau Paris*, in MERCIER (Louis Sébastien), RESTIF DE LA BRETONNE (Nicolas) : *Parıs le jour, Parıs la nuit*. - Paris : Robert Laffont, collection Bouquins, 1990 (1ère édition en 1781). - p. 84.

vente. La somme reçue est destinée à rembourser les frais engagés par celui qui a pris les risques de l'édition. Il y a bien sûr le prix d'achat du manuscrit et du privilège, mais aussi les salaires des divers apprentis et ouvriers, qui constituent les coûts fixes, et enfin le coût, très variable, des matières premières telles que le papier (part la plus onéreuse de toutes les dépenses), l'encre et les plaques d'impression. Les travaux de brochage et de reliure sont le plus souvent à la charge du client puisque ce travail se fait après la vente de l'ouvrage dit "en blanc" ou encore "en feuille". L'importance des coûts variables, par rapport aux coûts fixes, explique le petit nombre d'exemplaires que compte la majorité des publications, quitte à ce que de multiples éditions successives soient réalisées. Échappent à cette règle les almanachs et les livres religieux dont l'écoulement est assuré. En fait, les libraires monnaient une marchandise, le manuscrit, qu'ils s'approprient et transforment de façon à la rendre accessible au lecteur, puis revendent moyennant une plus-value. L'opportunité qui s'offre alors à eux de se lancer dans un mode de fonctionnement capitaliste n'est pourtant que peu saisie jusqu'au XVIIIème siècle, lorsque ce mouvement commence à séduire une partie de plus en plus importante de la bourgeoisie manufacturière. A Paris notamment les libraires sont davantage pris dans des enjeux politiques, du fait de leur proximité avec les lieux de décision et d'exercice du pouvoir central, que dans la recherche de l'expansion à tout prix. En effet, si leur imbrication dans l'échiquier politique est source de contraintes, elle leur permet aussi de s'assurer une clientèle fidèle.

    L'association de plusieurs libraires pour entreprendre une même édition, parfois rendue nécessaire du fait du coût élevé de celle-ci et du prix du manuscrit, est aussi encouragée par l'absence de moyens de circulation des informations, des biens et des personnes. La proximité des boutiques, souvent mitoyennes, ne pose pas de problème de concurrence puisque les livres proposés dans chacune d'elles sont différents. C'est même, au contraire, une des conditions de réussite des libraires puisque se trouve facilité l'approvisionnement en matières premières, un des grands soucis des artisans sous l'Ancien Régime : ainsi arrivent-elles en un seul point des villes aux rues étroites et difficiles d'accès, et leur coût s'en trouve diminué. En outre, la librairie est un ensemble de petits artisanats indissociables les uns des autres, imprimeurs, assembleurs, relieurs, brocheurs. « Ce système exige la juxtaposition des entreprises dans un périmètre restreint »[21], tout comme le regroupement des libraires par spécialité. Ainsi à Paris l'édition des nouveautés se concentre autour du Palais Royal et du Théâtre Français alors que les libraires de la rue Saint-Jacques sont spécialisés dans l'édition savante et les grands courants littéraires du fait de leur proximité avec l'Université. Sur les 142 librairies à Paris que recense l'Almanach du libraire en 1781, la montagne Sainte-Geneviève compte une cinquantaine de librairies, dont 22 dans la seule rue Saint-Jacques, auxquelles s'ajoutent 31 des 36 imprimeries autorisées à Paris ; en outre 27 librairies ont leur adresse quai des Augustins où quelques colporteurs se sont progressivement installés[22]. Cette répartition spatiale n'est pas spécifique à Paris. Dans toutes les grandes villes les libraires de nouveautés s'installent dans des galeries ou des grandes salles de bâtiments publics alors que l'édition religieuse et savante, qui n'a pas grand intérêt à rechercher ces lieux de passage, demeure à proximité des Universités où elle a une clientèle fidélisée. Le client passe s'informer de ce qui paraît dans les librairies des différents quartiers en fonction du genre de livre qu'il recherche. Il entre alors dans la boutique car les librairies ne sont pas aménagées pour attirer le client de passage. « En principe les boutiques du XVIIème siècle n'ont pas de devanture. Des murets de caissons les séparent de la rue à hauteur d'homme »[23]. Puis, petit à petit, elles se ferment à la rue et à la fin du XVIIIème siècle, ce sont, pour la plupart, des pièces éclairées par des fenêtres ordinaires, simplement repérables à une éventuelle enseigne.

---

[21] MARTIN (Henri-Jean) : op. cit. - p. 110.

[22] Données chiffrées trouvées dans MARTIN (Henri-Jean) : *Histoire et pouvoirs de l'écrit*, Paris : Librairie Académique Perrin, col. Histoire et Décadence, 1988. - p. 92 ; d'autres sources signalent beaucoup plus d'établissements.

[23] MARTIN (Henri-Jean) : *Le livre français sous l'Ancien Régime*, op. cit. - p. 109.

Mais le rôle principal du libraire, qui le distingue de l'imprimeur, est celui qui consiste à choisir les manuscrits à publier. A-M. Lottin, imprimeur-libraire du Duc de Berry, futur Louis XV, distingue deux types de compétences pour deux sortes de libraires : la librairie "ancienne" « demande des connaissances très étendues des anciennes éditions, de leurs différences et de leur valeur, [elle] exige autant d'application que de connaissance dans les langues, dans les sciences et les arts » ; la librairie "nouvelle" « demande, [elle], beaucoup de sagacité car la première attention des libraires qui suivent cette deuxième branche doit être d'étudier le goût du public, et quelquefois même, de le diriger »[24]. De même, G. E. Reed décrit le travail du libraire Claude Barbin, bourgeois du Tiers-État et principal libraire de Molière[25] : « à cette époque comme de nos jours, son succès dépendait du mérite littéraire des ouvrages qu'il vendait, mérite qu'il ne créait pas, mais que lui seul savait discerner. Attentif aux remarques des lettrés qui feuilletaient les livres étalés dans sa boutique, entretenant les honnêtes gens des manuscrits en circulation, Barbin n'ignorait pas ce qu'on représentait sur la scène du Marais ou du Palais-Royal et ce qu'on lisait dans les salons du Plessis-Guénégaud ou de Mme de la Sablière. Choisissant parmi les copies manuscrites qu'il avait réussi à avoir sous les yeux, celles qu'il devait mettre sous presse, Barbin suivit les goûts littéraires de la génération de 1660 »[26]. Ce type de travail demande à la fois des connaissances et de l'expérience : "du métier". Or, dès l'apparition de l'imprimerie, se font entendre des plaintes des libraires les plus reconnus dans les sphères littéraires et politiques dominantes de la société parisienne à propos de travaux d'imprimerie de mauvaise qualité,

---

[24] Cité par NÉRET (Jean-Alexis) : op. cit.

[25] D'après H-J. Martin, Barbin « a eu le mérite de pressentir et de lancer des modes (...) et avoir parfois bien payé ses auteurs. Mais on ne voit pas qu'il ait été pour cela véritablement à l'origine d'un groupe actif et agissant », in MARTIN (Henri-Jean) : *Le livre français sous l'Ancien Régime*, op. cit. - p. 108. Il s'agit d'un libraire de l'époque classique, de celle dont H-J. Martin parle comme la période où les libraires ont surtout été au service de quelque haut personnage.

[26] REED (Gervais E.) : op. cit. - p. 1.

œuvres de libraires et typographes illettrés ou trop peu consciencieux. Mais au cours du XVIIIème siècle, les critiques changent de cible. Ainsi, dans leur encyclopédie Diderot et d'Alembert définissent le libraire comme un marchand qui vend des livres[27] et qui, éventuellement, en imprime ou en fait imprimer. C'est un négociant lettré ou censé l'être. L'éditeur, mot apparu dans les années 1730, est, quant à lui, un homme de lettres qui publie et vend les ouvrages d'un autre. Ici s'affirme une distinction, que l'on trouve dans d'autres ouvrages de Diderot, entre ceux qu'il appelle les "éditeurs" et ceux qu'il nomme les "libraires". Les premiers sont lettrés. Ils vendent des livres qu'ils ont choisis avec soin en fonction de la qualité de leur contenu, et savent reconnaître le talent d'un écrivain susceptible de produire des textes répondant aux attentes d'une clientèle pendant une période aussi longue que possible. Les seconds au contraire, font commerce de livres sans pouvoir estimer leur valeur. En fait, ce qui est intéressant, c'est que Diderot et d'Alembert profitent du nouveau terme d'éditeur pour établir une distinction fondée non sur des rôles distincts, mais sur des niveaux différents de savoir-faire.

Cette distinction est fondamentale en ce qu'elle décrit à elle seule une position sociale valorisée ou dévalorisée. En fait, les "libraires" contre lesquels s'insurge Diderot sont non seulement l'ensemble des personnes qui font commerce et édition

---

[27] Paradoxalement, pour être qualifié de libraire, il suffit de publier ses propres textes et de les vendre soi-même, ce qui n'est pas compris comme du commerce dès lors qu'il n'y a pas d'ouverture de boutique. Plusieurs écrivains se sont mêlés de librairie de différentes façons, tel Diderot qui a vendu ses propres ouvrages, ou d'autres personnes aujourd'hui inconnues comme Pierre Dufour : « il fait un peu tous les métiers : garçon de course chez un imprimeur, colporteur de livres interdits. (...) Aucune de ses œuvres connaît le moindre succès, il décide finalement de renoncer à la littérature et finit par trouver un emploi chez un libraire », ou La Barre : « depuis la paix faite, n'ayant point de ressource, il s'est donné entièrement à La Foliot (un libraire), qui le fait vivre et pour lequel il fait de temps en temps quelques petits ouvrages », tous deux décrits par Joseph d'Hemery, inspecteur de police chargé de la surveillance de la librairie au milieu du XVIIIème siècle, in DARNTON (Robert) : *Le grand massacre des chats, attitudes et croyances dans l'ancienne France*, Paris : Robert Laffont, 1985. - pp. 156 et 157.

d'ouvrages sans posséder ou exercer de savoir-faire, mais surtout les libraires de province spécialisés dans la contrefaçon sur lesquels il jette l'opprobre, les accusant d'être la cause de toutes les misères des "bons" libraires parisiens. Ce sont aussi d'anciens colporteurs qui ont réussi à s'établir sans avoir acquis de savoir-faire en matière d'édition. Ils ont gagné suffisamment de capital monétaire et d'appuis politiques ou policiers pour ouvrir une boutique et devenir étalants, mais ils n'ont pas pu augmenter leur capital social au sein des métiers du livre. Certains d'entre eux ont obtenu leur maîtrise et exercent légalement, mais ils demeurent très mal acceptés dans la corporation. A la fin du XVIIIème siècle, Diderot se plaint de ce que « le temps des maîtres imprimeurs, des éditeurs [(libraires)] érudits, de "l'honneur du métier" soit achevé. Les quatre *grands jurés* qui, sous le contrôle de l'Université, visitaient les imprimeries et surveillaient la fabrication des livres et l'exercice du commerce, sont impuissants devant le relâchement général. Parmi les nouveaux "libraires", on en connaît qui tenaient boutique de cordonnier ou de charbonnier »[28]. Or, à la même époque, Louis Sébastien Mercier, qui, lui, n'apprécie guère les libraires assurant leur pérennité par la diffusion d'écrits neutres ou favorables au pouvoir, utilise le même type d'argument. En les accusant de ne publier aucun texte digne d'intérêt, c'est-à-dire critique vis-à-vis du pouvoir, il ne les accuse de rien d'autre que de ne pas faire leur travail de libraire qui consiste à exercer leur savoir-faire en matière de choix de textes de qualité, pour se laisser aller trop facilement à l'autocensure. « Les libraires se croient des hommes de conséquence, parce qu'ils ont l'esprit dans leur boutique, et qu'ils se mêlent quelquefois de juger ceux qu'ils impriment. (...) Comme cette branche est, à Paris, dans la dépendance la plus humiliante, les libraires sont devenus des marchands de papiers noircis. (...) On emploie à Paris, année commune, environ cent soixante mille rames de papier pour l'impression ; la raison philosophique ne saurait en obtenir *une*

---

[28] DIDEROT (Denis) : *Lettre sur le commerce de la librairie.* - Paris : Grasset, 1937.

page, pour se faire entendre »[29]. Louis Sébastien Mercier se félicite alors de ce que « le contrat de mariage de Louis XIII fut retrouvé dans les mains d'un apothicaire, qui allait le tailler pour en couvrir un bocal »[30]. Ainsi le qualificatif de "mauvais" s'applique d'abord aux libraires effectivement illettrés, puis il se déplace sur les libraires qui, de façon générale, ne sont "que" vendeurs de textes sans intérêt. Il s'agit donc d'établir une distinction entre les libraires très proches d'un savoir-écrire qui savent juger un manuscrit, et les autres. Qu'ils ne soient effectivement que vendeurs, ou que le caractère médiocre de l'édition fasse que leur qualité d'éditeur ne justifie aucune reconnaissance, ce qui est reproché à ces derniers est bien l'absence de savoir-faire en matière de librairie, c'est-à-dire d'art du livre, d'art de faire.

LE TRAVAIL AVEC LES AUTEURS

Après la Fronde, le mouvement des Précieux gagne largement la bourgeoisie et la lecture devient désormais, dans ce milieu, autant une distraction qu'un moyen de s'instruire. De façon générale, le nombre d'écoles du premier degré (apprentissage de la lecture et de l'écriture) s'accroît, ainsi que la lecture et le besoin de livres. Ces changements sont dus non seulement à un grand appétit de savoir, resté inassouvi jusqu'à la fin du XVème siècle, mais aussi, ce qui est directement lié, à l'émergence d'un grand nombre d'auteurs de qualité en littérature, théâtre, comme en philosophie et en sciences. Au début du XVIIème siècle, les formes du texte imprimé se modifient. « Une nouvelle lisibilité était créée, par le format plus aisément maniable et par la mise en page qui restituait dans le livre quelque chose du mouvement de la mise en scène (...) aération de la page par la multiplication des paragraphes qui brisent la continuité ininterrompue du texte et celle des alinéas qui rendent immédiatement visible, par les retraits et retours à la ligne, l'ordre

---

[29] MERCIER (Louis Sébastien) : op. cit. - p. 83-84.
[30] MERCIER (Louis Sébastien) : op. cit. - p. 88.

du discours »[31]. Alors qu'à peu près tous les genres de livres sont connus, la principale caractéristique du début du XVIIème siècle est la diffusion de la pratique de la lecture dans les milieux aristocratiques (très en retard sur la bourgeoisie), et notamment la noblesse d'épée restée fort ignorante mais qui envoie ses domestiques acheter ses livres à ces commerçants qu'elle considère avec beaucoup de mépris. Les femmes aussi commencent à être plus nombreuses à lire et la publication d'écrits de femmes de la noblesse n'est pas exceptionnelle, même si l'on ne lit plus guère aujourd'hui que Mme de Sévigné et Mme de la Fayette. De façon générale, l'écriture féminine encourage d'autres femmes à apprendre à lire. D'ailleurs les salons des XVIIème et XVIIIème siècles, lieux de lecture orale aristocratique, sont le plus souvent tenus par des femmes. En outre, dans la bourgeoisie marchande il arrive très souvent que les femmes secondent efficacement leur mari dans leurs affaires. D'ailleurs, depuis le XVIème siècle, plusieurs femmes d'imprimeurs ou de libraires ont pris la succession de leur mari lors d'un veuvage[32]. Au milieu du XVIIIème siècle la présence de livres au domicile principal parisien est le fait de 17,5 % de l'ensemble du Tiers-État, de seulement 44,5 % pour la noblesse, mais de 62,5 % pour les ecclésiastiques, qui disposent de surcroît de bibliothèques religieuses[33]. Cependant le Tiers-État, comprend les personnes de conditions culturelles et sociales très différentes, et ces statistiques ne tiennent pas compte de la part de chacune de ces classes dans la population totale ni du nombre de livres possédés par foyer, certainement supérieur dans les classes élevées. Ne fi-

---

[31] CHARTIER (Roger) : *L'ordre des livres, lecteurs, auteurs, bibliothèques en Europe entre XIVème et XVIIIème siècle*, Aix en Provence, Alinéa, 1992. - p. 22.
[32] WERDET (Edmond) : op. cit. - p. 43. E. Werdet rapporte que les Estienne, célèbre famille d'imprimeurs parisiens du XVIème siècle « avaient l'habitude de faire corriger leurs épreuves par des femmes, certains qu'elles ne se permettraient jamais de modifications arbitraires au texte » (cette remarque souligne aussi, sans le vouloir, la tradition d'obéissance dans laquelle étaient élevées les femmes et à laquelle elles se sont longtemps pliées). Robert Estienne Ier obtient le poste d'imprimeur de François Ier en 1539 et se retire en 1552 à Genève où il est élevé au rang de bourgeois en 1556.
[33] In MARTIN (Henri-Jean) : *Histoire et pouvoirs de l'écrit*, op. cit. - p. 331.

gure pas non plus la présence d'éventuels livrets de colportage, rarement indiqués dans les inventaires après décès et à ce titre très peu repérables.

Le devoir de satisfaire un public toujours plus nombreux et plus exigeant renvoie immédiatement à une autre facette du métier de libraire de l'époque, celui du travail avec les auteurs. Aujourd'hui le livre est l'association d'un texte et d'un auteur. Mais pendant longtemps ce dernier n'a pas d'existence réelle. Au début de l'imprimerie et de la librairie, l'auteur est celui qui traduit des textes latins ou allemands dont le nom du créateur a disparu parce qu'il était considéré sans importance, si tant est qu'il ait jamais été noté alors qu'un texte scientifique n'avait comme valeur que celle que le nom de son auteur pouvait lui conférer[34]. L'"auteur" n'a aucun droit sur son manuscrit et l'imprimeur ou le libraire le rétribue simplement pour son éventuel travail de traduction. En fait « à la fin du XVIème siècle en France, si la catégorie de l'auteur constitue le principe fondamental de classement des discours, elle ne suppose pas obligatoirement leur "mise en lumière", c'est-à-dire leur existence exprimée »[35]. Ainsi, dans la version manuscrite intégrale de 1579 d'un ouvrage de La Croix du Maine[36] recensant l'ensemble des auteurs français, figurent, outre le nom de l'"auteur", ceux du dédicataire et du libraire, minimisant ainsi la place de l'auteur qui n'est que l'une des trois personnes permettant, à titres divers, l'existence d'un livre. Jusqu'à la fin du XVIème siècle, est

---

[34] FOUCAULT (Michel) : « Qu'est-ce qu'un auteur ? » - *Bulletin de la société française de Philosophie*, tome LXIV, juillet-septembre 1969.
[35] CHARTIER (Roger) : op. cit. - p. 51.
[36] LA CROIX DU MAINE : la *Grande Bibliothèque Françoise* (1579). Une des nouveautés de cette "bibliothèque" (nom donné à un tel ouvrage parce qu'il permet de regrouper un maximum de livres, comme le lieu du même nom) est de présenter cette liste par ordre alphabétique des noms des auteurs (qui correspondent aujourd'hui aux prénoms) et non par leur position sociale ou au moins celle de leurs mécènes. La Croix du Maine s'est bien sûr justifié d'une telle initiative irrévérencieuse auprès du Roi auquel il dédie l'ouvrage. Une version simplifiée de ce manuscrit est imprimée en 1584. In CHARTIER (Roger) : op. cit. - pp. 69-94.

considéré comme "auteur"[37] à la fois celui qui crée un texte et celui qui retrouve un manuscrit oublié —en 1579 la liste des "auteurs" compris dans ce sens depuis cinq cents ans, comporte 2 031 noms. Ce n'est que peu à peu que ne seront considérés comme "auteurs" que les "producteurs" de textes. On peut d'ailleurs supposer que la raréfaction des textes manuscrits à découvrir pour l'imprimerie a beaucoup contribué à ce changement de sens.

Il faut pourtant attendre 1624 pour que la notion de droit de propriété sur un texte apparaisse. Cette année-là, le privilège est en effet instauré pour les textes dont l'auteur est vivant. Il peut être demandé par lui ou par le libraire, mais il est accordé à l'auteur seul qui vend ensuite son manuscrit au libraire et s'en défait alors définitivement. La seule possibilité pour l'écrivain de conserver la propriété de son ouvrage est de le faire publier "à compte d'auteur" —cette pratique, si étrangère au mode de pensée de l'époque est encore peu fréquente un siècle plus tard à en croire le catalogue du libraire Belin en 1787 qui ne compte que 30 ouvrages de ce type sur les 600 titres qui le composent[38]. Une réglementation impose un accord entre l'auteur et le libraire sur le prix, la qualité du papier, le format du futur livre et d'autres conditions concernant l'édition du texte, les stratégies de l'auteur qui écrit ne s'accordant pas forcément avec celles du libraire qui doit mettre un manuscrit en forme pour l'impression en vue de séduire un public[39]. Cet accord stipule dans un acte sous seing privé que l'auteur cède définitivement son ouvrage au libraire et à ses "ayants cause". Le manuscrit appartient donc au libraire qui accepte de le publier jusqu'à l'expiration du privilège. A cette échéance la propriété du manuscrit reste au libraire s'il souhaite demander la continuation du privilège ou à un autre libraire qui rachète ledit privilège. Dans le cas contraire le ma-

---

[37] La signification étymologique de ce terme est en effet "celui qui accroît quelque chose", que ce soit les connaissances par la découverte d'un texte déjà écrit, ou un texte lui-même en lui ajoutant des commentaires.

[38] HUBERT (Jean) : op. cit.

[39] CHARTIER (Roger) : op. cit. - p. 21.

nuscrit "tombe" dans le domaine public (il s'agit bien en effet d'un signe de déchéance, puisque cela veut dire que personne n'est décidé à verser quelque argent pour en avoir l'exclusivité légale). Selon la construction théorique de M. Foucault, la notion de propriété du texte revenant à l'auteur ne s'est vraiment développée que lorsque a été mis en place un dispositif législatif répressif : « les textes, les livres, les discours ont commencé à avoir réellement des auteurs (autres que des personnages mythiques, autres que de grandes figures sacralisées et sacralisantes) dans la mesure où l'auteur pouvait être puni, c'est-à-dire dans la mesure où les discours pouvaient être transgressifs »[40]. Mais ce statut, l'auteur ne l'a jamais seul sous l'Ancien Régime. L'édit de 1534 impute à l'imprimeur ou au libraire au moins autant qu'à lui la responsabilité de la circulation d'un écrit interdit, confirmant ainsi que l'"auteur" n'a pas de droit spécifique sur son travail. L'auteur ne peut donc avoir de statut réel tant qu'il partage la responsabilité de la diffusion de son texte avec le libraire. D'ailleurs c'est le libraire qui fait sa réputation. Identifier aujourd'hui un libraire de l'Ancien Régime par les noms des auteurs qu'il a publiés, est un anachronisme —on oublie d'ailleurs trop souvent que les noms des auteurs encore célèbres aujourd'hui jouxtaient alors d'autres noms, parfois autant sinon bien plus connus. Ainsi parle-t-on aujourd'hui de "Barbin comme du libraire de Molière" alors qu'il est fort probable que l'on parlait, au début de la carrière de Jean-Baptiste Poquelin à Paris, de "Molière, auteur de pièces de théâtre de chez Barbin" dont la présence dans un vers des *Femmes savantes*,

« Hé bien ! nous nous verrons seul à seul chez Barbin »

Molière, *Les femmes savantes* (vers 1044)[41]

montre que sa renommée est connue jusqu'à la Cour devant laquelle Molière interprète ses pièces avec sa troupe —peut-être aussi s'agit-il d'une flatterie non dénuée de tout intérêt. Les noms du libraire qui a publié les manuscrits, ou ceux des "dépositaires" servent en effet de label de qualité. A l'inverse,

---

[40] FOUCAULT (Michel) : op. cit. - p. 84.
[41] Cité par REED (Gervais E.) : op. cit.

les mentions "chez les bons libraires" ou "chez tous les libraires" présagent d'un contenu médiocre sur lequel aucune maison n'a voulu engager son nom.

La question de la rétribution des auteurs pour leur travail ne se pose que lorsque l'auteur commence à exister en tant que tel. L'achat d'un manuscrit par un libraire veut dire le plus souvent, que ce dernier prend en charge tous les frais d'édition et d'achat du privilège, et qu'il remet à l'auteur un nombre de livres correspondant au prix du manuscrit fixé dans le contrat. Cette pratique permet longtemps d'éviter l'échange d'argent, ce qui convient parfaitement au libraire souvent à court de liquidité et aux auteurs pour lesquels il est inconcevable d'être rétribué pour un "travail" lorsqu'ils appartiennent à l'aristocratie, ce qui est souvent le cas. « Dès 1614, Honoré d'Urfé, trop grand seigneur pour toucher, au moins directement, de l'argent de son libraire donne à son "homme de chambre" le manuscrit de la troisième partie de *L'Astrée*. Cet "homme de chambre" reçoit du libraire 1 000 livres à titre de "pot-de-vin", plus 60 exemplaires d'auteur »[42]. Ici ce subterfuge pour toucher son dû permet même à l'auteur de ne pas être en contact avec le libraire lors de la rémunération. Ces pratiques se prolongent au moins jusqu'à la fin du XVIIème siècle. Dans tous les cas, la rémunération de l'auteur au pourcentage des exemplaires vendus n'est même pas envisagée. Par contre nombreux sont les auteurs qui perçoivent des sinécures. Un grand nombre d'auteurs est ainsi protégé, donc lié, soit directement au roi, dont les pensions sont quelquefois irrégulières, soit à quelque personnage fortuné qui devient le mécène de tel ou tel auteur. C'est d'ailleurs ce qui fait dire à Louis Sébastien Mercier à la fin du XVIIIème siècle que « la pauvreté de l'homme de lettres est à coup sûr un titre de vertu et une preuve du moins qu'il n'a jamais avili ni sa personne ni sa plume »[43]. C'est pourquoi, en dehors des références du libraire figurent sur la page de garde, non seulement le nom de l'auteur, mais aussi le nom de son protecteur. D'après R. Chartier, l'exis-

---

[42] MARTIN (Henri-Jean) : *Le livre français sous l'Ancien Régime*, op. cit. - p. 116.
[43] MERCIER (Louis Sébastien) : op. cit. - p. 81.

tence d'un texte doit autant à l'auteur qu'à celui auquel il a été dédié, et la course au protecteur ressort très clairement de l'étude des dossiers constitués par Joseph d'Hemery[44].

Mais dès le début du XVIIIème siècle les familles des auteurs, les descendants de Jean de la Fontaine les premiers, commencent à considérer qu'il serait bon de pouvoir profiter, sans limitation dans le temps, des revenus que rapportent la vente des œuvres d'un membre de la famille en héritant de la propriété des manuscrits. D'ailleurs dans sa *Lettre sur le commerce de la librairie*[45] écrite en 1767 à l'occasion d'un projet visant à supprimer les continuations de privilèges, Diderot demande que la propriété du manuscrit reste celle de l'auteur sa vie durant prenant l'exemple sur l'Angleterre où, dès 1709 le *Statute* donne droit aux auteurs de demander un "copyright" pour eux-mêmes. Ce premier projet d'atteinte aux privilèges des libraires par le pouvoir n'aboutit pas. Cependant à partir de 1777 les privilèges ne sont plus accordés que pour les livres nouveaux, tous les libraires pouvant librement reproduire les autres textes. Mais cet aspect, favorable aux auteurs, n'est que l'effet secondaire d'une mesure qui avait pour objectif premier de réduire le déséquilibre entre les libraires parisiens qui obtiennent la plupart des privilèges et les libraires de province, la préoccupation pour l'auteur passant une fois de plus à l'arrière plan. Toutefois, les privilèges accordés pour les livres nouveaux reviennent toujours à l'auteur pour récompenser son travail ou aux libraires, mais ils demeurent « "une grâce fondée en justice" (et non pas "une propriété de droit") »[46] contrairement à ce que demandait Diderot dix ans auparavant. Le privilège de l'exclusivité d'édition est désormais attribué au libraire pour une durée de dix ans, non renouvelable, au cas où l'auteur décéderait peu de temps après que l'affaire a été conclue entre l'auteur et le libraire. Mais certaines personnes, dont Condorcet, s'insurgent contre l'idée d'éternité du privilège : alors que les idées appartiennent à tous, il n'est

---

[44] DARNTON (Robert) : op. cit.
[45] DIDEROT (Denis) : op. cit.
[46] CHARTIER (Roger) : op. cit. - p. 43.

d'après lui pas concevable qu'une seule personne en ait la propriété. Pour contrecarrer cet argument, la notion d'"œuvre" est alors modifiée : elle n'est plus une réunion d'idées, qui, appartenant à tout le monde, ne peuvent justifier aucun titre de propriété, elle est désormais une façon particulière de les présenter et de les agencer.

Ainsi ne s'agit-il plus pour l'"auteur" de travailler sur commande mais de proposer ses manuscrits à un ou plusieurs libraire(s) en espérant que le plus prestigieux d'entre eux accepte de le publier. Ce bouleversement du système commande et création est semblable à celui qu'a subi le métier de libraire. C'est d'ailleurs grâce à ce renversement des choses que l'auteur acquiert, progressivement, une existence sociale. Mais la persistance de l'existence des privilèges comme propriété des seuls libraires explique que ce ne soit qu'après l'abolition de ceux-ci en 1791 que l'auteur puisse devenir légalement propriétaire des fruits de son travail par une loi effectivement promulguée en 1793. Cet effacement des auteurs devant les libraires en termes de rôle social dans la diffusion des idées et de la création littéraire contribue largement à l'importance du statut social des libraires sous l'Ancien Régime.

2- Les colporteurs

Le rôle des colporteurs a, certes, été considérable dans la circulation de certains écrits et dans l'histoire du commerce des livres. Mais tout les sépare des libraires, de leur public à l'objet de leur vente, et surtout leur statut social. A la sortie du Moyen Age, non seulement le colporteur, ou "mercier", fait partie des trois classes vagabondes avec les gueux et les truands, mais ses liens avec ces deux groupes sont parfois si étroits qu'il est parfois difficile de les distinguer. Les porteurs de balle en tous genres restent donc longtemps associés aux notions de pauvreté et de mendicité. « Mendiants, gueux, vagabonds, pauvres de toute sorte : la société d'Ancien Régime était riche de ces *"présences inquiétantes"* (...). Sous le silence méprisant des sources officielles, des historiens ont retrouvé les traces de ces *"vies fragiles"*, à l'occasion surtout de circonstances exceptionnelles où l'ordre avait été brisé. Domestiques, invalides, enfants abandonnés, femmes seules, *marchands ambulants*, ouvriers surgissent ainsi en nombre de ces documents et donnent forme à une population hétéroclite. A leur endroit, on usait volontiers de la pitié mais aussi de la potence »[47]. D'ailleurs le vocabulaire spécifique des ambulants et leur code langagier, C. Krafft-Pourrat montre à quel point les relations entre colporteurs et brigands ont été étroites au moins jusqu'au XVIIème siècle[48]. Ainsi aux alentours de 1643 un "camelotier", autre nom du colporteur, est un "gueux" dans le Maine. Le nom de "regrattier", donné au colporteur en occitan pour "mangonnier", et dont l'étymologie renvoie au marchand d'esclaves, désigne selon Richelet, dans le cas d'un regrattier de livres, « celui qui sans être libraire achète des livres bon marché pour les revendre bien cher »[49] (1681). Enfin en 1783, dans l'Encyclopédie il est indiqué que « les Lyonnais appellent camelotier ceux qui font de la contrebande »[50]. Cette indignité sociale qui s'attache aux colporteurs explique que les traces de leur activité et de l'organisation de leur travail soient très ténues. Toutefois, du fait de leur mobilité, ils sont les personnages sociaux tout désignés pour faire commerce d'imprimés sur l'ensemble du territoire, et notamment commerce de livres interdits qui attirent sur eux l'attention de la police.

LE COLPORTAGE DES LIVRES ET SES CONTRAINTES

Certaines catégories de gens, et notamment les commerçants, voyagent beaucoup à travers l'Europe malgré le mauvais état des voies de communication. La caractéristique principale des colporteurs, leur mobilité, exige de rappeler sommairement

---

[47] PROCACCI (Giovana) : *Gouverner la misère, La question sociale en France 1789-1848*, Paris, Seuil, 1993. - p. 37. Les parties en italique sont soulignées par nous.
[48] KRAFFT-POURRAT (Claire) : *Le colporteur et la mercière*. - Paris : Denoel, 1982.
[49] In KRAFFT-POURRAT (Claire) : op. cit. - p. 167.
[50] In KRAFFT-POURRAT (Claire) : op. cit. - p. 186.

quelques points sur la circulation des personnes et des biens sous l'Ancien Régime. Les frontières de la France qui se sont modifiées plusieurs fois entre le XVème siècle et le XVIIIème siècle, sont bien moins étanches aux non-"nationaux"[51] qu'on ne se l'imagine aujourd'hui. En fait l'étranger est alors celui qui n'est pas du village ou de la ville qu'il traverse, que ce soit à quelques kilomètres de chez lui, ou à plusieurs centaines. Les colporteurs véhiculent donc avec eux aussi bien la peur que l'attrait et la curiosité. D'ailleurs, selon les époques, les divergences religieuses, et les différences linguistiques séparent royaumes ou régions plus efficacement que des frontières légales entre deux pays aujourd'hui, et l'ensemble des populations qui se déplacent, dont les forains et quelquefois les colporteurs, ne voient pas dans les frontières des barrières plus difficiles à franchir que celles des ponts à péage, des gués et des portes des monastères ou des villes. En effet, peuvent coexister dans une même paroisse trois ou quatre autorités différentes comme le seigneur, les moines, les bourgeois, les prévôts. Une autre frontière, celle de la monnaie, ferme tout aussi fortement un territoire. Si les forains, qui vont de foire en foire, maîtrisent au mieux les taux de change entre les monnaies des différents pays ou régions, ceux-ci limitent l'étendue des tournées des colporteurs. La négligence de ce paramètre conduirait à ne pas comprendre ou à sous-évaluer l'importance de la circulation des hommes et des marchandises avant le XIXème siècle.

Dès les débuts de l'imprimerie en effet, des estampes ou des imprimés d'une unique feuille voyagent dans les balles des colporteurs, les livrets de colportage n'apparaissant qu'un peu plus tard. Les colporteurs sont plus longtemps sur la route qu'à leur domicile où il leur est défendu d'exercer une quelconque activité en rapport avec le commerce quel qu'il soit. « Par les statuts des libraires il est défendu aux colporteurs de tenir apprentis, magasins, ni boutique, ni imprimerie, ni faire imprimer en leur nom, mais peuvent porter au col une balle pour porter de

---

[51] Ce terme est bien évidemment anachronique du fait de l'inexistence de quelque "nation" avant la Révolution française.

petits livres qui ne passeront pas 8 feuilles brochées ou reliées à la corde, et imprimées par un libraire de Paris avec sa marque » (Furetière, 1690)[52]. Issus de toutes les régions, ils se recrutent essentiellement parmi les montagnards[53] que les mois d'hiver, pendant lesquels il est impossible de faire quoi que ce soit en matière de culture, jettent sur les routes. Ils partent à la fin de l'été après les moissons et rentrent au printemps.

Mais le fait de ne pouvoir exercer un contrôle au moins potentiel sur cette partie insaisissable de la population devient de moins en moins acceptable pour le Pouvoir royal. Le colportage offre ainsi aux personnes qui n'ont pas de domicile et qui errent sur les routes, la possibilité d'être dans la légalité sans être contraintes à un changement de mode de vie et à la sédentarisation. En effet, elles échappent au délit de vagabondage institué à la fin du XVIème siècle car les colporteurs ont des obligations et ne sont donc pas considérés comme inoccupés. Mais ce sont surtout les colporteurs de mercerie, d'où leur surnom de mercerot, qui véhiculent les imprimés et qui sont aussi les plus intéressés par le commerce des livres lorsque ceux-ci deviennent une marchandise de colportage. Ils commencent alors à s'écarter progressivement des deux autres classes de vagabonds car les livres permettent au colporteur de changer son image, non pas parce que le livre est en lui-même un objet sacralisé, les livres de colportage n'ayant que très peu de valeur, mais du fait de l'intérêt du pouvoir royal, non à leur personne, mais à leur marchandise potentiellement dangereuse. Il en est clairement ques-

---

[52] In KRAFFT-POURRAT (Claire) : op. cit. - p. 191.

[53] Il existe des particularités régionales, comme par exemple les chamagnons, des Vosges, qui « partent avec femmes et enfants. Et tandis qu'ils vantent et commentent livres et images devant leur hotte ouverte sur une gravure ou une statue de saint, elles proposent aux fermières de la mercerie », in KRAFFT-POURRAT (Claire) : op. cit. - p. 243. La façon de procéder est par contre à peu près commune à tous les colporteurs-libraires : pour remplir leur charrette ils investissent toutes leurs économies et partent sur les routes à peu près sans argent, comptant sur la bonne marche du commerce. Ils s'arrêtent dans les fermes qu'ils connaissent, plutôt que dans des auberges où les risques de contrôle policier sont trop importants, pour ensuite rayonner alentour avec une charge journalière de 30 à 40 kg.

tion pour la première fois dans un arrêt du parlement en 1566 interdisant : « à tous les imprimeurs, libraires, *colporteurs*, d'imprimer ou faire imprimer aucuns [*(sic)*] livres pleins de blasphèmes convices et coutumélies, pétulants et ne tendant qu'à troubler l'État et le repos public, sur peine de confiscation de corps et de biens »[54]. Les colporteurs sont touchés par l'ensemble des mesures qui seront prises dans ce sens comme le sont les libraires, du fait de leur marchandise ici commune, le texte. Mais à la différence des libraires qui participent de façon plus ou moins souterraine à la vie politique et qui ont les moyens d'infléchir leur sort, les colporteurs ne peuvent que subir les conséquences des enjeux dans lesquels se trouvent pris les textes qu'ils transportent. Ils ne deviennent donc socialement plus visibles que parce qu'ils vendent des imprimés, que ce soit par les articles de lois édictés à leur encontre ou par les poursuites judiciaires les mettant en cause. Pourtant leur activité est si souvent à la limite de la légalité, qu'il arrive encore que leur existence demeure complètement inconnue du pouvoir central. C'est le plus souvent au détour de quelques phrases dans un paragraphe d'un roman, sur de rares témoignages[55] ou sur une plainte à leur encontre, qu'on découvre leur activité. « Ce sont ces marchands ambulants ou colporteurs qu'on appelle "Bisoards", et qui habitent aux environs de Briançon qui tous les ans descendent de leur montagne pour faire des pacotilles de livres à Lyon et ailleurs, et vont même les porter jusqu'à Cadix et jusqu'en Sicile. Je ne connais aucun parlement[56] par lequel il paraisse que ces marchands [de contrefaçons] soient connus ni autorisés et je n'ai appris leur existence que parce qu'un libraire de Paris (...) imagina de demander (...) des ordres pour empê-

---

[54] KRAFFT-POURRAT (Claire) : op. cit. - p. 201-202. *colporteurs* est souligné par nous.
[55] C. Krafft-Pourrat se sert beaucoup de l'un d'entre eux écrit par Pechon de Ruby publié en 1556.
[56] Jusqu'à la Révolution française, le Parlement est la cour souveraine de justice formée par un groupe de spécialistes détachés de la Cour du roi.

cher ce commerce qu'il prétendait illicite »[57]. Apparaît alors toute l'ambiguïté du colportage : dangereux pour les uns, utile pour les autres, il est tantôt pourchassé, tantôt encouragé. Le commerce dont parle Malesherbes n'a en effet pas pu s'exercer sans la complicité des libraires lyonnais sans l'indulgence, voire le soutien des pouvoirs locaux. Ainsi, à la différence de ce qui préoccupe la police, ce qui gêne ce libraire est moins l'existence des personnes inconnues donc incontrôlables, tout comme le contenu des textes qu'ils vendent, que l'existence d'un important trafic de livres qui lui échappe totalement. Diderot parle alors de « cette nuée de colporteurs qu'on a vue éclore aussi subitement que ces insectes qui dévorent nos moissons dans l'Angoumois »[58].

Pour tenter d'enrayer la circulation de textes interdits, sinon sur Paris, au moins localement, certaines villes reconnaissent un nombre limité de colporteurs qui exercent en toute légalité et qu'il est non seulement plus facile de contrôler pour la police, mais dont celle-ci est aussi "en droit" d'attendre une reconnaissance à la fois sous forme d'obéissance aux règlements et de dénonciation de concurrents inconnus d'elles. En 1618 la ville de Paris reconnaît ainsi 12 colporteurs, puis 20 en 1651 et 46 en 1711. Ils ont le monopole de la vente des nouvelles officielles et des livrets autorisés. Les libraires doivent leur fournir, et à eux seuls, leur production sous peine du fouet, des galères ou de bannissement en cas d'infraction grave ou de récidive. L'activité de ces colporteurs est scrupuleusement réglementée. « Comme ils proliféraient et vendaient n'importe quoi, un arrêté de 1722 limita leur nombre à 120, en leur rappelant qu'il leur était permis "seulement de vendre des édits, des déclarations, ordonnances, arrêts ou autres mandements de justice" … des almanachs et des tarifs, comme aussi des petits livres qui ne passent huit feuilles »[59]. Pour surveiller les colporteurs en dehors de

---

[57] Propos de Malesherbes, lieutenant de police directeur de la librairie en 1750, in KRAFFT-POURRAT (Claire) : op. cit. - p. 166.
[58] DIDEROT (Denis) : op. cit. - p. 161.
[59] LABARRE (Albert) : op. cit. - p. 101.

Paris, l'autorité royale tente de se servir des aubergistes chez qui ils s'arrêtent pour vendre leur marchandise. Cependant plusieurs villes telles Rouen, Toulouse, Strasbourg, Avignon ont, comme Paris, leurs propres colporteurs autorisés dès le XVIIème siècle afin d'éviter tout développement incontrôlable de cette activité. Mais tous ces efforts restent largement vains et le nombre de colporteurs non officiellement reconnus que les librairies choisissent parmi les pauvres et les invalides des métiers du livre, augmente encore très fortement à Paris pendant le XVIIIème siècle.

  Mais contrairement à ce que l'on pourrait croire, le rôle du colporteur ne se limite pas à la seule vente. Il sert assurément de relais entre le libraire-imprimeur et une clientèle qui ne passe jamais chez les libraires, et que lui seul peut donc connaître. « Les livrets (…) sont vendus [par les libraires au colporteur] à la douzaine ou à la grosse [(douze douzaines)] ; au terme de sa tournée, il rapporte les invendus, réclame les titres qui partent bien, les genres qui lui ont été redemandés. (…) Libraire ambulant, le colporteur fait plus que placer une marchandise bon marché ; il renseigne l'éditeur-imprimeur sur la demande, sur l'accueil reçu par les nouveaux titres mis en circulation et oriente —à long terme— la production elle-même »[60]. Le savoir-faire du colporteur est donc celui d'un vendeur qui choisit des livres pour son public tout en diffusant aussi ceux qu'on lui impose. Il sait présenter leur contenu de façon à susciter la curiosité et l'intérêt du client[61]. Ces compétences n'ont pas le moindre rapport avec le savoir-faire des libraires de l'Ancien Régime, même si ceux-ci s'appliquent aussi à vendre leurs livres au risque de faire faillite. On pourrait donc croire que leur rôle principal était de permettre l'existence de textes imprimés alors que le rôle principal des colporteurs était de les diffuser. Ce qui

---

[60] MANDROU (Robert) : *De la culture populaire au XVIIème et XVIIIème siècles*, Paris, Imago, 1985. - p. 23.

[61] Une « sorte d'oratoire portatif permet au vendeur d'attirer à lui un auditoire, en racontant la vie du saint transporté, puis de vendre livres et livrets les plus divers », in KRAFFT-POURRAT (Claire) : op. cit. - p. 249.

rend ce raisonnement caduc est la diversité de clientèle des uns et des autres, ainsi que la différence du type d'imprimés dont ils font tous deux commerce. Le rôle social des colporteurs consiste à répandre les livrets de colportage jusqu'aux couches inférieures du Tiers-État et, éventuellement, à l'insu du pouvoir, des livres interdits dans les sphères les plus larges de la société. Celui des libraires consiste à transformer des manuscrits en textes imprimés avec tout le savoir-faire que cela suppose, et à les diffuser auprès d'une clientèle d'habitués. Or ces deux types de compétences sont loin d'avoir une valeur sociale équivalente sous l'Ancien Régime puisque ce qui est socialement rentable n'est pas "l'art de vendre" mais "l'art de faire", dans le sens de "fabriquer", comme le prouve le rôle de l'œuvre et du chef d'œuvre nécessaires à l'obtention, respectivement, du titre de compagnon et de maître.

Tout autres sont la fonction et le statut des forains, également ambulants. Ce qui les distingue des colporteurs est leur volume d'échange, en particulier dans les foires. Mais cette distinction n'est pas que pécuniaire, elle est aussi sociale. En effet, à partir d'une certaine quantité de marchandise vendue, les marchands ambulants sont exposés à des contrôles et à des taxes particulières. Ils ont donc un mode de vie et un code langagier distincts de ceux des colporteurs puisqu'ils appartiennent à une communauté différente. Contrairement aux colporteurs, ils jouissent de facilités de circulation et d'exemptions de taxes dans certaines foires. Le forain « s'apparente (...) à ces grands marchands ambulants qui se retrouvaient périodiquement à Paris même et dont les catalogues se trouvent encore en partie conservés à la Bibliothèque Nationale. Vendant d'ailleurs des Œuvres complètes de Voltaire en 32 volumes (...). Il ne travaille point de la balle et n'a rien qui le fasse ressembler à un mercerot »[62]. Non seulement la loi les autorise à vendre des livres au lieu des seuls livrets de colportage, mais encore leur voiture leur offre la possibilité de charger des livres lourds et coûteux, toujours non reliés pour en réduire le poids et gagner de la place, car la bâche

---

[62] MANDROU (Robert) : op. cit. - p. 26.

de leur voiture les protège davantage des intempéries que la balle des colporteurs. Ils pallient ainsi partiellement le manque de librairies ou l'absence de circulation des livres entre libraires. Les inventaires après décès de quelques forains montrent qu'ils véhiculent des contrefaçons étrangères et des françaises, mais aussi des livres des libraires parisiens pour les vendre dans les foires à travers la France en Champagne, à Lyon, ou plus loin, notamment aux foires de Francfort et de Leipzig pour les principales. C'est aussi grâce à eux que des libraires de différents pays ou régions correspondent en s'échangeant des ouvrages de leurs éditions respectives. Un véritable circuit de distribution international du livre se constitue ainsi, parallèlement au circuit national. Échanger une production et non plus seulement vendre un ou plusieurs ouvrages à des lecteurs requiert des compétences plus proches de celles des libraires que de celles des colporteurs. Le forain doit en effet pouvoir évaluer au moins approximativement la valeur des objets que lui propose le libraire avec lequel il veut faire l'échange, c'est-à-dire tant le savoir-faire mis dans la facture de l'objet que la valeur littéraire du texte —l'échange doit comprendre un nombre équivalent de livres de vente lente ou de vente facile, ou au contraire un plus grand nombre de livres de vente rapide contre un nombre moins important de livres de vente lente. En outre, les forains sont autorisés à posséder boutique et/ou dépôt, au contraire des colporteurs, ce qui les rend repérables aux yeux des autorités. Or la sédentarité devient de plus en plus valorisée au fur et à mesure que l'on avance vers la fin de l'Ancien Régime. Même si le forain n'ouvre pas de boutique, le fait même qu'il ait un stock lui fournit un point d'ancrage, susceptible d'offrir une possibilité de se sédentariser au moment voulu. C'est pourquoi lorsque l'importance des foires décline à la fin du XVIIIème siècle, les forains n'ont pas de mal à poursuivre une activité de commerce des livres lorsqu'ils se sédentarisent. Ainsi, la proximité avec "l'art du livre" étant le principal facteur de respectabilité sociale, et même s'ils peuvent parfois amasser des capitaux économiques supérieurs à ceux de certains libraires, le capital social des forains reste inférieur à celui des libraires. Il est par contre bien supérieur à celui des colporteurs.

L'ÉDITION DE COLPORTAGE

Les imprimeurs libraires de Troyes, à qui l'on doit la Bibliothèque Bleue, sont aujourd'hui les producteurs de livrets de colportage les plus célèbres car ce sont à la fois ceux dont il nous reste le plus de traces du travail, pas moins de 450 titres[63], et ceux qui semblent avoir atteint une production des plus importantes pendant plusieurs siècles[64]. Mais les imprimeurs troyens ont surtout le mérite d'avoir eu l'idée, au moment où la librairie dans son ensemble manque de clientèle, de s'adresser au lectorat populaire, de faire une collection de livres de colportage spécifiquement destinés aux classes populaires, même si sa diffusion s'est révélée être plus large. « Les éditeurs troyens ont été les premiers à prendre l'initiative de fabriquer et de vendre des livres populaires au début du XVIIème siècle ; ils en ont constitué le catalogue au cours du siècle ; et lorsque les libraires de Rouen, Paris, Amiens, Caen, s'avisent de leur succès, et les imitent, ils puisent dans le même fonds sans scrupule. La Bibliothèque bleue de Troyes a donc été à l'origine même de la littérature de colportage »[65]. Mais les premiers succès de ces entrepreneurs s'expliquent aussi par leur implantation. L'existence de moulins à papier à Troyes remonte au moins à 1348[66]. Ainsi lorsque les livrets de colportage rencontrent un succès grandissant à la fin du XVIème siècle, le papier, matière première la plus onéreuse de toute édition, se trouve sur place. Les imprimeries peuvent donc se développer dans la ville, évitant ainsi les diffi-

---

[63] La qualité du papier utilisé pour les fabriquer ainsi que celle de leur couverture ou de leur reliure n'a que très peu permis leur conservation pendant plusieurs siècles, en particulier s'ils ont été souvent manipulés. En outre ils ne sont qu'exceptionnellement signalés dans les inventaires après décès. Leur valeur monétaire étant trop faible, ils sont empaquetés au même titre que d'autres affaires sans valeur et seul le montant du ballot est mentionné —l'existence de ces livres apparaît, dans quelques inventaires, mais aucun titre n'est relevé.

[64] L'une des dernières grandes maison sera rachetée en 1830 par Baudot, dernier imprimeur de colportage troyen jusqu'à la fermeture définitive de cette entreprise en 1863.

[65] MANDROU (Robert) : op. cit. - p. 16.

[66] LABARRE (Albert) : op. cit. - p. 36.

cultés d'approvisionnement qui représenteraient un surcoût important et augmenteraient le prix des livrets. En outre cette ville, à la croisée de plusieurs voies de communication, est aussi le lieu d'une foire réputée et la production textile y prospère. Ces deux industries attirent alors nombre de marchands ambulants dont des colporteurs qui peuvent s'approvisionner en imprimés en même temps qu'ils remplissent leur balle de mercerie. D'ailleurs ces deux marchandises sont si liées que lorsque la veuve d'une des deux grandes familles d'imprimeurs de Troyes se trouve avoir des démêlés judiciaires, quelques notables locaux font remarquer que si l'activité d'imprimerie venait à s'interrompre dans la ville, l'activité textile serait mise en péril. Si ces propos sont sans doute exagérés, ils soulignent l'imbrication du colportage de mercerie et de livrets. Pourtant, avant la suprématie de l'imprimerie champenoise sur toute la Flandre d'autres grands fournisseurs de livres de colportage ont irrigué les régions, tels ceux de Lyon au XVIème siècle qui, un siècle avant les imprimeurs troyens, alimentent une partie importante du colportage dans le sud de la France, mais aussi bien d'autres dans les régions non francophones. A la fin du XVIIème siècle, Troyes comptait une dizaine de grandes familles de libraires imprimeurs. Deux familles, Oudot et Garnier, ont particulièrement réussi, non sans se piller réciproquement les textes les plus demandés de leurs catalogues. Tout en vendant leurs ouvrages à 1 ou 2 sols, elles ont réussi à amasser des fortunes considérables. En 1688 un des Oudot possède « 3 000 rames à plat de brochures déjà imprimées, 3 000 douzaines de livrets prêts à partir, [et] plus de 10 000 livres pesants de caractères d'imprimerie »[67]. Ce libraire est en relation avec une dizaine de clients libraires en Champagne et avec une trentaine de libraires correspondants dans des villes par-delà cette province, qui, à leur tour, fournissent les colporteurs. En 1730 les familles Oudot et Garnier ont, à elles deux, dix presses fonctionnant essentiellement pour les livres de colportage et en 1760 plus de 200 ouvriers travaillent pour la famille Oudot.

---

[67] MANDROU (Robert) : op. cit. - p. 40.

Les livrets de colportage sont des publications spécifiques avec des formes spécifiques. Leur description tiendrait en quelques mots : de qualité de papier et d'impression très médiocre, leur contenu textuel est fait de textes déjà publiés par d'autres libraires, et plus ou moins remodelés par l'imprimeur. Deux d'entre eux ont en effet pensé à réutiliser d'anciennes plaques d'imprimerie usagées qu'ils rachètent à bas prix à des libraires parisiens qui ont besoin d'argent ou qui changent celles de leurs plaques ayant trop servi, à moins que les vendeurs ne soient des compagnons partis de chez leur maître avec leur ouvrage pour se venger de celui-ci ou ayant aussi besoin d'argent. Certaines lettres sont partiellement ou totalement effacées et des parties du texte d'une à plusieurs pages, sont supprimées. Le paragraphe est inventé par les imprimeurs troyens et il est très utilisé dans l'édition de livrets de colportage, mais il ne correspond en rien à ce qu'il est devenu aujourd'hui et il arrive fréquemment qu'un changement de paragraphe intervienne au milieu d'une phrase[68]. Quelques historiens avaient d'abord imaginé qu'il s'agissait de coupes destinées à faciliter la lecture à un public populaire. En fait, ces interventions sur le texte sont si maladroites qu'au lieu de faciliter la lecture individuelle et silencieuse, qui ne se développe de toute façon qu'à partir du XIXème siècle dans toutes les classes sociales, elle la complique. D'ailleurs sous l'Ancien Régime c'est l'ensemble des imprimés, livres, livrets et canards qui sont l'objet d'une lecture essentiellement orale et collective, même si les pratiques individuelles de lecture et de collection d'images ou d'imprimés ne sont pas inexistantes[69]. D'autres auteurs affirment que les coupures sont opérées par les libraires pour euphémiser certains textes, en particulier les propos relatifs aux mœurs et à la religion. Mais on peut aussi penser que certaines d'entre elles sont dues au mauvais état de certaines plaques, alors en bois, même si cette

---

[68] Jusqu'au XIXème siècle, la rationalisation n'ayant pas encore pénétré le domaine de l'écriture, les paragraphes ne correspondent pas au développement d'une même idée. Plusieurs paragraphes consécutifs sont parfois constitués d'une seule phrase.
[69] CHARTIER (Roger) : op. cit.

éventualité ne semble pas avoir été envisagée jusqu'ici. Il est enfin évident que les libraires doivent aussi veiller à alléger les textes parce que ces imprimés sont destinés à être portés à dos d'homme. La limitation légale de la taille des livrets à huit feuillets maximum n'est pas toujours respectée, ils sont en général assez petits. Les livrets de colportage ont tous un contenu symbolique très différent de celui des livres vendus en librairie. En effet, destinée à un public populaire, la littérature de colportage se renouvelle peu, à la fois parce que les imprimeurs n'ont pas envie de prendre de trop grands risques de mévente, et parce qu'ils suivent les goûts de leur public qui recherche la perpétuation des rythmes de vie et coutumes associés à ces textes qui sont donc, pour la plupart, déjà connus de leurs lecteurs ou auditeurs. Ils ne contiennent pas de connaissances ou d'informations nouvelles, mais au contraire des références et des témoignages d'histoires populaires habituellement véhiculées oralement. Les livres de contes ou plus généralement les romans sont un moyen de conserver et non de devancer cette oralité. Toutes ces caractéristiques expliquent qu'ils ne représentent pas une véritable concurrence pour les libraires qui produisent un tout autre type de livres. Mais ce qui choque les détracteurs des libraires-imprimeurs spécialisés dans les livrets de colportage de l'époque est davantage la médiocrité d'impression de leurs livres et de leurs interventions sur les textes, que ces interventions elles-mêmes, pratique alors courante sous l'Ancien Régime en l'absence de droits de l'auteur sur son texte. En fait les libraires de la corporation parisienne, comme des gens de lettres tels que Diderot, ne considèrent pas ces personnes comme des "libraires".

Si la prise de risque des libraires de livrets de colportage est moindre que celle des libraires dont ils contrefont les textes puisqu'il n'y a pas de pari à prendre sur des investissements lourds dans l'édition d'un texte inconnu, ils ne sont pas non plus de simples contrefacteurs. D'abord la prise de risque existe bel et bien puisqu'il peut arriver qu'un titre se vende mal, mais surtout ils ne se contentent pas de contrefaire tous les textes qui paraissent puisqu'un certain nombre d'ouvrages, y compris parmi les livres traitant de religion, ne figurent pas à leur catalogue. Ils choisissent donc, parmi les textes existants, ceux qui leur semblent le mieux correspondre à leur public. Ils les simplifient, notamment en opérant des coupes de passages jugés trop longs, les illustrent, innovent en insérant des sauts de ligne pour former des paragraphes, et censurent les passages à connotation trop ouvertement sexuelle ou qui pourraient faire offense à la religion. En fait il existe bien une partie créatrice dans le travail des imprimeurs de livrets de colportage qui ne consiste certes pas à permettre à des textes, de plus ou moins de valeur dans leur domaine, de voir le jour sous une forme imprimée, mais à faire en sorte, dans un but mercantile évidemment, de rendre possible leur accès au plus grand nombre de lecteurs et surtout d'auditeurs. A aucun moment le manque de renouvellement des catalogues des libraires troyens et la difficulté de lisibilité[70] des textes ne compromettent leur succès.

Mais les colporteurs de livres sont de grands pourvoyeurs d'ouvrages interdits et le colportage prospère particulièrement pendant la Réforme et la Contre-Réforme. Deux phénomènes contribuent à leur efficacité dans la diffusion des écrits de la Réforme. D'une part les adeptes de Luther valorisent le livre et sa lecture, ce qui est une chance pour le commerce, d'autant que l'interdiction des croyances réformées pendant la Contre-Réforme enlève, en principe, le marché aux libraires, laissant une part importante de la diffusion de ces textes aux colporteurs. « Les principaux agents de diffusion du mouvement baptiste furent les artisans itinérants qui, à chaque répression, transplantaient la doctrine dans de nouvelles régions »[71]. D'autre part, « le christianisme a (...) commencé sa carrière comme doctrine de compagnons artisans itinérants »[72] et « en France, dans les églises huguenotes, les moines et les industriels (*marchands et*

---

[70] Celle-ci contribue à confirmer l'hypothèse selon laquelle, dans les classes populaires, les livres sont davantage des objets de "relecture" destinés à fixer une mémoire, que des objets de "lecture".

[71] WEBER (Max) : *L'éthique protestante et l'esprit du capitalisme*. - Paris, Plon, col. Presses Pocket, 1990 (1ère édition : 1920). - p. 246.

[72] WEBER (Max) : *Essais de sociologie des religions*. - Die, A Die, 1992 (1ère édition : 1920). - p. 26.

artisans) furent dès le début très nombreux et le sont restés, en dépit des persécutions »[73]. Il semble en effet que cette religion qui assure l'égalité de tous devant Dieu, séduise les personnes méprisées et traitées comme inférieures par la partie supérieure du Tiers-État. Cette nouvelle religion veut que « tous les métiers licites [soient] absolument *de même valeur devant Dieu* »[74]. Ainsi l'action des colporteurs en matière de diffusion des écrits réformés est d'autant plus efficace qu'ils sont eux-mêmes convertis, ce qui leur permet d'ailleurs d'être mieux accueillis qu'auparavant par une partie de la population appartenant à cette communauté religieuse. Au XVIIIème siècle les livres interdits changent de nature, ils sont évidemment les textes mettant en cause ou en question le pouvoir royal ou le pouvoir religieux, mais ce sont également, et surtout, les textes des philosophes des Lumières tels Rousseau, Voltaire et Diderot pour les plus célèbres de nos jours. « Les mouchards font surtout la guerre aux colporteurs, espèce d'hommes qui font trafic des seuls bons livres qu'on puisse encore lire en France, et conséquemment prohibés »[75]. On retrouve ici l'évolution de la société de l'Ancien Régime vers une importance accrue de la place prise par la bourgeoisie directement intéressée par ces ouvrages et organisant de mieux en mieux des réseaux parallèles et souterrains de circulation des idées susceptibles de légitimer leur envie d'accéder à un pouvoir politique. La vente des bibles pendant la Réforme et la Contre-Réforme et de textes des philosophes des Lumières interdits pendant une partie du XVIIIème siècle font ainsi la fortune de certains colporteurs, mais tous n'ont pas su en tirer un profit à la mesure des risques encourus. « Ces pauvres colporteurs (...) font circuler les plus rares productions du génie, sans savoir lire, qui servent à leur insu la liberté publique pour gagner un morceau de pain »[76].

---

[73] WEBER (Max) : *L'éthique protestante et l'esprit du capitalisme.* op. cit. - p. 38-39. La partie en italique est soulignée par nous.
[74] WEBER (Max) : *L'éthique protestante et l'esprit du capitalisme.* op. cit. - p. 92.
[75] MERCIER (Louis Sébastien) : op. cit. - p. 62.
[76] MERCIER (Louis Sébastien) : op. cit. - p. 63.

LA CLIENTÈLE DES COLPORTEURS

L'imprimé n'est pas un objet étranger à la vie des classes populaires de l'Ancien Régime. Le livre est à l'Église, dans des lieux publics. « L'écrit est installé au cœur même de la culture des analphabètes, présent dans les rituels, les espaces publics, les lieux du travail. Grâce à la parole qui le déchiffre, grâce à l'image qui le redouble, il est rendu accessible même à ceux qui sont incapables de le lire ou qui n'en peuvent avoir, par eux-mêmes, qu'une compréhension rudimentaire »[77]. Conçu de manière à être compris par tout le monde, l'almanach est un de ces livres qui font une entrée en force dans les campagnes —le premier paraît dès 1493. Il fait miroiter à son acquéreur la possibilité d'accéder enfin à des informations que médecins et orateurs, appartenant pour la plupart au clergé, gardent jalousement pour eux, l'ignorance du peuple étant l'un des principaux piliers de leur pouvoir. L'utilisation de signes fonctionnant à la manière d'idéogrammes, dont le sens est précisé en quelques mots vraisemblablement en début d'ouvrage, permet en effet aux illettrés ou aux personnes qui ont perdu la pratique de la lecture de déchiffrer les informations. « Chaque jour est repéré verticalement avec à la première ligne en haut, les indications de soins : "bon ventouser", "bon traiter les yeux" (...) ; 2ème ligne : quartier de la lune et temps prévu ; 3ème ligne : jours de la semaine ouvrables ou de fête ; 4ème ligne : influences du zodiaque »[78]. Même si tous les livres de colportage ne sont pas aussi facilement abordables par des personnes ne sachant pas lire, ils « [organisent] une lecture qui est plus reconnaissance que véritable découverte »[79]. L'almanach est donc tout naturellement le livre que tout le monde possède dans les classes populaires, y compris dans les couches les plus défavorisées celui que le colporteur donne au villageois qui lui offre le gîte et le couvert ou qui lui achète une quantité importante de marchandise. En de-

---

[77] CHARTIER (Roger) : op. cit. - p. 29-30.
[78] Calendrier des Bergers, in KRAFFT-POURRAT (Claire) : op. cit. Pages d'encarts photographiques.
[79] CHARTIER (Roger) : op. cit. - p. 25.

hors des almanachs et des ouvrages religieux, la littérature populaire est essentiellement une littérature d'évasion, de contes, de récits —*Gargantua* est un succès très important—, notamment la vie des saints, les livres de magie et les recettes en tous genres, cuisine, médecine, savoir-vivre, culture de la terre. L'ensemble des livrets de colportage est alors diffusé jusque dans des zones rurales assez éloignées. A l'occasion de son enquête sur la lecture dans la France rurale à la fin du XVIIIème siècle, l'abbé Grégoire reçoit des témoignages qui le renseignent sur les pratiques de lectures populaires : « parmi les paysans de ce département [bordelais], j'ai assez communément trouvé "Le paroissien romain", "Les comptes faits de barème", les "Noëls nouveaux", des livres de mission ... une traduction gauloise de la Bible, "la vie des Saints", le Catéchisme du Diocèse", quelques ouvrages de la Bibliothèque bleue ... Les livres de paysans sont toujours en mauvais état, quoique exactement serrés. Ils se les transmettent en héritage. Dans les longues soirées d'hiver on lira pendant une demi-heure, à toute la maison assemblée, quelque vie de saint ou un chapitre de la Bible »[80]. Il est certes possible que, dans sa description, le correspondant de l'abbé ait forcé le trait pour plaire à son destinataire en rapportant des pratiques aussi fréquentes et régulières. Cependant, il ne faut pas confondre les succès des livres de colportage avec leur place dans les pratiques populaires tant la place du livre n'y est pas centrale. La mémoire orale garde en effet une place prépondérante par rapport à la mémoire écrite, avec toutes les conséquences que cela suppose. La possession de livres ne renseigne pas précisément sur les pratiques de lecture. Ainsi, outre le fait que la mauvaise qualité des livrets de colportage rend souvent la lecture difficile et la présence d'un lecteur assez expérimenté indispensable, cette intervention d'un lecteur-acteur est nécessaire pour donner vie à l'imprimé. En effet, celui-ci est beaucoup trop statique et figé pour présenter un intérêt sous la forme d'un ac-

---

[80] LYONS (Martyn) : *Le Triomphe du livre, une histoire sociologique de la lecture dans la France du XIXème siècle*. - Paris : Promodis éd. du Cercle de la librairie, 1987. - p. 36.

cès privilégié à une information ou une histoire au sens large. La culture de l'époque est encore fondée sur le geste, le verbe et l'iconographie, et la socialisation basée sur le groupe exclut la possibilité d'une activité réservée à un lecteur silencieux et solitaire. Dans les classes populaires, « relatif et essentiel, voilà le livre »[81].

L'extension de la religion protestante est une des principales explications du développement de l'apprentissage de la lecture pour permettre la diffusion de la religion calviniste, non seulement dans la bourgeoisie, mais aussi en milieu populaire. La Réforme encourage également l'apprentissage de la lecture et de l'écriture chez les femmes, non pour qu'elles s'en servent pour se cultiver et briller en société pour leur propre compte, mais afin qu'elles puissent transmettre ces connaissances à leurs enfants et apprendre à lire à leurs domestiques qui pourront ainsi accéder aux textes réformés. Des protestants ouvrent alors des écoles latines et des académies. Lors de la Contre-Réforme les catholiques, notamment les jésuites[82], ouvrent aussi leurs propres écoles. A partir du XVIIème siècle ils traduisent les textes religieux en français et les rendent plus accessibles en en faisant des résumés. Ils font aussi un important travail de transmission de textes scientifiques à un large public. « Ils réalisèrent de la sorte dans le nord-est de la France, un quadrillage plus dense en 1650 que le réseau des collèges du XIXème siècle. Les enfants de nobles, de détenteurs d'offices et de bourgeois y étaient parfois minoritaires face aux fils de marchands, d'artisans, et de laboureurs qui piétinaient souvent dans les classes inférieures, mais fournissaient en certains cas aussi les sujets les plus brillants. (...) On peut chiffrer le nombre des écoliers inscrits dans l'ensemble des collèges français à un peu plus de 50 000 vers 1650 »[83]. D'ailleurs, pendant le XVIIème siècle l'école est obligatoire le dimanche pour les enfants ouvriers dans la Flandre espagnole et peu après son rattachement à la France en 1698,

---

[81] KRAFFT-POURRAT (Claire) : op. cit. - p. 218.
[82] LABARRE (Albert) : op. cit. - pp. 72-73.
[83] MARTIN (Henri-Jean) : *Histoire et pouvoirs de l'écrit*, op. cit. - p. 314-315.

Louis XIV déclare l'école obligatoire dans toute le royaume. Mais le flou du texte permet de prétendre que seuls les religionnaires sont concernés, et l'apprentissage de la lecture ne devient pas obligatoire pour tous les enfants. Cela entraîne tout de même l'ouverture d'un grand nombre d'écoles dans toutes les villes et dans de nombreuses communautés villageoises. Ainsi ce sont « les artisans, les boutiquiers, tous ceux qui touchent aux milieux privilégiés par l'exercice de leur profession, [qui] sont aussi les plus alphabétisés »[84]. Malgré cela, jusqu'au XVIIème siècle, dans les villages où se rendent les colporteurs, la transmission des textes est essentiellement orale. Mais ce phénomène participe davantage d'une pratique sociale que d'une alphabétisation inexistante, le nombre des lecteurs ayant longtemps été sous-évalué parce que n'ont d'abord été comptabilisées que les personnes sachant écrire leur nom. Or pendant très longtemps l'apprentissage de la lecture précède celui de l'écriture qui n'est dispensé qu'à partir de huit ans, âge auquel les enfants des classes les plus défavorisées commencent à travailler. Pourtant l'attitude générale des clergés catholiques et protestants est assez difficile à saisir tant ils oscillent entre le désir que tout le monde puisse accéder au Texte et la crainte de voir ces mêmes personnes vouloir sortir de leur condition.

Au XVIIIème siècle, l'encouragement à l'apprentissage de la lecture est général et touche toutes les classes. D'ailleurs 51 titres de livres scolaires paraissent entre 1715 et 1759, alors qu'ils sont 161 entre 1760 et 1789[85]. Mais la question de l'instruction des classes populaires, et notamment des paysans ou des ouvriers préoccupe grandement les classes supérieures car elle doit permettre que les ouvriers et les paysans produisent davantage. Or la bourgeoisie craint que les histoires superstitieuses des livrets de colportage, dont ouvriers, paysans et domestiques sont friands, empêchent ces derniers d'assimiler les progrès techniques et de les mettre en œuvre. « On conçoit à

---

[84] RICHTER (Noë) : *La lecture et ses institutions, 1700-1918*. - Caen : Plein chant, Bibliothèque de l'université du Maine, 1987. - p. 9.
[85] RICHTER (Noë) : op. cit. - p. 9.

peine l'étendue de [l']influence [des almanachs] heureuse et sinistre chez le bas peuple, suivant qu'ils sont l'ouvrage de la raison ou de la sottise. Annuellement, on tire 40 000 exemplaires de celui de Basle... Des savoyards colportent dans toute la France ce répertoire absurde qui perpétue jusqu'à la fin du XVIIIème siècle les préjugés du XIIème siècle. Pour huit sols, chaque paysan se nantit de cette collection chiromantique, astrologique, dictée par le mauvais goût et le délire »[86]. Ces lectures sont également souvent jugées malsaines : « bientôt seront vouées au mépris ces brochures souillées de lubricité ou d'imprécations convulsives qui exaltent les passions au lieu d'éclairer la raison »[87]. Pour briser l'immobilisme de la culture populaire, et notamment paysanne, la surveillance du contenu des livres est jugée nécessaire. L'abbé Grégoire, futur député de la Convention, propose en 1788, d'utiliser les almanachs pour imposer les nouvelles connaissances susceptibles de rendre plus efficace le travail des "classes laborieuses"[88]. On commence aussi à vouloir apprendre la langue française à un maximum de Français afin que chacun puisse être en mesure de comprendre les lois qui le régit. Mais pour la bourgeoisie de la fin de l'Ancien Régime, l'instruction des classes populaires doit être minimale et l'apprentissage de la lecture ne doit en aucun cas leur permettre un accès à des livres qui pourraient leur donner l'envie de sortir de leur condition. En 1768, un bourgeois de Montpellier suggère un certain nombre de mesures visant à exclure les enfants d'artisans des collèges et toute personne ayant pratiqué les Arts Mécaniques des universités de Droit ou de Médecine. « A sa grande horreur les frères de la charité tiennent deux grandes écoles où ils enseignent gratuitement la lecture et

---

[86] Propos de l'abbé Grégoire in RICHTER (Noë) : op. cit. - p. 61.

[87] Propos de l'abbé Grégoire in RICHTER (Noë) : op. cit. - p. 59. De nombreux livrets et livres de bibliothèques publiques et privées seront brûlés jusqu'à la moitié du XIXème siècle sur les invectives des religieux, parce que tout imprimé est jugé suspect, principalement pendant la Restauration.

[88] CHEVALIER (Louis) : *Classes laborieuses et classes dangereuses*. - Paris : Hachette, 1978 (1ère édition : 1958).

l'écriture aux enfants des ordres inférieurs »[89]. D'après lui il est nécessaire, parce que vital, de maintenir une frontière étanche entre « les états, ordres, corporations, classes, et groupes de toutes sortes »[90].

Mais les classes populaires ne constituent pas la seule clientèle des colporteurs. Au début du colportage de livres, la diffusion de livrets et de canards[91] se fait d'abord essentiellement dans les petites villes et intéresse donc aussi les classes supérieures rurales ou urbaines. Mais peu à peu, en fonction de leurs moyens financiers grands et petits bourgeois n'achètent plus leurs livres chez les mêmes commerçants. Les uns sont davantage une clientèle de librairie alors que les autres se fournissent auprès des forains ou des colporteurs. Mais, si les livres de colportage sont achetés par les classes populaires et la bourgeoisie, il est vraisemblable que la position symbolique relative de ces livres au sein de l'ensemble des écrits possédés ou dans les pratiques familiales de ces deux classes n'est pas la même. « Tout se passe comme si les distinctions entre les manières de lire s'étaient renforcées au fur et à mesure que l'écrit imprimé était devenu moins rare, moins confisqué, plus ordinaire »[92] et dès le XVIIIème siècle la bourgeoisie commence à refuser de lire les mêmes livres que les classes qu'elle juge inférieures. En effet, à partir du moment où le fait même de posséder un objet, ici un livre, n'est plus suffisamment distinctif, il devient nécessaire de créer de nouvelles pratiques ou de nouvelles façons de le montrer et de s'en servir[93]. Au XVIIIème siècle, « financiers et nouveaux riches s'empressaient d'acheter des livres, qu'ils préféraient luxueux, bien illustrés, et traitant de sujets profanes, pour ne pas dire légers »[94]. Les colporteurs et les forains gardent

---

[89] DARNTON (Robert) : op. cit. - p. 127.
[90] DARNTON (Robert) : op. cit. - p. 128.
[91] Feuilles volantes ou livrets d'un ou deux cahiers, ils paraissent dès le XVème siècle.
[92] CHARTIER (Roger) : op. cit. - p. 26.
[93] BOURDIEU (Pierre) : *La distinction, critique sociale du jugement*. - Paris : Minuit, 1979.
[94] MARTIN (Henri-Jean) : *Le livre français sous l'Ancien Régime*, op. cit. - p. 85.

la quasi "exclusivité" de la circulation des livres censurés qui intéressent surtout la bourgeoisie lettrée. En effet, si les détenteurs des pouvoirs locaux ne voient pas de raison d'interdire les contrefaçons de livres pour lesquels des privilèges ont été accordés aux libraires parisiens parce qu'il ne s'agit là que d'une question économique, et s'ils laissent parfois passer des ouvrages s'attaquant à quelque personnage de la cour parisienne, il en va tout autrement des ouvrages mettant en cause la religion ou plus généralement les fondements de leur position dominante. La bourgeoisie utilise donc la librairie et l'imprimerie pour produire les textes qui l'intéresse, et se sert du colportage pour leur diffusion.

II/ Diverses instances de contrôle du commerce des livres

1- Organisation et contrôle professionnels

Sous l'Ancien Régime, tous les métiers sont organisés en corporations, institutions chargées du contrôle du métier et constituées de trois groupes hiérarchisés que sont, les apprentis, les compagnons et les maîtres. Il y a donc une monopolisation d'un savoir qui détermine l'évolution du métier de libraire et, par ricochet, l'ensemble du commerce des livres. La société est si imprégnée de ce mode de fonctionnement que même les colporteurs, qui échappent à cette obligation puisqu'ils ne forment pas un métier, semblent avoir dessiné les contours d'une organisation similaire de leur groupe social[95]. Il s'agit donc bien là d'une des clefs qui permet d'accéder à la compréhension de l'évolution du commerce des livres. L'autre clef est l'institution des privilèges. Protection commerciale à l'origine, elle devient rapidement, qu'elle fonctionne ou non comme prévu, le pivot autour duquel se positionne l'ensemble des acteurs du commerce des livres.

HIÉRARCHISATION DU MÉTIER

Dès la fin du XVème siècle les imprimeurs-typographes et les libraires emploient des ouvriers assembleurs, relieurs, brocheurs. L'assembleur réceptionne et prépare le papier encore

---

[95] Mais les hiérarchies sont fondées sur l'ancienneté et les rites de passage, essentiellement symboliques, ne sont reconnus qu'au sein de la communauté.

mouillé en vue de l'impression, veillant à ce que le papier ne soit ni trop sec ni trop humide pour que l'encre s'imprègne sans baver. Une fois imprimées, les feuilles de papier sont remises à plat par dizaines au relieur qui a pour tâche de les mettre en livre. Enfin intervient le travail du brocheur. La couverture est la plupart du temps apposée une fois le livre vendu, à la demande du client qui choisit son cuir, ce qui permet de réduire à la fois le volume des stocks et les capitaux immobilisés. Chacune de ces tâches requiert l'emploi d'ouvriers spécialisés, les compagnons, mais dans l'atelier travaillent également les "apprentis", tous étant sous la direction du "maître", libraire ou imprimeur.

De façon générale, les conditions de vie des apprentis et des compagnons de ces ateliers sont très mauvaises, en particulier celles des premiers. Les apprentis conservent dans tous les cas une position subalterne et effectuent non seulement les tâches les moins qualifiées, mais aussi souvent les plus pénibles et dévalorisantes. Ils « logent dans un réduit sordide, glacial, se lèvent avant l'aube, font des courses toute la journée, brimés par les ouvriers, insultés par le patron, et ne mangent qu'un brouet insipide »[96]. En outre, les compagnons refusent souvent de leur apprendre le métier, craignant la concurrence d'un ouvrier de plus. Ils doivent donc acquérir le savoir-faire nécessaire par eux-mêmes[97]. Le temps d'apprentissage du métier est ainsi le temps d'apprentissage des différents rôles et statuts sociaux de l'âge adulte. Comme tous les rites de passage celui qui fait de l'apprenti un compagnon est organisé par les adultes pour intégrer les plus jeunes dans leur monde, et comporte des règles strictes. Pendant son temps de formation, l'apprenti ne peut sous aucun prétexte quitter son maître qui doit rester le même pendant toute la durée d'apprentissage sous peine d'annulation de la formation. Il n'est pas non plus autorisé à se marier pendant les quatre ans que dure l'apprentissage dans les métiers du livre.

---

[96] DARNTON (Robert) : op. cit. - p. 75.
[97] Ce mode d'apprentissage par le regard n'a rien de spécifique aux métiers du livre ni à l'Ancien Régime. Il vaut pour tous les domaines de l'apprentissage des rôles sociaux, dont participe le passage de l'enfance à l'âge adulte.

L'apprenti est appelé par son prénom jusqu'à ce qu'il devienne ouvrier, moment où il change de nom et où on l'appelle "Monsieur". Il adopte alors le style de vie du groupe des ouvriers du livre et doit une parfaite honnêteté aux règles du métier et à ses collègues —en dehors de la communauté rien ne lui est particulièrement imposé ni interdit .... Le serment, prêté lors de l'accession au titre de compagnon, loin d'être une simple formalité, structurait non seulement l'ouvrier mais toute sa personne qui ne faisait alors plus qu'un avec son métier. « Les forces magiques et religieuses ainsi que les idées d'obligation morale qui reposent sur elles, ont toujours compté parmi les plus importants des éléments formateurs de la conduite »[98]. C'est d'ailleurs pourquoi des traditions et des valeurs de métier ont perduré chez des gens de métier alors même que les techniques ou les conditions d'existence qui les avaient produites avaient disparu[99]. Cependant les conditions de travail des compagnons imprimeurs et relieurs sont bien moins difficiles que celles des apprentis, et même moins dures que dans d'autres métiers. « A Paris, dans la plupart des métiers on travaille seize heures, et les relieurs et imprimeurs dont la journée ne dépasse pas quatorze heures, sont considérés comme des privilégiés »[100]. En outre leurs compétences leur donnent un certain pouvoir. « Les ouvriers travaillent par à-coups, deux fois plus une semaine que l'autre, les semaines variant de quatre à six jours et les journées commencent à n'importe quel moment, entre 4 heures et midi »[101]. Les compagnons —parmi lesquels le prote, équivalent de l'actuel contremaître, occupe un rang supérieur— vont de ville en ville pour quelque travail défini puis en repartent une fois le travail accompli, voire même avant la fin de celui-ci. Dans l'atelier d'un imprimeur, un homme est appelé l'"ancien". Il arrive que cette

---

[98] WEBER (Max) : *L'éthique protestante et l'esprit du capitalisme.* op. cit. - p. 21.
[99] ZARCA (Bernard) : *Les artisans : gens de métier, gens de parole.* - Paris, L'Harmattan, 1987.
[100] SEE (Henri) : *La France économique et sociale au XVIIIeme siècle*, Paris, Armand Colin, 1969. - p. 142.
[101] DARNTON (Robert) : op. cit. - p. 80.

mobilité des compagnons rende difficile le respect par les maîtres libraires et imprimeurs des délais imposés par leurs commanditaires.

L'accession à la maîtrise est conditionnée pas la réalisation d'un "chef d'œuvre", impression d'un ouvrage pour l'imprimeur ou préparation du texte à imprimer et contrôle de l'impression pour le libraire. Cette maîtrise est transmissible à la descendance directe ou indirecte de leur détenteur, c'est-à-dire aux fils ou aux gendres, moyennant des droits de rachat bien plus faibles qu'ils ne le sont pour l'accès à une maîtrise sans héritage. Ainsi, la lutte entre les différents libraires, qui a pour objet le pouvoir d'imposer leur légitimité professionnelle, et donc leur art de faire, est, pendant tout l'Ancien Régime, en rapport étroit avec la transmission familiale et, comme dans toute l'Europe, des grandes familles de libraires ont exercé le métier de la librairie pendant plusieurs siècles en ligne directe par les fils ou indirecte par les gendres. En favorisant les monopoles familiaux, alors même que la société est déjà organisée dans son ensemble sur la base de la transmission familiale, le contrôle du métier par lui-même se trouve largement facilité.

En 1666 Colbert interdit toute formation de nouveaux maîtres imprimeurs à Paris, à moins que l'accord du prévôt de Paris ou de son lieutenant en permette l'exception. Doivent également fermer, les ateliers d'une seule presse dont il craint que la trop faible demande de travail incite à l'impression de libelles, petits textes à caractère satirique et diffamatoire, pour fidéliser les compagnons pendant les périodes creuses. En province le nombre d'entreprises est limité bien plus tard, en 1701 puis de nouveau en 1739. Cette décision est remise en cause vingt ans après, mais le nombre d'imprimeries parisiennes est limité à 36. De ce fait, alors que 75 ateliers d'imprimerie regroupent 180 presses en 1664, dont 16 dans l'illégalité pour n'avoir qu'une presse, on ne compte plus que 50 ateliers pour 195 presses en 1701. De même, alors qu'en 1666 le nombre de compagnons travaillant dans l'imprimerie à Paris est évalué à

335, ils ne sont pas plus de 339 en 1701, et 340 en 1721[102]. Cette stagnation est cette fois organisée par la corporation qui s'efforce de restreindre au maximum la formation de compagnons pour réduire d'autant la concurrence de compagnons en mesure de se présenter à la maîtrise. Les maîtres détiennent en effet un monopole collectif sur la main d'œuvre. S'ils ne peuvent débaucher les compagnons des collègues selon l'engagement qu'ils ont pris lors de l'obtention de leur maîtrise, ils ont des moyens légaux d'interdire aux ouvriers de travailler pour leur propre compte, et en 1723 ils obtiennent qu'un règlement défende à tout maître d'embaucher un ouvrier compagnon pour une durée supérieure à un an[103]. Contrairement aux espoirs des membres de la corporation, il arrive alors que la qualité du travail pâtisse du manque de compagnons en particulier lorsque les compositeurs sont remplacés, en cas de besoin, par des pressiers pas toujours aussi alphabétisés.

    Le XVIIIème siècle voit peu à peu la disparition de l'"esprit d'atelier". En effet, la concentration des ateliers ainsi que la réduction de la formation de compagnons accroît la concurrence au sein de ces deux groupes. D'ailleurs, alors que jusqu'à présent le maître travaillait dans l'atelier avec ses ouvriers et ses apprentis, et même si l'entente était loin de régner dans l'atelier, il prend de plus en plus ses distances avec ses ouvriers pour ne devenir que simple donneur d'ordres. C'est là un des signes de l'entrée de modes d'organisation capitaliste du travail dans certains ateliers de libraires. En outre, les maîtres d'une même ville ou d'un même quartier s'entendent de plus en plus souvent pour proposer les mêmes salaires aux compagnons. Certains maîtres libraires et imprimeurs commencent même à engager de la main d'œuvre de louage non qualifiée, les "alloués" afin, non seulement de diminuer le coût de production des ouvrages, mais aussi encore une fois, d'éviter la formation

---

[102] MARTIN (Henri-Jean) : *Le livre français sous l'Ancien Régime*, op. cit.
[103] *Dictionnaire pratique de la presse, l'imprimerie et la librairie*, England, Gregg International Publishers Limited, 1971 (1ère édition : Imprimerie et librairie générale de jurisprudence de Cosse et Delamotte, 1847).

de futurs concurrents potentiels pour les maîtres libraires en place. Des grèves et des révoltes éclatent alors[104] : « grèves des imprimeurs de Paris en 1724 (...) provoquées par le désir d'empêcher l'entrée dans les ateliers d'ouvriers étrangers ou non qualifiés qui font baisser le prix de la main d'œuvre. (...) La grève des relieurs de Paris (1776) [a] pour objet la question des salaires »[105]. Le caractère moderne de ces mouvements est un signe supplémentaire de l'entrée précoce de caractéristiques capitalistes dans le marché de la force de travail dans l'imprimerie et la librairie. Le mode de fonctionnement économique et social imposé par la société de l'Ancien Régime semble alors de plus en plus difficile à préserver, et les nouvelles formes de travail qui se font jour ne peuvent s'accommoder de l'immobilisme imposé par le système des corporations. Toutefois, pour réagir contre des mouvements ouvriers souvent locaux, le pouvoir politique tente d'intervenir pour lier plus fortement l'ouvrier, toujours très mobile, au patron. A partir de janvier 1749 il leur est défendu « sous peine de 100 livres d'amende, de quitter leur maître sans un congé écrit (...) de s'assembler [et] de "faire confrérie" »[106]. Une dernière tentative pour fixer et contrôler les ouvriers est tentée en 1781 avec l'instauration du livret ouvrier pour tous les ouvriers, qui sera provisoirement supprimé pendant la Révolution de 1789. Mais si des modes d'organisation du travail capitaliste commencent à se faire jour dans la librairie, il n'est pas pour autant question pour les grandes familles de libraires d'abandonner les avantages que leur procure le système de l'Ancien Régime. Une distinction nette est alors faite entre, d'un côté l'atelier où les modes d'organisation du travail capitaliste en faveur d'une réduction des coûts salariaux —quitte à accepter une certaine baisse de la qualité du travail— sont les

---

[104] Ces grèves ne sont pas les premières : « dans les grandes villes [les] compagnons imprimeurs étaient nombreux ; habitués à travailler en équipe ils formaient des groupes très cohérents. Par deux fois, de 1539 à 1543 et de 1569 à 1573, ils organisèrent des grèves (...) à Paris et à Lyon », in LABARRE (Albert) : op. cit. - p. 79.
[105] SEE (Henri) : op. cit. - p. 144.
[106] SEE (Henri) : op. cit. - p. 145. Malgré tout, les compagnons continuent de fêter leur patron dans leur chapelle.

bienvenus, et d'un autre côté l'organisation globale de la librairie où le système permettant la conservation d'une position assurée est tout autant appréciée.

LES CORPORATIONS DE LIBRAIRES

C'est à partir du XIIème siècle que peu à peu l'ensemble des métiers s'organisent en corporations[107]. Au XIVème siècle, l'Université de Paris est la première à s'adjoindre des hommes spéciaux, chargés, sous sa surveillance, de la conservation et de la propagation des manuscrits. C'est ainsi que se forment petit à petit des jurandes, ancêtres des corporations. C'est à elles que revient le contrôle de l'entrée dans la communauté par la charge d'accorder les maîtrises, mais aussi la surveillance de la qualité du travail effectué et le respect des valeurs attachées au métier. Les premiers statuts d'un regroupement de libraires et d'imprimeurs après l'invention de l'imprimerie sont fixés en 1618. Cette année là le lieutenant civil de Paris organise la constitution du *Syndicat de la librairie et de l'imprimerie* officiellement chargé de veiller à la qualité du travail et des amendes sont instituées pour pénaliser les libraires dont l'ouvrage serait de qualité trop médiocre. En 1626 un édit exige que toute personne voulant tenir une imprimerie ou une librairie à Paris connaisse le latin et le grec afin d'être capable de corriger des textes. La corporation de Paris en profite pour resserrer encore la communauté : en 1628 « elle décida qu'elle ne formerait plus qu'une communauté, uniquement composée d'imprimeurs et de libraires, ces derniers au nombre de 24. Une chambre syndicale était annexée à la corporation et l'on exigeait des preuves de capacité de tout nouveau candidat qui se présentait »[108]. Le syndic de la corporation est alors constitué de dix-huit membres : six libraires, six imprimeurs et six relieurs. Les nouveaux élus, pour une durée de deux ans, doivent se rendre à Versailles afin de présenter les respects de la communauté au Chancelier. C'est à eux que revient la charge de saisir les livres suspects d'atteindre à la religion du

---

[107] Elles ont en fait été appelées "communautés" jusqu'à la fin du XIXème siècle.
[108] WERDET (Edmond) : op. cit. - p. 374.

Royaume puisque depuis 1534 un édit de François Ier fait porter la responsabilité de circulation d'un écrit interdit à l'imprimeur ou au libraire —ainsi par exemple en 1677 la communauté donne l'ordre de « saisir une tonne remplie d'exemplaires d'un petit livre intitulé *Instructions chrétiennes* "que le sieur Doublet, marchand mercier armurier, aurait achetées" »[109]. Une des tâches attribuées aux adjoints du syndic est la fonction de "maîtres de la Confrérie[110] de Saint Jean l'Évangéliste", leur patron. Ils doivent « veiller à porter assistance aux pauvres de la communauté, aux obsèques des anciens syndics et adjoints et aux deux fêtes de leurs patrons, celle de Saint Jean l'Évangéliste le 27 décembre et celle de Saint Jean-Latran le 6 mai »[111]. A ces deux occasions, la coutume des dons aux pauvres et aux enfants de chœur est respectée ainsi que celle, plus intéressée, des offrandes au lieutenant-général de la police et au surintendant des bâtiments à qui l'on peut toujours avoir besoin de demander quelque autorisation de s'installer. Les corporations de libraires s'occupent également de délimiter dans leurs règlements les quartiers où l'exercice des métiers de libraire et d'imprimeur est autorisé. Ainsi à Paris est-il interdit de s'installer ailleurs que dans quelques rues autour de la Sorbonne. « Mais les infractions à cet ordre furent si nombreuses, que, de 1600 à 1686, on rendit à ce sujet plus de vingt édits, dont l'un, remontant à 1620, enjoint à tous les imprimeurs et à tous libraires de se retirer sur peine de la vie »[112]. C'est enfin aux syndics de lutter contre la propagation des contrefaçons et de mener les nombreux procès qui voient s'opposer, par leur intermédiaire, les libraires de la corporation parisienne aux libraires des corporations de province. En effet, l'existence des corporations ne signifie pas que le champ de la librairie soit uniforme et constitué de forces de même intensité annulant de la sorte tout mouvement. Chaque

---

[109] REED (Gervais E.) : op. cit. - p. 35.
[110] Souvent confondue avec la corporation, la confrérie n'exerce aucun contrôle professionnel.
[111] REED (Gervais E.) : op. cit. - p. 35.
[112] WERDET (Edmond) : op. cit. - p. 59.

ville importante a ses propres corporations et établit la hiérarchie de celles dont elle autorise l'existence. Ainsi, tandis qu'à Paris six corps de métiers dominent tous les autres, parmi lesquels ne figurent pas les métiers du livre, une ordonnance municipale de la ville de Dijon en 1727 distribue les métiers en quatre classes et les imprimeurs et les libraires font partie de la première aux côtés des chirurgiens, apothicaires, merciers, drapiers, orfèvres, quincailliers, cartiers et boutonniers[113].

Mais, malgré l'existence des corporations, des livres de mauvaise qualité de papier et d'impression, à des prix pourtant élevés, continuent à être édités et prolifèrent partout en France. Certains imprimeurs que le Syndicat de Paris juge "bons" ont de la peine à surnager tant le travail de qualité est onéreux du fait du prix du bon papier ou du recrutement de compagnons lettrés et il leur devient de plus en plus difficile de s'engager sur un ouvrage dont ils craignent à tout moment qu'il devienne difficile à écouler à cause des contrefaçons à moindre coût les laissant avec des stocks inépuisables. Cette protection s'avère donc assez inefficace d'autant qu'aux contrefaçons des corporations de province s'ajoutent celles qui viennent de l'étranger. Elles sont en si grand nombre qu'elles provoquent la ruine de certains libraires qui meurent à l'hôpital, dans la plus grande indigence, tandis que d'autres, plus proches du Pouvoir réussissent à obtenir l'exclusivité d'imprimés officiels et amassent des fortunes considérables. « Parmi les corporations marchandes, il en est dont certains membres, par leur situation de fortune, confinent à la haute bourgeoisie ; ce sont surtout les corporations des apothicaires, des imprimeurs et libraires, des orfèvres, des merciers, des marchands de drap et de soie »[114]. Pourtant le rôle des corporations est avant tout de défendre un métier et de travailler à la pérennité d'un statut aussi valorisé et valorisant que possible. Or, un des signes de la puissance des corporations sur ce point est que, malgré la longévité et le succès des entreprises d'édition de livres de colportage les libraires parisiens ne se sont pas lan-

---

[113] SEE (Henri) : op. cit. - p. 102.
[114] SEE (Henri) : op. cit. - p. 139-140.

cés dans ce type de publication alors même que certains ont fini dans la misère. En fait le respect de l'"honneur du métier", certes évoqué dans des cas très divers, dont les libraires ont dû faire le serment lors de l'accession à la maîtrise, est à l'origine de ce choix socialement déterminé. En effet, même si les autorités sont plus regardantes sur le respect des privilèges à Paris qu'ailleurs, il aurait été possible, même pour un libraire de la capitale, de fabriquer des livrets de colportage avec des textes à succès pour lesquels il aurait obtenu un privilège en utilisant lui-même ses vieilles plaques et en se fournissant en papier à bas prix, de qualité inférieure à celle qu'il utilise habituellement. Mais il est impensable qu'un artisan formé dans l'esprit de la corporation parisienne, parfois depuis l'âge de douze ans, accepte de faire ce qui, pour lui, reviendrait à ne pas "faire son véritable métier". Les libraires parisiens et les plus en vue dans les grandes villes, se trouvent pris dans des réseaux de relations qui ne leur permettent pas de faire des livrets, même vendus aux colporteurs sans être présentés dans leur boutique, ce qui leur vaudrait une exclusion sociale au moins symbolique de la corporation de leur ville et donc du statut social qu'elle procure, sans compter la perte de clientèle. En effet, sous l'Ancien Régime, une réussite financière individuelle suscite sans doute des jalousies et apporte peut-être des soutiens de la part de hauts personnages en mal d'argent, mais elle ne permet pas de s'élever dans la hiérarchie des positions strictement établies.

Toutefois, au XVIIIème siècle il apparaît nettement que le fonctionnement des corporations, en détenant le monopole du savoir pour chaque métier, en privilégiant la transmission familiale de la maîtrise, et en décourageant toute innovation, bloque le développement des métiers et empêche par voie de conséquence de répondre à la demande qui s'accroît dans presque tous les domaines. En outre les corporations sont pour la plupart ruinées du fait des dons qu'elles ont prodigués au royaume, des procès qu'elles ont dû engager contre les contrefacteurs, de l'argent perdu dans leurs participations financières aux guerres, et, en concéquence, elles mettent en grande difficulté les maîtres à qui elles réclament l'argent de leur fonctionnement. Les efforts du Pouvoir à partir de la moitié du XVIIIème siècle pour liquider leurs dettes sont trop tardifs ou restent vains. Devant la faillite du système des corporations, leur suppression est alors décrétée par Turgot, ministre des Finances, en 1776. « "Il sera libre à toute personne, de quelque condition et qualité qu'elle soit" d'exercer toute espèce de commerce et même d'en "réunir plusieurs" »[115]. Mais cette réforme se heurte à une violente opposition de la part les détenteurs des situations les plus confortables qui, du fait de leur position dominante se trouvent avoir un pouvoir économique fort. Leur principal argument est la prévision de dommages considérables causés au public par la perte de qualité des produits que susciterait inévitablement le développement de la concurrence. Comme beaucoup d'autres réformes pendant l'Ancien Régime, elle n'est donc pas appliquée et la véritable abolition des corporations n'intervient qu'en 1791.

LES PRIVILÈGES, PROTECTION COMMERCIALE AUX MAINS DES GRANDS LIBRAIRES PARISIENS

Du XIIIème siècle, alors que les maîtres d'enseignement et leurs élèves se regroupent en "universitas", jusqu'à la moitié du XVIIIème siècle, la principale instance de contrôle externe de la librairie est l'Université. En tant qu'autorité religieuse et "fille aînée des rois de France", elle réglemente l'ensemble de la publication des manuscrits. C'est notamment elle, par l'intermédiaire de quatre taxateurs sélectionnés, qui fixe le prix de vente ou de location des ouvrages ainsi que la marge bénéficiaire du libraire, et qui autorise ou interdit la publication d'un texte. L'apparition de l'imprimerie ne change rien à cette organisation et, en vertu de l'importance du contenu et de la valeur des manuscrits, l'Université continue d'exercer son contrôle sur les éditions qui sortent des presses. Elle surveille encore le marché du parchemin ou du vélin, mais contrôle et protège aussi l'imprimerie et la librairie. En contrepartie, les libraires de Paris, et leurs commis, sont dispensés des obligations du guet, et bénéfi-

---

[115] LABARRE (Albert) : op. cit. - p. 106.

cient d'une juridiction spéciale qui les exonère de la taille[116], comme les docteurs, les maîtres, les régents, les bacheliers et les écoliers puisqu'ils dépendent tous de l'Université[117], et ils ne sont que tardivement assujettis à la capitation[118].

Mais le contrôle de l'Université devient vite insuffisant sur le plan commercial. Dès que la librairie devient notamment un lieu de vente de livres imprimés, son développement dépend fortement de critères géographiques et politiques se traduisant rapidement par des déséquilibres importants, provoquant des scissions entre plusieurs types de librairies. En l'absence de l'idée de droits d'auteur ou d'une quelconque protection des droits de l'imprimeur sur le manuscrit original, quelques années seulement après l'invention de l'imprimerie, dès qu'un titre envoyé dans une ville de province, par un libraire parisien à un libraire correspondant rencontre quelque succès, il est susceptible d'être contrefait. « Les Estienne, les Morel et autres habiles imprimeurs, n'avaient pas sitôt publié un ouvrage dont ils avaient préparé à grands frais une édition et dont l'exécution et le bon choix leur assuraient le succès, que le même ouvrage était réimprimé par des incapables qui n'avaient aucun de leurs talents, qui, n'ayant fait aucune dépense, pouvaient vendre à plus bas prix, et qui jouissaient de leurs avances et de leurs veilles sans avoir couru aucun de leur hasard. (...) La concurrence rendit la plus belle entreprise ruineuse (...). Si la contrefaçon était inférieure à l'édition originale, comme c'était le cas ordinaire, le contrefacteur mettait son livre à bas prix »[119]. Ainsi, pour tenter

---

[116] Les nobles et les clercs sont exonérés de cet impôt direct payé au Trésor Royal par les roturiers ; cependant un nombre important de bourgeois des grandes villes en étaient également exemptés.

[117] Louis XII est le seul roi qui ait tenté de tempérer le pouvoir de l'Université de Paris sans grand succès. D'ailleurs un édit de 1513 confirme le contrôle des libraires par les Universités.

[118] Instaurée en 1527 mais étendue à 22 classes de contribuables de 1695 à 1697 avant d'être définitivement instituée en 1701, in BOURNAZEL (ÉRIC), VIVIEN (Germaine), GOUNELLE (Max) : op. cit. - p. 121.

[119] DIDEROT (Denis) : op. cit. Diderot est un défenseur acharné des libraires parisiens et ses attaques sont dirigées contre les libraires de province.

de lutter plus efficacement contre la concurrence illégale, dès la fin du XVIème siècle certains libraires se regroupent donc spatialement et professionnellement par spécialité éditoriale en "Compagnies".

C'est alors que les "privilèges" sont mis en place, à peu près en même temps, aux alentours du milieu du XVIème siècle, dans tous les pays d'Europe. En France, c'est Louis XII qui en a l'initiative. Les premiers sont attribués en 1507, et pendant quelques années ils sont « accordés par la Chancellerie royale, le Parlement ou de moindres juridictions, mais par l'ordonnance de Moulins (1566), le roi en réservait la collation à sa seule chancellerie »[120]. A partir de 1618 tout manuscrit, puis sa forme éditée, devra être présenté au chancelier à qui il revient de délivrer une autorisation de publier, le "privilège du roi", non seulement en vue de la protection commerciale des libraires, mais surtout pour faciliter un contrôle accru du contenu des publications au moment où il s'agit de lutter contre les protestants et la propagation des idées de la Réforme. En effet, d'abord protection commerciale, le pouvoir royal voit vite dans les privilèges un instrument de contrôle de la circulation des idées. Pourtant ce système est peu respecté, et il ne permet pas de juguler les contrefaçons des libraires de province qui rééditent les livres sans autorisation. C'est en 1624 que le système des privilèges se met réellement en place. Afin de ramener un peu de paix entre les corporations de libraires, il est décrété qu'à partir du mois de décembre, les privilèges et leurs continuations seront accordés par le roi, par l'intermédiaire de la Chancellerie.

Un privilège est accordé pour un titre. Mais lorsqu'un manuscrit est trop imposant pour que les frais d'édition puissent être pris en charge par un seul libraire, plusieurs d'entre eux se groupent et le privilège de l'"exclusif" est attribué à chacun de ceux qui en font ensemble la demande. Un libraire peut revendre le privilège ou la partie du privilège qu'il détient. Le texte témoignant de l'octroi d'un privilège doit figurer en intégralité ou par extraits dans le livre imprimé. La durée de l'"exclusif" varie

---

[120] In LABARRE (Albert) : op. cit. - p. 80-81

en principe selon la nature de l'ouvrage, les avances que le libraire doit faire pour l'impression, l'évaluation des risques commerciaux encourus et du temps nécessaire à l'écoulement de l'édition. Les demandes de continuation des privilèges doivent être formulées un an avant leur expiration, date à laquelle elles sont examinées et concédées en priorité à ceux à qui le privilège avait été premièrement accordé. Lorsqu'aucune demande de continuation n'est formulée, tout le monde a le droit de reproduire le texte. Nombre de libraires de province prétextent ne pas avoir connaissance de la reconduction du privilège pour justifier de leur bonne foi quand ils contrefont des ouvrages pour lesquels des libraires parisiens ont acheté le renouvellement du privilège. A partir de 1649 des sanctions sont prévues pour les libraires qui publient des livres sans avoir obtenu un privilège du roi et dès 1653 il devient obligatoire de l'enregistrer à la Chambre syndicale de la librairie. Pour s'assurer que le privilège accordé pour un titre concerne bel et bien tel texte et non un autre, le syndic décide de ne plus enregistrer les privilèges qu'à la condition que deux exemplaires de chaque édition lui soient remis. L'un est conservé par lui pour qu'il puisse vérifier le bien fondé d'une demande de continuation de privilège ou de l'attribution d'un nouveau privilège, pour un texte augmenté d'au moins un quart —il s'agit là du début de l'obligation de "dépôt". L'autre exemplaire est rendu à l'imprimeur ou au libraire lorsque l'autorisation de publication est accordée.

    Les privilèges ne sont pas du goût de tout le monde. Le Parlement et les libraires qui n'en bénéficient pas contestent cette mesure selon deux points de vue bien différents. L'un est politique : le Parlement n'accepte pas de voir s'élargir encore l'étendue du pouvoir royal. L'autre est économique : sans l'obtention de plusieurs privilèges, entiers ou partagés, le métier de libraire n'est pas viable et certains libraires disparaissent. En effet, les privilèges sont attribués de façon presque exclusive à des libraires parisiens plus proches de la Chancellerie qui les délivre, et de personnages de la Cour susceptibles de soutenir une demande. Dans une seconde mesure les libraires parisiens se trouvent avantagés pour des raisons plus pratiques comme la proximité des écrivains qui, pour beaucoup d'entre eux, habitent la capitale ou ses environs, soit parce que Paris est devenue la capitale culturelle de la France, soit parce qu'ils appartiennent à la noblesse de Cour, soit encore parce qu'il est plus aisé de trouver un mécène riche et influent à proximité de la Cour que dans les régions. Les libraires de quelques grandes villes universitaires de province forment un groupe intermédiaire qui ont leurs propres clientèles et appuis politiques au niveau local susceptibles de leur procurer quelque autorisation. Mais les libraires de province sont surtout nombreux à passer outre l'obtention d'un privilège et à éditer des textes pour lesquels ils n'ont pas obtenu de privilège, c'est-à-dire des contrefaçons. Ils acquièrent ainsi des compétences particulières dans la production non protégée par la légalité, dans la recherche de protections politiques locales fort utiles, ainsi que dans la constitution de réseaux de distribution relativement et temporairement sûrs. La corporation des libraires de Paris ne reste pas sans réagir, mais les procès découragent peu les contrevenants. Ainsi, si l'instauration des privilèges a pour but de protéger les libraires qui prennent les risques financiers d'une nouvelle édition, elle accroît aussi les inégalités entre bénéficiaires et non bénéficiaires de privilèges et attise les tensions, déjà vives, entre les grands libraires parisiens qui obtiennent la quasi totalité des privilèges et les petits libraires parisiens ou les libraires de province.

Toutefois, dès la deuxième moitié du XVIIème siècle, les choses commencent à changer. Une dernière tentative est menée par les libraires de province et les petits libraires parisiens, que, plus tard, Diderot désigne comme "la partie indigente et rapace de la communauté", pour que soit autorisée la demande d'obtention d'un privilège pour la réimpression d'un ouvrage par un libraire différent de celui qui, le premier, a obtenu ce monopole, dès lors que le texte est augmenté d'au moins un quart. Ils obtiennent gain de cause en 1657. Mais en 1660, la communauté des libraires de Paris décide à nouveau « que ceux qui obtiendront un privilège ou une continuation, même d'ouvrages publiés hors du royaume, en auront l'exclusivité »[121], et en

---

[121] DIDEROT (Denis) : op. cit.

1665, la réforme de 1657 s'étend aux ouvrages anciens pour lesquels aucun nouveau privilège ne pourra être demandé si le texte n'a pas été largement corrigé ou augmenté. Toutefois, s'il existe un litige entre plusieurs libraires à propos du droit d'éditer des livres anciens, le privilège revient à celui qui, le premier, a obtenu des lettres de continuation. Cette règle favorise une fois de plus les libraires parisiens qui sont le plus souvent concernés par cette dernière mesure, et auxquels les libraires de province n'ont pratiquement aucune chance de reprendre légalement le droit de publier des manuscrits déjà édités. Mais à partir de 1767 il est question de limiter la durée des privilèges à cinq ans sans possibilité de les faire renouveler. Cette idée n'est pas du goût de tous les libraires, et notamment de ceux qui détiennent des privilèges. Un de leurs arguments veut que les livres à diffusion lente risquent de mettre en péril l'entreprise du libraire qui a fait tout le travail d'investissement de départ s'ils peuvent être republiés par un nouveau libraire en toute légalité. Celui-ci peut alors les éditer dans une qualité et à un prix inférieurs au moment où ils commencent à être connus et à attirer des lecteurs. Ainsi, il rencontre le succès alors que tous les livres ne sont pas épuisés chez le premier libraire qui n'avait souhaité racheter un privilège pour un texte qui lui a jusqu'alors rapporté si peu. Diderot, appelé à donner son avis, évalue à une dizaine d'années le temps d'épuisement de l'édition d'un bon livre, même si le nombre d'exemplaires imprimés varie en fonction du genre du texte. Défendant les grands libraires parisiens, il préconise l'établissement d'un "code de la librairie" dont une des premières règles serait l'exclusivité du lieu d'édition et de vente d'un ouvrage sans limitation dans le temps. Il estime en effet que personne ne peut travailler convenablement sans un minimum de sécurité, lui assurant de pouvoir profiter des fruits de son travail. Afin d'appuyer sa thèse, il compare la propriété du manuscrit à celle de la terre : il est "naturel" que l'un comme l'autre appartiennent à ceux qui les ont payés, qui ont pris les risques nécessaires pour les faire fructifier, et que les propriétaires puissent jouir des résultats de ce travail. En fait, dans la pratique la durée d'un privilège n'est déjà, sauf exception, que de cinq ou six ans jusqu'à la Révolution. La durée d'un privilège est même parfois de trois ans seulement, lorsqu'il s'agit d'un monopole valable dans une seule ville, pour des livres comme les livres anciens, classiques ou usuels, les auteurs grecs ou latins, sacrés ou profanes, ou les livres de dévotion. Ce type de privilèges permet ainsi aux libraires de province d'avoir quelques activités légales.

2- Administration politique des catégories institutionnalisées

Dès les débuts de l'imprimerie, les détenteurs des pouvoir religieux et politiques aperçoivent fort bien les risques liés à une importante circulation des écrits : comment contenir la propagation de propos subversifs ou mettant en question la morale religieuse et le pouvoir royal ? Mais, rapidement, ils y voient aussi un moyen d'information ... voire de propagande. Le contrôle politique de la production et de la diffusion des écrits qui se met en place rend alors le commerce des livres souvent dangereux, et son exercice soumis à de multiples contraintes. C'est en partie sur des principes répressifs et en partie sur l'organisation professionnelle que s'appuie le pouvoir politique pour infléchir et canaliser l'activité des libraires et imprimeurs. Les répercussions de l'immixtion du pouvoir politique dans la librairie sur l'organisation du commerce du livre, particulièrement tributaire des événements politiques survenus tout au long de l'Ancien Régime, sont importantes et, si elles sont exceptionnellement suivies à l'échelle du royaume, elles montrent bien l'imbrication de la librairie et de la quête du pouvoir politique[122].

LA LIBRAIRIE COMME ENJEU POLITIQUE

Dès l'apparition de l'imprimerie, la bourgeoisie marchande montante constitue rapidement la classe la plus intéressée par cette innovation en ce qu'elle y voit le moyen d'accroître

---

[122] Nous n'avons pas parlé précisément de la situation des provinces car ce travail aurait exigé le détail de la situation économique et politique de chacune d'elle.

son pouvoir économique, politique et social sur la cité délaissée par les aristocrates qui s'enferment dans leur seigneurie. En effet, une grande demande d'ouvrages existe pour des besoins professionnels. Si le clergé, les juristes et les médecins sont intéressés, les artisans en mal de modèles y trouvent un nouveau moyen de faire circuler les connaissances. La bourgeoisie apprend donc à lire, écrire et compter pour tenir ses commerces et les faire prospérer, mais aussi pour se procurer des imprimés d'information circulant rapidement. L'accès à la lecture et l'écriture demeure ainsi très inégal selon les régions et à l'intérieur même des régions car l'un des principaux facteurs de développement de l'alphabétisation est la circulation des hommes et des produits et les villes les plus alphabétisées sont celles qui connaissent les plus grands développements marchands et, ce qui va de pair, la proximité de grands axes de circulation. La grande bourgeoisie marchande essaye donc très tôt d'y développer un réseau local de librairies dont la maîtrise devient vite un fort enjeu de pouvoir. Ces villes sont donc de grands centres d'édition de contrefaçons à partir de l'instauration des privilèges.

Les libraires sont des artisans d'un type particulier. Dans l'Université ils ont une tutelle de plus que nombre d'autres métiers. Ils ont ainsi officiellement à voir avec les sphères intellectuelles et politiques et avec une instance hautement renommée, l'instance religieuse qui fait autorité et jouit d'un pouvoir certain, non sans importance lorsqu'il s'agit de trouver des appuis quand il est question de trouver quelque forme de privilège ou de passe-droit. Les corporations, et notamment celles de Paris, sont en effet les jouets des pouvoirs politique et religieux dont la principale préoccupation est la limitation, faute de pouvoir parler d'éradication, de la circulation des ouvrages interdits. Ainsi, tout libraire reçu maître à Paris doit-il faire la promesse de ne pas vendre de livres dans les endroits défendus tels le Pont-Neuf où les colporteurs sont autorisés à vendre certains imprimés dès le début du XVIIème siècle. Les autorités craignent en effet que la proximité des libraires avec des personnes rodées aux livraisons clandestines facilite la circulation des ouvrages interdits qu'ils sont soupçonnés d'imprimer. Pourtant les livres interdits, et notamment les publications protestantes éditées le plus souvent en Hollande, mais aussi à Genève ou Neuchâtel, circulent. Ainsi, au lieu de rendre impossible toute diffusion de certains textes, la censure ne fait que priver les libraires d'une certaine clientèle qui, de toutes façons, arrive à se procurer les ouvrages par d'autres voies. La dépendance de la librairie vis-à-vis de l'Université se relâche petit à petit mais cette évolution est très lente et le pouvoir royal n'arrive que très progressivement à reprendre à son compte un grand nombre des prérogatives de cette institution. En 1723 un des articles d'une nouvelle réglementation de la librairie parle encore « [des] Libraires et [des] Imprimeurs censés et réputés du Corps et des Suppôts de l'Université de Paris, distingués et séparés des Arts mécaniques »[123], et certains libraires ne coupent complètement leurs liens avec l'Université qu'à la fin du XVIIIème siècle. En outre les librairies d'éditions savantes trouvent longtemps un public sûr et susceptible de leur fournir quelque appui en cas de besoin auprès des collèges.

Mais la librairie subit aussi l'immixtion du pouvoir central. Selon l'édit de Châteaubriant en 1551, « il est défendu à tout imprimeur de faire l'exercice et état d'impression sinon en bonnes villes et maisons ordonnées et accoutumées à se faire et non en lieux secrets. Et que ce soit sous un maître imprimeur, duquel le nom, le domicile, et la marque soient mises aux livres ainsi par eux imprimés, le temps de ladite impression et le nom de l'auteur. Le maître imprimeur répondra des fautes et erreurs, qui tant par lui que sous son nom et par son ordonnance auront été faites et commises »[124]. Au XVIème siècle, la Réforme gagnant du terrain, François Ier craint beaucoup de l'expansion du commerce de la librairie. Il décide alors de faire fermer toutes les entreprises de ce type sous menace de pendaison. Bien que cet édit soit rapidement révoqué, la lutte contre les hérétiques rend la vie des libraires particulièrement difficile pendant tout le siècle. Ils « ne pouvaient vendre d'autres livres que ceux qui

---

[123] HUBERT (Jean) : op. cit. - p. 10.
[124] In CHARTIER (Roger) : op. cit. - p. 58.

étaient inscrits sur deux catalogues affichés dans leur magasin, catalogues dont l'un (et c'était le plus sévère, le plus draconien) était exclusivement destiné aux ouvrages approuvés par l'Église (Ordonnance du 27 juin 1553). Sous aucun prétexte, il ne leur était permis de faire venir des livres des pays séparés de la communion romaine »[125]. La peine de mort, rétablie par Henri II pour des délits de fabrication ou de vente d'ouvrages interdits, est laissée à l'arbitrage des juges à partir de 1566, puis de nouveau rétablie en 1626 par Richelieu pour les auteurs ou diffuseurs de livres qui s'en prendraient à la religion ou au gouvernement, et ce jusqu'en 1728. Grâce à son savoir-faire en matière de mainmise sur les affaires politiques, Richelieu rend en effet le contrôle de la librairie encore plus strict bien qu'il prenne des formes beaucoup plus subtiles. Ainsi, c'est lui qui fait en sorte qu'à partir de janvier 1629, ce soit le chancelier et le garde des sceaux qui aient dorénavant la charge de faire examiner tous les manuscrits avant de leur accorder un privilège d'impression et de vente. Le pouvoir royal obtient ainsi la responsabilité de la censure préventive, jusqu'alors aux mains des seules instances religieuses — mais il ne peut ainsi se prévaloir du contrôle de l'ensemble de la censure qu'en 1741[126]. Si les docteurs de la Sorbonne[127] sont mécontents de se voir privés d'une de leurs attributions, les libraires et les imprimeurs craignent surtout une plus grande efficacité des contrôles et un accroissement de la sévérité des peines en cas de non respect des règlements. Pourtant,

---

[125] WERDET (Edmond) : op. cit. - p. 57.

[126] Au nombre de 4 à la fin du XVème siècle, les censeurs sont 79 en 1741 : 10 pour la théologie, 11 pour la jurisprudence et le droit maritime, 12 pour les sciences médicales et physiques, 8 pour les mathématiques, 36 pour l'histoire et les belles lettres et 2 pour les beaux arts. Ils seront 121 en 1763.

[127] « Jusqu'en 1623, semble-t-il, ceux qui désiraient une permission d'imprimer pouvaient demander à deux docteurs de leur choix une approbation valable au Sceau, mais les docteurs vendaient leurs approbations ou ne lisaient pas les livres qui leur étaient soumis, si bien que l'impie Vanini [philosophe italien brûlé à Toulouse en 1619 pour athéisme et magie] lui-même trouva des approbateurs », in MARTIN (Henri-Jean) : *Le livre français sous l'Ancien Régime*, op. cit. - p. 285.

le pouvoir ne parvient pas à maintenir l'ordre dans la librairie parisienne.

Richelieu organise alors la domination de la corporation par l'entremise de quelques libraires choisis en remerciement de leur fidélité. Il entreprend notamment de réorganiser les deux plus importantes compagnies de l'époque, celle "des Usages" et celle "du Navire". En 1615 les libraires parisiens associés pour l'occasion à de grands libraires de province tentent de récupérer la prolongation du privilège obtenu par la Compagnie des Usages qui avait eu l'idée de cette organisation commerciale en 1571, mais en vain. Richelieu confirme la Compagnie des Usages dans son monopole de l'édition des livres d'Église, et la Compagnie du Navire dans celui des œuvres des Pères de l'Église, privilège qu'elle détient depuis 1582. Cette mesure est d'abord destinée à fidéliser une clientèle de libraires au pouvoir royal, tout en montrant aux autres qu'il y a beaucoup à gagner à être docile. De plus, elle améliore quelque peu la qualité de la production, en freinant la concurrence aux prix les plus bas entraînant des baisses de qualité de la facture des ouvrages. La chancellerie se voit donc épaulée dans son travail de surveillance par une deuxième instance de contrôle, cette fois interne, qui n'hésite pas à faire acte de délation contre les confrères plus petits qui s'écartent trop de la ligne à suivre ou dont la concurrence commence à devenir gênante. Libraires et imprimeurs se plaignent souvent d'être trop étroitement surveillés, mais ils « fournissent [aussi] un flot constant d'informations sur les origines de leur manuscrits —et surtout ceux de leurs concurrents »[128]. Ainsi, au lieu de calmer les tensions, Richelieu les exacerbe. « En 1639 les petits libraires et artisans imprimeurs parisiens n'avaient pas hésité à se révolter contre le Pouvoir et l'oligarchie des grands libraires protégés par Richelieu »[129]. Les membres des syndics élus par les maîtres libraires, imprimeurs et relieurs, se trouvent alors être tous des petits libraires. Pour éviter que ne se reproduise ce type d'incident, le Cardinal ex-

---

[128] DARNTON (Robert) : op. cit. - p. 150.
[129] MARTIN (Henri-Jean) : *Le livre français sous l'Ancien Régime*, op. cit. - p. 141.

prime le souhait de nommer lui-même les syndics de la librairie. Face à une opposition trop virulente, il fait marche arrière mais obtient tout de même que les nouveaux syndics ne soient plus élus que par les personnes qui auront déjà elles-mêmes été syndics. Enfin, Richelieu craint que n'arrivent en France les périodiques d'information très prisés par la bourgeoisie marchande pour laquelle ils constituent des vecteurs d'informations économiques et politiques indispensables au commerce et qui se multiplient dans les pays protestants. Pour prévenir leur développement, il encourage Théophraste Renaudot, médecin de Montpellier monté à Paris et ami fidèle, dans son projet de fonder un périodique en lui attribuant un privilège exclusif. La Gazette, dont le premier numéro sort le 1er mai 1631, paraîtra chaque semaine. En fait, la presse périodique[130] reste étroitement contrôlée par l'État jusqu'à la fin de l'Ancien Régime.

Au XVIIème siècle, le pouvoir royal doit également intervenir à la source de la production des textes, en limitant le nombre d'ateliers. En effet, il est important, en ces temps de troubles religieux et notamment de querelles jansénistes, que les imprimeurs ne s'installent pas dans les domaines appartenant au clergé, là où il est difficile aux laïques, et en particulier aux syndics de pénétrer pour inspecter librement les textes publiés. C'est pourquoi, en 1666, il est interdit aux maîtres imprimeurs de s'installer dans les collèges. Mais les efforts du pouvoir pour réglementer la circulation des livres sont si vains qu'en 1667 la lieutenance générale de la police nouvellement créée reçoit la charge de surveiller la librairie et d'empêcher la diffusion d'ouvrages clandestins. Elle doit aussi lutter contre la contrefaçon qui a surtout, pour le pouvoir, le défaut d'organiser de véritables circuits parallèles d'évitement des contrôles facilitant la diffusion de textes interdits par la censure royale. Si cette instance s'acquitte encore une fois sans grand succès de cette tâche,

---

[130] Ces journaux sont alors une succession de nouvelles dont l'agencement ne fait l'objet d'aucune recherche spécifique pour se démarquer de la présentation d'un texte dans un livre. Leurs feuilles sont d'ailleurs destinées à être conservées par les acheteurs pour être réunies à la manière d'un livre non relié.

par contre elle a à cœur de récompenser les libraires qui se conduisent en "bons sujets". Ainsi par exemple attribue-t-elle aux Bénédictins en 1672, un privilège de cinquante ans à leur libraire Muguet pour l'exclusivité de la publication de l'œuvre de Saint-Augustin, avec interdiction à tout autre libraire d'en publier les anciennes versions, ainsi que des prolongations de même durée pour des privilèges que Muguet avait obtenus pour d'autres manuscrits.

 C'est justement le rôle de la librairie et de l'imprimerie dans le jeu politique qui explique que, même si la corporation des libraires de Paris ne fait pas partie des corporations officiellement dominantes de cette ville, c'est tout de même la plus puissante de France. En effet la proximité avec les différentes instances du pouvoir et les personnages influents de la Cour la place au cœur d'enjeux politiques capitaux. D'ailleurs, afin d'avoir une idée de l'importance de la place occupée par le syndic de Paris dans le fonctionnement général de l'exercice du pouvoir royal jusqu'à une époque tardive, il suffit d'observer qu'à partir du mois d'octobre 1679 le siège communal des officiers de la corporation est la Salle Royale du collège de Cambrais, salle que Colbert, alors surintendant des Bâtiments, avait mise en 1664 à la disposition des professeurs de droit canon et de droit civil, personnages appartenant à l'une des institutions de la plus haute importance pour le pouvoir. Cependant, le pouvoir de certains libraires est encore plus fort dans les villes de province où la bourgeoisie a besoin d'eux pour s'affirmer et de consolider son pouvoir.

 A partir de la fin du XVIIème siècle, l'imprimerie est considérée par les pouvoirs policier et religieux comme plus dangereuse encore que la librairie. Le nombre des maîtres imprimeurs est donc limité pour qu'il soit plus aisé de contrôler les ouvrages qui paraissent au moment où Louis XIV vient de révoquer l'édit de Nantes et où il est indispensable de censurer toute forme d'écrit protestant. Les imprimeries autorisées à poursuivre leur activité sont les mieux connues des services de police qui les ont sélectionnées pour leur fidélité au pouvoir et à la religion catholique. En outre cette réduction du nombre d'entreprises facilite les pressions de la police dans le sens d'une surveillance mutuelle des unes par les autres. Elle permet d'ailleurs aux imprimeurs de remporter une victoire dans les stratégies de conquête du pouvoir qui les opposent depuis longtemps aux libraires car la puissance des familles d'imprimeurs les plus en vue s'accroît.

Les dossiers sur quelques centaines d'auteurs établis par J. d'Hemery donnent un aperçu de l'ambiance qui régnait alors dans la librairie qui ne se limitait pas aux romans et aux almanachs, ainsi que des relations complexes qui se nouent entre le pouvoir, les auteurs et leurs libraires et imprimeurs, relations basées sur une méfiance réciproque ou une coopération qui ne profite pas toujours aux mêmes. « Après avoir terminé un traité intitulé *Le tombeau des préjugés sur lesquels se fondent les principales maximes de la religion*, Le Blanc se met en quête d'un éditeur. Un certain Valentin, qui prétend connaître toutes les ficelles de l'industrie du livre lui offre de lui servir d'agent, mais après la lecture d'un synopsis du manuscrit, Valentin est convaincu qu'il pourra gagner beaucoup plus d'argent en dénonçant Le Blanc à l'archevêque de Paris. (...) Valentin et d'Hemery décident de lui tendre un piège »[131], (Le Blanc sera embastillé). Le pouvoir royal effectue une dernière tentative pour contrôler la diffusion des livres en 1777. Sont alors prononcés six arrêtés du Conseil d'État : « le premier et le troisième organisent des chambres syndicales sur un nouveau plan et prescrivent un nouveau mode pour la réception des libraires [comprenant l'obligation d'être « de la religion catholique, de bonne vie et mœurs et subir un examen, afin de prouver son instruction classique, en présence des syndics, adjoints et autres préposés de l'Université »[132] ; le quatrième établit, pour la vente des fonds et des privilèges des libraires par la chambre syndicale, deux ventes publiques par an, chacune d'une durée de quinze jours ; le cinquième a pour but la répression des contrefaçons, il porte amnistie pour le passé, soumet seulement les livres soupçonnés à la formalité de l'estampille et prescrit une amende de six mille livres pour l'avenir ; le sixième (...) maintient à perpétuité le

---

[131] DARNTON (Robert) : op. cit. - p. 171.
[132] WERDET (Edmond) : op. cit. - p. 375.

droit de ceux qui n'auront pas cédé à des tiers leur propriété ou privilège, et restreint la durée du droit de propriété des libraires à la vie des auteurs »[133]. Dans ces arrêts perce surtout une volonté de reprendre en main la librairie et de clarifier la situation, notamment en faisant appliquer la plupart des décisions déjà prises, mais jamais réellement suivies d'effets. On peut également y voir une tentative supplémentaire de résistance du pouvoir royal aux craquements de plus en plus perceptibles du système économique, politique et social de l'Ancien Régime[134].

DÉTOURNEMENTS DES MESURES COERCITIVES

Face à l'ensemble des réglementations visant à limiter la liberté d'édition, les modes de contournement ont été aussi variés qu'efficaces. D'ailleurs peu de temps avant la Révolution un projet concernant la librairie ne propose rien de plus, dans un premier temps, que de tenter de faire respecter tous les règlements instaurés depuis ... 1323 ! En effet, de la Fronde à la Révolution, des auteurs de plus en plus nombreux parviennent à répandre des idées contraires à l'assise du pouvoir royal ou religieux. Ils sont servis en cela par les conflits parfois violents opposant les détenteurs et les prétendants de ce pouvoir, prêts à toutes les compromissions pour le conserver ou l'acquérir, et enclins à encourager la circulation d'écrits susceptibles de déstabiliser leurs adversaires[135]. « Souvent les préposés de la police, chargés d'arrêter [les] pamphlets, en font [eux-mêmes] le commerce en grand, les distribuent à des personnes choisies, et gagnent à eux seuls plus que trente colporteurs »[136]. Ainsi le lieutenant de police de la région de Rouen, Boisguilbert, « chargé de rechercher l'*État présent des affaires de la France*, qu'il avait

---

[133] WERDET (Edmond) : op. cit. - p. 68-69.

[134] DARNTON (Robert) : "« La France, ton café fout le camp ! » de l'histoire du livre à l'histoire de la communication". - *Actes de la Recherche en Sciences Sociales*, n° 100, 1993.

[135] DARNTON (Robert) : *Le grand massacre des chats, attitudes et croyances dans l'ancienne France*, op. cit.

[136] MERCIER (Louis Sébastien) : op. cit. - p. 62.

lui-même rédigé et fait imprimer clandestinement, devait répondre à d'Argenson [(lieutenant général de police)] qu'il n'avait rien trouvé de tel »[137]. Les rapports de forces des libraires entre eux ou entre les libraires et les pouvoirs laïcs et religieux donnent lieu à des luttes acharnées qui ne se déroulent pas toutes sur le terrain de la plus parfaite légalité. Richelieu, use lui-même de la technique des pamphlets pour son accession au pouvoir en s'associant avec quelques libraires qu'il récompense, une fois au pouvoir, par l'attribution de privilèges exorbitants pour certains textes. Cette expérience de la librairie lui facilite d'ailleurs son travail de traque des libraires qui ne suivent pas sa ligne politique, chasse qu'il souhaite fructueuse tant il connaît l'efficacité des imprimés. Mais si le Parlement continue à prononcer des arrêts contre certains titres ou auteurs, les autorités se trouvent dans l'incapacité de stopper l'introduction en France de livres interdits publiés à l'étranger. L'une des principales caractéristiques en matière de réglementation de la librairie aux XVIIème et XVIIIème siècles, est en fait une efficacité restreinte, voire quasi nulle.

Les difficultés rencontrées pour imposer le respect des mesures prises sont également dues à ce que toutes les tendances politiques et religieuses ont leur propre réseau de libraires. Ainsi lorsque les contrôleurs du pouvoir laïc inspectent des libraires soutenus par une communauté religieuse, celle-ci les aide à cacher les plaques d'impression de publications recherchées ou, par l'entremise de quelques uns de leurs appuis politiques, arrivent à annihiler toute intervention des services de police. La chose est tout aussi mal aisée lorsqu'il s'agit, à l'inverse, d'éradiquer un ordre religieux qui a les moyens de faire imprimer clandestinement ses idées. Ainsi, lorsque peu après la mort de Richelieu, éclate la querelle janséniste à Port-Royal, le chancelier Séguier, débordé par la profusion des libelles et des pamphlets dont regorgent les librairies et les collèges de la Montagne Sainte-Geneviève, se trouve dans l'incapacité totale de réagir. Toutefois, l'appui du pouvoir est d'un très grand rapport

---

[137] MARTIN (Henri-Jean) : *Histoire et pouvoirs de l'écrit*, op. cit. - p. 264.

comme le montre l'histoire de la famille Cramoisy dont l'un des membres est libraire de Richelieu dès 1614, mais aussi celui des cisterciens, de l'Église de Paris, et des jésuites. Il a le chancelier Séguier comme protecteur, et plus tard des rapports personnels avec Colbert. En 1644 il fait travailler 7 des 75 imprimeries de Paris, sans compter celles de l'Imprimerie royale qu'il dirige et utilise parfois pour ses propres éditions. Les maîtres imprimeurs qu'il fait travailler ne sont pour lui que "simples salariés" qu'il paye souvent tardivement, parfois plusieurs années après la fin du travail. Principale famille de libraires de Paris pendant une bonne partie du XVIIème siècle et malgré une faillite, « les Cramoisy "sortirent" plus de 2 500 volumes, sans compter des milliers de pièces volantes et d'actes officiels —plus qu'aucun libraire français ou étranger de leur époque »[138]. La police de la librairie se heurte aussi au fait que les différents regroupements de libraires forment des ensembles très opposés les uns aux autres mais particulièrement soudés en leur sein, non seulement parce qu'ils partagent les mêmes idées religieuses ou politiques et qu'ils profitent donc des mêmes appuis, mais aussi parce que leurs liens familiaux sont le plus souvent très étroits. En outre les instances chargées de délivrer les privilèges ne sont pas toujours perspicaces et le détournement des règlements sur les privilèges sont monnaie courante. Denis Thierri, libraire à Paris, obtient un deuxième privilège pour les *Œuvres de Racine (tome premier)* bien avant la date légale de dépôt de demande de continuation du premier privilège. Il évite ainsi de se heurter à des concurrents, et gagne quatre ans de droit d'exploitation du manuscrit en plus des dix ans déjà obtenus. En contrepartie il est contraint de respecter un échéancier pour cette édition, qui ne tient aucun compte de l'état de santé financière de son affaire. Il s'agit là d'une des formes classiques de la dépendance des libraires de l'époque classique vis-à-vis du pouvoir. D'autres libraires obtiennent des privilèges pour plusieurs rééditions non parce qu'ils ont été choisis parmi plusieurs libraires compétents,

---

[138] MARTIN (Henri-Jean) : *Le livre français sous l'Ancien Régime*, op. cit. - p. 45. "volumes" veut ici dire "titre".

mais en récompense de leur travail en faveur de livres de vente lente jugés de qualité par le syndic.

Les notables de province, religieux mais surtout laïcs, tiennent à pouvoir se procurer les livres qu'ils souhaitent sans acquitter des frais de transport exorbitants et subir les délais imposés par le rythme des marchands forains. Il leur faut se tenir au courant des idées nouvelles même si elles sont ailleurs jugées outrageantes, voire dangereuses, pour l'État ou le Clergé. Le moyen le plus sûr de se les procurer est encore de les faire publier au lieu de les faire venir avec un risque maximum de saisie. Il leur faut enfin se faire entendre et répandre leurs propres idées. Bien sûr, il faut suivre les lois, mais seulement "autant que faire se peut" —sous l'Ancien Régime cette maxime s'applique autant au reste de la société qu'à la librairie. Dans les régions, les possibilités d'arrangement sont certes différentes de celles dont disposent les libraires parisiens mais elles existent bel et bien et sont tout aussi efficaces. Comme pour la librairie parisienne, mais à une autre échelle, la protection d'une personne gravitant dans le cercle restreint du pouvoir de police est aussi nécessaire que suffisante pour obtenir une autorisation de publication même tacite, c'est-à-dire non écrite, grâce à laquelle le chancelier accepte de fermer les yeux, même si elle ne fonctionne qu'au niveau de la ville ou parfois de la région. La bourgeoisie s'efforce donc de défendre les libraires de sa ville quitte à autoriser des éditions sans privilèges en fournissant aux libraires des permissions d'imprimer parfaitement illégales. Libraires et imprimeurs travaillent donc en toute illégalité mais ouvertement. Des livres sont ainsi publiés sous le couvert d'une simple permission clandestine délivrée par des personnes détentrices d'un pouvoir important mais non habilitées à donner ce genre d'autorisation. Le plus souvent la Chancellerie ne revient pas sur cette décision, ou plutôt fait-elle mine de l'ignorer. C'est d'ailleurs aussi le cas à Paris lorsque le texte n'est pas totalement conforme à la doctrine royale ou religieuse sans être pour autant tout à fait dangereux. Mais l'utilisation de ces autorisations est toujours sujette à revirement. C'est notamment ce qui arrive à Pascal pour la publication des Provinciales pendant la querelle janséniste, mais l'exemple du libraire G. Desprez fournit sans doute une des plus belles illustrations de renversement de situations et d'efficacité de quelques appuis bien placés. Ce libraire est embastillé pendant près d'un an en 1662-1663 pour avoir publié des manuscrits jansénistes de Port-Royal, ordre religieux que le pouvoir entend interdire. Il est pourtant nommé imprimeur du roi en 1686, vraisemblablement grâce à quelques défenseurs de Port-Royal suffisamment bien placés pour le soutenir en signe de reconnaissance de sa fidélité aux idées propagées par cette institution religieuse. En effet, le titre d'imprimeur du roi est décerné à des personnes qui ont éventuellement prouvé la qualité de leur travail, mais qui ont surtout fait montre de fidélité à la Couronne. Il fournit d'ailleurs de nombreux avantages dont des dispenses d'impôts et la réserve de l'exclusivité de « la publication des textes officiels et des lois du temps, de leur distribution aux frais du roi aux officiers intéressés, de l'abonnement d'une clientèle non négligeable à telle ou telle catégorie de documents, et enfin de leur vente à la criée par l'intermédiaire des colporteurs »[139]. A sa mort G. Desprez a une quarantaine de libraires débiteurs en province et possède un capital de 226 437 livres de monnaie dont une partie sous forme de plusieurs dizaines de milliers d'ouvrages de toutes sortes. Mais tous les revirements de situation ne se font pas en si bon sens.

  Le métier est aussi touché de l'intérieur. En 1723, une nouvelle tentative de réglementation de la librairie pose de nouvelles exigences en matière d'apprentissage et d'accession à la maîtrise. L'apprentissage doit théoriquement durer quatre ans et il est interdit à l'apprenti de s'absenter de chez son maître pour quelque raison que ce soit sans son autorisation, sous peine de devoir renoncer au métier. Pourtant, le cas de François Belin qui ne fait que trois ans et demi d'apprentissage n'a rien d'exceptionnel. De même, pour devenir maître, le libraire doit connaître le latin et lire le grec. Il lui faut pour en apporter la preuve, obtenir un certificat du Recteur de l'Université attestant de ces

---

[139] MARTIN (Henri-Jean) : *Le livre français sous l'Ancien Régime*, op. cit. - p. 134.

connaissances. Mais il ne semble pas toujours difficile de l'obtenir :

> Je cours chez le Recteur, qui de régent sévère,
> Devient traitable et doux en voyant le ducat
> Que je lui mets en main pour son certificat
>
> *La misère des apprentis imprimeurs* petit poème du XVIIème siècle[140].

En outre, grâce à quelques appuis de personnages en charge de la police de la librairie, quelques colporteurs obtiennent leur maîtrise de libraire à partir de la seconde moitié du XVIIIème siècle. Certes, Richelieu avait réussi à faire en sorte que les nouveaux syndics de la corporation ne puissent être élus que par des libraires ayant eux-mêmes occupé cette fonction. Ils n'ont aucune chance d'occuper des places dominantes au sein de la corporation. Cependant leur entrée dans la profession n'est pas sans effet. Comme dans tout champ de force, l'entrée d'un nouvel élément provoque le déplacement et le repositionnement de chacun de ceux qui étaient déjà en présence. Ainsi le fait que les plaintes des grands libraires restent sans effet quant aux risques de détérioration de la qualité du travail fourni, de la dépréciation de la valeur du "savoir-faire", mais aussi de la renommée du métier, permet de mesurer la perte de poids des grands libraires dans les décisions politiques prises à leur égard, c'est-à-dire leur perte de pouvoir social, alors que d'autres méthodes de travail que les leurs gagnent, elles, en importance.

Enfin, malgré tous les efforts du pouvoir pour garder le contrôle de l'édition et de la circulation des textes, dès la fin du XVIIème siècle, la grande librairie prend une nouvelle ampleur. La production des livres se régionalise tenant compte des particularités linguistiques des régions et les foires perdent de leur importance. Parallèlement les paiements par virement deviennent possibles grâce au développement des réseaux bancaires facilitant largement les paiements des livraisons de libraire à libraire. Certains grands libraires réussissent alors à se constituer des réseaux d'échanges et de diffusion à la manière de toiles d'araignées à un niveau régional et européen, c'est-à-dire tout à

---

[140] HUBERT (Jean) : op. cit. - p. 10.

fait autre que celui de la majorité des libraires et sur lequel le pouvoir n'a aucun contrôle systématique. Il y a la superposition de deux niveaux de commerces. Pas question ici de travailler à long terme, il s'agit au contraire de monter de véritables "coups" commerciaux de caractère spéculatif. Quelques uns d'entre eux n'hésitent pas à monter des ateliers importants pour de grandes opérations courtes dans le temps avant de repartir tenter leur chance ailleurs sur un autre coup. Pour ces libraires, chercher des débouchés pour leurs éditions ne signifie plus "séduire des lecteurs" mais "chercher des libraires à qui revendre leur marchandise". Ils montent de préférence leurs entreprises à l'étranger pour ne pas subir la censure mais choisissent une implantation à proximité d'une frontière pour faire entrer à moindre coût leur production grâce à des complicités diverses au niveau du pouvoir local, sans pour autant risquer l'intervention de la police française —notamment pour des œuvres comme celles de Voltaire ou de Rousseau. Il s'agit ici de véritables entrepreneurs capitalistes en rupture totale avec la tradition de l'organisation du travail au sein de la librairie qui non seulement doivent gagner des sommes considérables pour ne pas trop craindre les retournements d'alliance, les saisies de balles chargées de livres interdits, ou encore les impayés, mais surtout ont une mentalité très différente. A ces deux conceptions du travail de libraire correspondent deux statuts sociaux très distincts dont la hiérarchie sera inversée après la Révolution. Ces entrepreneurs font partie de ceux que la libéralisation du commerce en 1791 renforcera, au contraire des libraires vivant sur une clientèle de lecteurs très localisée. On peut ainsi affirmer qu'au XVIIIème siècle une partie de la haute bourgeoisie détient deux éléments clefs du pouvoir qu'elle n'a pas encore, l'argent et la grande librairie-imprimerie, véhicule de l'information économique et politique comme des idées nouvelles. Deux phénomènes marquent en effet le monde des livres du XVIIIème siècle, siècle des Lumières : la querelle des philosophes en même temps que le foisonnement de publications d'ordre politique, et la mode des dictionnaires et des encyclopédies dont la rationalisation dans la présentation du savoir choque et effraie profondément l'aristocratie. D'ailleurs, si la principale caractéristique de la librairie de province est le suivi de la mode parisienne, son succès présente surtout l'intérêt de souligner l'éveil de la bourgeoisie régionale. « On cesse de mépriser ce marchand qu'est le libraire. De plus en plus on se rend soi-même aux renseignements dans sa boutique au lieu d'envoyer son domestique. Dès lors les échanges de nouvelles se font non plus seulement dans les salons mais dans les boutiques »[141]. C'est pourquoi, tout au long du XVIIIème siècle, les libraires prennent une place de plus en plus cruciale dans la stratégie de conquête du pouvoir politique de la bourgeoisie.

PARTICULARITÉ DES LIVRES DE COLPORTAGE

En matière de surveillance policière, parler de colportage ne revient pas à s'aviser du contrôle des hommes, car les colporteurs ont un statut social si bas dans l'échelle sociale qu'ils n'intéressent pas le pouvoir en tant que tels, mais du contrôle des idées. Alors que les libraires sont surveillés à la fois dans l'exercice de leur métier et pour leurs convictions personnelles, les colporteurs ne présentent aucun intérêt ni dans un cas ni dans l'autre, ils n'appartiennent à aucun corps de métier spécifique et, ne pouvant lancer d'édition, leurs convictions personnelles n'ont pas plus d'importance que celles de n'importe quel sujet de classe défavorisée à laquelle ils sont assimilés. Bien plus que la simple marchandise de colportage, ce que craignent l'Église et le pouvoir royal est le risque de propagation des idées, en particulier celles de la Réforme, jusque dans les campagnes ou les petites villes que n'atteignent pas les libraires.

Ainsi le colportage de livres n'a pas fait l'objet d'un nombre important de mesures spécifiques même s'il a toujours été très étroitement surveillé. Avant le XVIIème siècle l'intervention sur le contenu des livres de colportage autorisés est un ordre de suppression des prédictions politiques dans les almanachs sous le règne d'Henri III car elles font craindre de possibles attaques contre les personnages régnants. A partir de 1618 il est fait obligation aux colporteurs de savoir lire, afin qu'ils ne puissent pas prétendre méconnaître le caractère illicite du contenu de

---

[141] MARTIN (Henri-Jean) : *Le livre français sous l'Ancien Régime*, op. cit. - p. 109.

leur balle, et donc arguer de leur non-responsabilité. Mais tout comme pour la librairie, il est vraisemblable que cette mesure soit très peu entrée en vigueur. Pour limiter la propagation de livres interdits et de libelles vendus de la main à la main, les colporteurs n'ont le droit de vendre que les livres contenus dans leur balle et qu'ils ne peuvent en aucun cas stocker des imprimés dans quelque endroit que ce soit. Leur balle peut être inspectée à tout moment par la police. Les quelques mesures prises ensuite à leur encontre n'ont eu que de faibles répercussions sur leur commerce, car le contrôle des livres vendus en librairie paraît alors autrement plus essentiel et retient davantage l'attention de la Chancellerie.

Cependant, à partir du moment où est susceptible d'être poursuivi tout auteur, producteur et diffuseur de textes interdits, les colporteurs encourent les mêmes condamnations que les libraires pris en flagrant délit de vente ou d'impression d'écrits protestants en particulier l'écartèlement et le bûcher. Mais libraires et colporteurs ne se trouvent pas sur un pied d'égalité devant la police, loin s'en faut. Les premiers peuvent faire imprimer des textes et sont donc potentiellement plus dangereux que les seconds. Mais ces derniers sont susceptibles d'être contrôlés de multiples fois au cours de leurs incessants déplacements. Les livres les rendent seulement plus suspects que n'importe quel autre colporteur qui l'est par essence. C. Krafft-Pourrat rapporte ainsi la mésaventure d'un colporteur de livres, brûlé pour s'être trouvé au mauvais endroit au mauvais moment ... le contenu de sa balle n'ayant pas même été vérifié. En tant que métier ambulant le colportage expose donc les colporteurs à un nombre bien plus grand de contrôles que les libraires, même s'ils acquièrent au cours du temps un grand savoir-faire en matière d'évitement et de contournement des points de contrôle alors même qu'ils sont moins dangereux que les libraires et les imprimeurs puisqu'ils ne peuvent diffuser que des textes produits par d'autres. Par contre ce qui rapproche ces deux types de commerçants, c'est l'attention portée au contenu des livres. Que ceux-ci soient contrefaits ou frappés d'interdiction, les risques encourus par les libraires et les colporteurs sont théoriquement les mêmes si ce n'est, et cette différence peut être vitale, que les libraires ont un capital social qui leur permet d'échapper plus souvent que les autres aux poursuites policières ou religieuses —ce qui ne veut pas dire que les libraires aient toujours échappé au bûcher, au gibet ou à la guillotine.

Cependant ces conditions n'ont pas été défavorables à tous les colporteurs. En effet, à la fin du XVIIème siècle la France connaît une situation financière difficile du fait de la perte de capitaux dans les guerres, mais aussi dans l'exil de protestants parmi les plus fortunés au nombre desquels figurent des propriétaires de manufactures comme des fabriques de papier et des imprimeries, ou des maîtres libraires ou imprimeurs. Une fois installés en Hollande ou en Suisse, surtout Genève et Neuchâtel, ils continuent leurs activités et font entrer en France des contrefaçons, souvent de qualité. Ces livres font ainsi le bonheur de quelques colporteurs qui s'enrichissent considérablement grâce à ces livres qui, contrairement aux livrets de la Bibliothèque bleue peuvent se vendre très cher.

Enfin le manque de qualité, textuelle mais surtout d'impression, des livrets de colportage détourne longtemps l'attention de la police. Mais au XVIIIème siècle les choses changent pour deux raisons essentielles. La première découle de ce qu'il devient usuel dans la bourgeoisie d'envoyer les enfants chez des nourrices à la campagne[142]. La bourgeoisie commence alors à s'inquiéter de ce que ses enfants entendent raconter des histoires lues dans les livrets de colportage, alors même que, s'il s'agit en effet d'histoires non conformes à l'éducation que doivent recevoir des enfants d'origine sociale supérieure, cet argument surestime très nettement l'importance de l'écrit dans la transmission d'histoires de toutes façons véhiculées oralement. La deuxième raison est l'émergence de la question du bien-fondé de l'instruction des couches les plus défavorisées de la société. S'agit-il d'une nécessité par laquelle il faut passer pour en faire de meilleurs ouvriers et paysans, ou n'est-ce pas plutôt

---

[142] De nombreux témoignages de ces pratiques, vivement critiquées par Jean-Jacques Rousseau dans la Nouvelle Eloïse, se trouvent dans la littérature des XVIIIème et XIXème siècles.

un grand danger ? N'est-il pas dangereux que la classe laborieuse ait accès à certains textes, certes ne mettant pas en cause le pouvoir et la religion, mais leur donnant accès à des idées telles celles d'élévation sociale et d'égalité ... ? Mais là encore il ne s'agit pas du contrôle des colporteurs en tant que tels, mais de celui des idées qu'ils véhiculent.

Conclusion

La société de l'Ancien Régime attribue des rôles et des positions sociales très figées à chacun des groupes sociaux qui la composent. C'est pourquoi, à aucun moment il n'est possible de penser l'activité de vente des livres en librairie et le colportage comme deux activités de même type. Libraires, artisans du livre sédentarisés, et colporteurs, marchands ambulants, ne peuvent en aucun cas se confondre socialement pour la seule raison qu'ils font tous commerce de livres. Tout rapprochement des statuts de colporteur et de libraire se trouve donc exclu, même si tous les libraires n'ont pas la même position sociale au sein du Tiers-État. Le commerce des livres tel que nous le connaissons a donc bel et bien deux origines socialement distinctes avec des rôles sociaux et des modes de travail également distincts, distinction d'ailleurs soigneusement entretenue tant elle est socialement signifiante et inhérente au fonctionnement de la société de l'Ancien Régime. La fusion de tous les vendeurs de livres, que seules peuvent autoriser les conséquences de la Révolution, ne se fait donc ni sur la base d'une entente commune ni sur celle d'un savoir-faire commun, mais sur la jonction d'une caractéristique économique, le commerce des livres, et d'une caractéristique sociale, la sédentarité, toutes deux imposées par des instances économiques et politiques extérieures au métier.

Dans le monde de la librairie, l'abolition des corporations induit une "métamorphose" au sens où l'entend R. Castel, c'est-à-dire, « par opposition aux changements sériels, (...) la transformation de l'ensemble des éléments du système. Une métamorphose marque le passage à une autre cohérence »[143]. Dans le cas de la librairie, c'est bien la suppression de la principale règle du jeu du fonctionnement de l'économie de l'Ancien Régime, le système des corporations, qui entraîne la redistribution des cartes. Jusqu'alors les changements successifs intervenus dans divers domaines du champ de la librairie et du commerce du livre n'avaient constitué que ce que R. Castel désigne par "changements sériels" sans bouleverser l'ensemble des positions des agents ... il en va tout autrement lors de l'entrée en vigueur de la loi Le Chapelier abolissant les corporations. En considérant un "champ" comme « un espace de jeu, un [espace] de relations objectives entre des individus ou des institutions en compétition pour un enjeu identique »[144], on ne peut que conclure que jusqu'en 1791 le commerce du livre ne s'organise pas dans un seul champ. La suppression des corporations, seule, modifie la distribution des cartes et, cette fois, assigne une place dans le même champ à toutes les personnes faisant commerce de livres à titres divers, du libraire au colporteur. Après 1791 certaines personnes se trouvent donc dépossédées de leurs atouts non parce que de nouvelles cartes leur sont distribuées ou d'autres subtilisées, mais parce qu'une décision extérieure au jeu modifie la valeur de celles qu'elles ont en main et permet l'entrée dans la partie de personnes jusqu'alors hors jeu. Les nouvelles positions respectives des unes et des autres ne peuvent donc plus s'expliquer à partir de leurs positions anciennes.

    Pour appréhender des positions respectives dans le champ nouvellement constitué, ou plus justement en cours de constitution, il devient nécessaire de prendre en compte des qualités n'ayant pas de rapport direct avec ces anciennes positions, tels des modes de gestion et d'organisation capitalistes du travail, des capacités à anticiper les goûts de la clientèle et la séduire, à négocier avec les auteurs, et, de façon générale, à accepter les novations qui vont s'accélérer au cours du XIXème

---

[143] CASTEL (Robert) : *L'ordre psychiatrique*. Paris : Minuit, 1973. - p. 13.
[144] BOURDIEU (Pierre) : op. cit. - p. 197.

siècle. C'est la rationalisation du travail[145] et la division du travail social[146] qui prédominent dans l'organisation de la société qui finiront par unifier un même rôle social, celui du vendeur de livres.

---

[145] WEBER (Max) : *L'éthique protestante et l'esprit du capitalisme*. - op. cit.
[146] DURKHEIM (ÉMILE) : op. cit.

Chapitre 2

LE COMMERCE DU LIVRE : VERS UNE SEULE ET MÊME ACTIVITÉ

XIXème SIÈCLE

« Je pense qu'une révolution spécifique, quelque chose qui fait date dans un champ déterminé, c'est la synchronisation d'une révolution interne et de quelque chose qui se passe au dehors, dans l'univers englobant »[1]. Or au XIXème siècle, la librairie subit justement des interventions d'agents extérieurs, dont les représentants d'un pouvoir politique abolissant les corporations et libéralisant le commerce, ne sont qu'un paramètre parmi d'autres, notamment tels que les évolutions techniques entraînant des bouleversements radicaux dans la production d'imprimés, l'extension de l'apprentissage de la lecture ou les répercussions des modifications de rapports entre libraires et auteurs. Le changement relativement rapide du visage de la librairie ne fait que démontrer à quel point l'organisation du commerce des livres de la fin du XVIIIème siècle n'est plus adaptée à la nouvelle situation économique et politique du début du XIXème siècle dominé par le processus de rationalisation qui s'amorce. D'ailleurs ce bouleversement est si profond qu'il ne permet pas de reprendre les axes de construction de la réalité sociale de cette pratique qui ont permis de saisir les caractéristiques sociales du commerce des livres sous l'Ancien Régime. Une refonte totale du champ s'impose et permet la constitution d'un champ commun du commerce des livres, incluant à la fois les libraires, les boutiquiers et les colporteurs qui se sédentarisent peu à peu, c'est-à-dire tout vendeur de livres sans distinction légale quant au savoir-faire.

Contrairement à ce que l'on pourrait croire, à savoir une plus grande abondance de documents à partir du XIXème siècle du fait d'un recours toujours plus fréquent à l'écriture et d'une

---

[1] BOURDIEU (Pierre) : Haute couture et haute culture, in *Questions de Sociologie*. - Paris : Minuit, 1984. - p. 200.

plus grande proximité avec notre époque, les écrits sur les libraires se font de moins en moins nombreux au fur et à mesure qu'on s'éloigne du XVIIIème siècle. Cette raréfaction des sources d'informations bibliographiques n'est pas due à ce que les centres d'intérêt des contemporains ou des historiens se modifient, mais au contraire à ce qu'ils restent les mêmes : le secteur éditorial, l'imprimerie, l'art du livre ou encore ce qui a trait à la lecture. La vente en tant que telle n'a toujours été traitée que de façon annexe, seulement parce qu'elle faisait partie du métier de libraire. C'est pourquoi, à partir du moment où elle devient une activité de plus en plus distincte des autres métiers du livre, elle ne fait plus l'objet d'études spécifiques. Ainsi, alors que le fonctionnement de la librairie se complexifie, celle-ci passe à l'arrière plan au fur et à mesure que l'on avance dans le temps jusqu'à ce que les difficultés rencontrées par ce type de commerce dans la seconde moitié du XXème siècle réveille de nouveau quelque intérêt.

Pendant un peu plus d'une centaine d'années les papetiers, les imprimeurs, les libraires et les éditeurs apprennent à s'adapter aux nouveaux modes d'organisation du travail. Ces métiers se distancient et se distinguent petit à petit les uns des autres. Il s'agit donc de comprendre comment le passage d'une économie de monopole à une économie de marché dans le domaine des livres, et les bouleversements qu'il entraîne dans l'organisation des métiers du livre, aboutit à l'émergence de l'organisation de la librairie telle que nous la connaissons, et quelles sont les origines des mouvements qui ont présidé à la spécialisation de la librairie dans la vente. Cette seconde partie aborde le XXème siècle sans se prolonger jusqu'à la période actuelle car la librairie d'aujourd'hui prend forme à la fin du XIXème siècle il n'est pas question de succomber à la tentation de retracer l'histoire de la librairie.

I/ Conditions de création d'un marché de l'imprimé

1- Les retentissements de l'abolition des corporations

L'une des conséquences attendues de l'abolition des corporations est la libéralisation du commerce. Après quelques années difficiles, liées d'ailleurs à une période également politiquement troublée, le marché du livre prend peu à peu forme. Deux phénomènes découlant directement de l'abolition des corporations contribuent à la métamorphose des commerces des livres : la libéralisation des métiers et, par conséquent, l'acceptation des innovations techniques. A eux seuls ces deux facteurs accélèrent l'entrée du commerce des livres dans un mode de fonctionnement préparant la division des tâches au sein des métiers du livre. Mais tout le monde ne s'adapte pas au même rythme aux bouleversements qu'elles entraînent.

LIBÉRALISATION DES MÉTIERS

« La loi du 2 mars 1791, dite loi d'Allarde, supprima les corporations, jurandes et maîtrises, mais aussi les manufactures à privilège. (…) Ainsi étaient libéré l'esprit d'entreprise et proclamée la libre accession au patronat : l'ère du capitalisme de la libre entreprise s'ouvrait »[2]. Les deux principales conséquences de ces nouvelles dispositions législatives sont

---

[2] BRAUDEL (Fernand), LABROUSSE (Ernest) : *Histoire économique et sociale de la France*. - 1993 (1ère édition : 1976) - tome III/ (1789-1880). - p 11.

d'une part le développement d'un marché national, d'autre part l'accès de tous à tous les métiers liés au commerce et à l'artisanat. « Toute délibération ou convention entre citoyens d'une même profession "tendant à refuser de concert ou à n'accorder qu'à un prix déterminé le secours de leur industrie ou de leurs travaux", [devient] inconstitutionnelle et attentatoire à la liberté et à la Déclaration des droits de l'homme, et donc de nul effet »[3]. L'ensemble des discours visant à promouvoir l'esprit d'entreprise et l'extension d'un marché libre, ne sont bien évidemment pas apparus avec la Révolution, mais celle-ci leur permet de devenir officiellement dominants, puis imposés légalement.

Mais l'abolition des corporations n'était pas attendue avec la même impatience par l'ensemble du Tiers-État. L'application des nouvelles règles économiques qui en découlent suscite autant de désapprobation qu'elle ne répond à des attentes. Des voix s'élèvent pourtant pour la création d'un nouvel ordre professionnel. Mais ce mouvement n'est pas limité aux seuls libraires. « Un mouvement favorable au rétablissement des corporations échoua, au début de la Restauration, mais il avait paru assez sérieux pour que les chambres de commerce manifestassent à plusieurs reprises leur hostilité au projet et pour que le grand manufacturier Ternaux jugeât à propos de prendre fermement position contre, dans une proclamation électorale de 1818 »[4]. Toutefois, le besoin de regroupement se fait vraiment sentir et, en l'absence de possibilité légale de créer quelque syndicat, un libraire du nom d'Hébrard demande la création d'une chambre ou d'un cercle syndical unissant les industriels papetiers et imprimeurs, les artisans brocheurs et relieurs, les éditeurs et les libraires (les auteurs dramatiques et les compositeurs s'étaient regroupés dès 1829 pour défendre le métier et sauvegarder leurs droits, avant que ne soit créée la Sociétés des Gens de Lettres en 1837 regroupant la presque totalité des auteurs). C'est chose faite en

---

[3] BRAUDEL (Fernand), LABROUSSE (Ernest) : op. cit. tome III/ - p. 12.
[4] BRAUDEL (Fernand), LABROUSSE (Ernest) : op. cit. tome III/ - p. 831.

1847 avec la création du Cercle de la Librairie qui doit défendre les sociétaires et la profession, mais aussi regrouper des « professions qui contribuent directement ou indirectement à la publication, à l'exécution et à la propagation des œuvres de littérature, des sciences et des arts : *Imprimeurs*, tous procédés ; *Constructeurs* de machines et matériels pour les arts graphiques, *Relieurs*, *Brocheurs*, *Cartonneurs*, *Éditeurs*, *Libraires*, *Papetiers* et *Photograveurs* à la fin du XIXème siècle »[5]. Pour avoir remarqué la tendance de plus en plus marquée à la séparation entre production-conception de l'objet livre et vente des ouvrages, en 1859 E. Werdet souhaite la création d'une chambre syndicale à l'image de celle dont bénéficient les imprimeurs afin qu'elle veille au respect de la loi et de la qualité du travail et qu'elle règle les conflits au sein de la communauté.

En fait, dès la fin du XVIIIème siècle, la concurrence que ne canalise plus aucune des anciennes règles en vigueur sous l'Ancien Régime, confronte les libraires anciennement dominants socialement, et souvent économiquement, à une situation qu'ils n'ont jamais connue : la légitimité de leur supériorité par rapport aux petits libraires n'est plus assurée par des frontières légales sécurisantes. Ils éprouvent la nécessité de marquer la plus grande distance possible avec les personnes de moindre talent et plus que jamais ils reprochent aux nouveaux arrivants leur manque de "métier". Loin de réduire les antagonismes qui divisaient les libraires sous l'Ancien Régime, l'abolition des corporations ne fait donc que les renforcer. « En 1803, il est de notoriété publique, écrit A. de Saint-Maurys, que sur les trois principales librairies de Paris, il y en avait deux, dont les patrons sont morts en laissant une grande fortune, qui n'avaient jamais su ni lire ni écrire. Seul le patron de la troisième était parvenu, dans un âge avancé, à épeler assez couramment »[6]. En effet, dès

---

[5] NÉRET (Jean-Alexis) : op. cit. - p. 150.

[6] NÉRET (Jean-Alexis) : op. cit. - p. 112. Le même type de critiques est adressé aux typographes : « les typographes [du temps de Gutemberg] étaient perçus tous en même temps fondeurs de caractères, imprimeurs et libraires-éditeurs. Quelques fois même ils étaient auteurs de livres qu'ils imprimaient ; et leur érudition était souvent

1791, des personnes deviennent libraires ou imprimeurs sans posséder la moindre qualification ou expérience en ces domaines. Parmi les "libraires", on compte désormais d'anciens apprentis étalants ou boutiquiers, ou bien, pire aux yeux de certains hommes de lettres ou libraires regrettant l'abolition des corporations, des personnes issues de corps de métiers n'ayant rien à voir avec quelque métier du livre. « Sur les 194 personnes retenues ayant constitué un dossier au cours de la période 1815-1830 [à Paris], (...) 17 seulement se déclaraient libraires de profession —et pouvaient être pris comme tels—, 5 étaient d'anciens commis de librairie et 1 avait exercé pendant 30 ans, dans la même maison, le métier de compositeur-typographe »[7].

On [est] affligé du spectacle de valets de charrue, de palefreniers, de marchands de légumes, déposant le panier, la pioche, la herse ou l'étrille pour offrir en vente à l'homme lettré les plus belles productions de l'esprit, dont ils sont incapables parfois d'épeler une vingtaine de lignes.[8]

Cependant cette vision catastrophique de la librairie ne reflète pas toute la réalité. Ainsi, E. Werdet rédige des notices biographiques sur 125 libraires installés à Paris depuis 1789, et

---

assez profonde, assez variée, pour leur permettre de redresser (...) les textes des copies manuscrites des ouvrages classiques confiés à leurs presses. Quelle différence avec beaucoup de maîtres imprimeurs de nos jours, dont si peu malheureusement sont des hommes instruits ! Aujourd'hui, en effet, pour obtenir en France un brevet d'imprimeur typographe, il suffit au candidat de prouver à l'autorité compétente qu'il est porteur d'un certificat de capacité, signé par quatre maîtres imprimeurs, attestant qu'il connaît bien son plomb. Rien de plus ! ... », in WERDET (Edmond) : op. cit. - pp. 28-29. Même si le passé est un peu trop porté aux nues, ces quelques lignes donnent à voir l'état d'esprit d'un certain nombre de libraires de l'époque.

[7] PARENT-LARDEUR (Françoise) : *Lire à Paris au temps de Balzac, les cabinets de lecture, 1815-1830.* - Paris : Edition de l'Ecole des Hautes Etudes en Sciences Sociales, 1981. - p. 72.

[8] WERDET (Edmond) : op. cit. - p. 372. Les propos d'E. Werdet changent de statut dans ce chapitre, pour devenir des opinions et des témoignages personnels sur son expérience. C'est pourquoi ils sont présentés différemment du corps du texte, à la manière d'extraits d'interviews.

qui ont répondu à sa demande de renseignements. Certes, 60 notices ne donnent aucune information sur la profession des pères de ces libraires, mais 59 montrent que ces libraires-éditeurs sont de familles de libraires ou d'ouvriers typographes. Les 6 autres sont fils d'instituteur (F. Belin), de notaire royal, de chirurgien militaire. Seulement 2 d'entre eux sont devenus des libraires respectables aux yeux d'E. Werdet alors qu'ils sont issus de famille, l'un de marchands de bois, et l'autres de vignerons. En outre, parmi les 60 personnes qui n'ont pas de lien avec la librairie dans leur famille et qui n'ont pas fait d'apprentissage, certains ont d'abord été commis de librairie, comme E. Werdet lui-même, mais d'autres ont fait des débuts de carrière dans l'administration, la magistrature ou l'enseignement, et d'autres encore ont d'abord été militaire ou ingénieur. Or tous ces libraires ne peuvent pas être soupçonnés d'être de mauvais libraires, E. Werdet les ayant soigneusement choisis. Il n'en reste pas moins que, même parmi ces "bons" libraires, à peine la moitié des libraires sont issus de familles ayant eu un rapport avec le métier. L'arrivée de nouveaux venus dans le métier a tout de même pour conséquence d'obliger l'ensemble des libraires, et notamment les plus anciens, à accélérer les changements de pratiques au sein du métier, même si cela n'est pas synonyme de perte de qualité de leur production, et s'adapter aux nouveaux modes de fonctionnement sous peine de faire faillite. La suppression du contrôle des métiers par les gens du métier eux-mêmes, provoque en effet dans la librairie, comme dans d'autres corps de métier, l'éclatement-recomposition du champ de la librairie et le repositionnement simultané et forcé de toutes les parties en présence. Habitués à jouir d'un statut élevé, quelques fois hérité et souvent gagné grâce au soutien de quelques personnages de la Cour, les libraires anciennement dominants ne peuvent plus faire valoir leurs appuis. Ils doivent donc s'adapter à la nouvelle donne du marché économique de la libre concurrence et aux méthodes de travail capitaliste. Ceux qui ne suivent pas, ou trop lentement, le mouvement, qu'il s'agisse d'une incapacité économique ou d'un refus socialement déterminé perdent leur ancien statut et surnagent désormais difficilement ou font faillite à plus ou moins brève échéance. Ainsi en est-il par exemple de la maison Barbou, famille d'imprimeurs de Limoges installée depuis 1524. Au XVIIIème siècle elle a sa propre manufacture de papier et un pied à Paris par l'une de ses branches. En 1763 elle est déjà très atteinte par la perte de la clientèle jésuite dont l'ordre est supprimé. En 1789, la Révolution lui ôte la plus grande partie des commandes administratives qu'elle avait su garder jusque-là. Or ses façons de travailler, transmises de génération en génération, sont peu susceptibles d'adaptation aux nouvelles conditions du marché. Dans l'incapacité d'adhérer aux nouvelles nécessités du travail de libraire ou d'imprimeur qui impose notamment de savoir tenter la clientèle, cette grande famille d'imprimeurs de province s'éteint[9]. Les deux dépôts que la famille possède à Paris sont rachetés à la mort des frères Barbou, vers 1808 par le libraire-imprimeur Delalain.

« Dans la mesure où l'individu est impliqué dans les rapports de l'économie de marché, il est contraint de se conformer aux règles capitalistes. Le fabricant qui agirait continuellement à l'encontre de ces règles serait éliminé de la scène économique. (...) Ainsi le capitalisme (...) [ne conserve,] par un processus de sélection économique, [que] les sujets —entrepreneurs et ouvriers— les mieux adaptés et qui lui sont nécessaires »[10]. Ainsi, seuls ceux des libraires des corporations de l'Ancien Régime qui avaient pris un peu d'avance sur le mode d'organisation capitaliste du travail peuvent rivaliser avec les nouveaux arrivants qui se trouvent attirés par l'entreprise capitaliste mais qui n'ont aucune connaissance du commerce du livre car l'art de la librairie au sens de savoir-faire n'est plus la qualité la plus indispensable.

---

[9] LYONS (Martyn) : op. cit. - p. 47.
[10] WEBER (Max) : *L'éthique protestante et l'esprit du capitalisme*. op. cit. - p. 51-52.

CONSÉQUENCES DES PROGRÈS TECHNIQUES SUR LES MÉTIERS DU LIVRE

Les innovations techniques ne commencent vraiment à se faire sentir dans la production manufacturière qu'une trentaine d'années après la Révolution. En effet, non seulement l'habitude du système des corporations bridant l'esprit de recherche d'innovations techniques, et la lenteur de l'évolution des mentalités, mais aussi les guerres napoléoniennes, font accuser au pays un important retard par rapport aux pays anglo-saxons. Mais dès lors le mouvement est lancé. « Si, sous l'ancien régime économique, il était possible aux entrepreneurs de "partir" avec de faibles investissements et de réaliser, malgré tout, de substantiels profits, la situation se renverse dès les années 1820-1840 (...), la machine n'est vraiment rentable que si elle est employée massivement, permettant un amortissement rationnel et une forte réduction des prix de revient »[11]. En retour, « il semble bien que, dans la période 1820-1850, le mouvement de longue durée, dominé par la baisse lente des prix et par la menace latente qu'il fait peser sur les profits, constituera un facteur d'innovation, en amenant les entreprises à réduire leurs frais en réalisant des économies de main-d'œuvre, de matière et de temps, afin d'amenuiser leurs prix de revient. Dans cette optique la technique était seule capable d'assurer la nécessaire "compensation" à la réduction des marges bénéficiaires, par un amenuisement des coûts »[12]. Les perfectionnements des procédés mécaniques participent donc à l'accélération de la conversion de l'artisanat à l'industrie et une évolution générale dans le sens d'une plus grande rationalisation des modes de production. En 1846, le premier virage vers l'industrialisation de la production d'imprimés est déjà bien amorcé grâce aux progrès techniques qui ont eu lieu dans ce secteur. Il faut désormais que les entreprises empruntent massivement la voie de la grande industrie et du capitalisme

---

[11] BRAUDEL (Fernand), LABROUSSE (Ernest) : op. cit. tome III/ - p. 504.
[12] BRAUDEL (Fernand), LABROUSSE (Ernest) : op. cit. tome III/ - p. 479.

industriel. C'est ce que font les papetiers. Mais la production des livres ne s'engage que très progressivement sur cette voie.

Les premières évolutions techniques de production touchant aux métiers du livre permettent surtout de comprendre l'apparition de la concurrente majeure du livre au XIXème siècle, la presse bon marché, qui prend son plein essor dès le début du XIXème siècle. A la fin des années 1820 paraissent les premières revues dont le succès est quasi immédiat. La *Revue des deux mondes*, fondée en 1829 et qui prend rapidement une orientation littéraire, compte 3 500 abonnés en 1834, et 25 000 aux alentours de 1860. Dès 1835, ce qui domine le secteur de l'écrit est donc la "livraison" populaire, en d'autres termes le feuilleton. Cette nouvelle forme de parution s'adresse à une très large part de l'ancien public des colporteurs, le lectorat populaire. Cette année-là, Émile Girardin crée *La Presse* dont le prix de l'abonnement est la moitié de celui des autres journaux, immédiatement imité par son ami Dutacq qui sort le journal concurrent *Le Siècle*. A leur suite, et dès 1836, les prix des abonnements à quelques journaux se trouvent divisés par deux. En 1846 la presse parisienne, forte de 25 quotidiens, compte 180 000 abonnés, c'est-à-dire encore bien plus de lecteurs. Les feuilletons sont collectionnés par leurs lecteurs qui les relient soigneusement[13]. Cet engouement pour la presse ne cesse de s'accroître. En 1860 E. Werdet écrit :

Quelques uns de ces recueils [(journaux)], qui tous ne tiennent que des romans ou des nouvelles, se vendent à des nombres extraordinaires. Il y en a qui atteignent même le chiffre énorme de 2 à 300 000 exemplaires : les autres s'en vont décroissant de 200 000 à 10 000.[14]

Ce succès provoque la chute progressive de la lecture du roman sous forme de livre et fait perdre au livre son statut dominant dans la production d'imprimés. S'il conserve une valeur sociale supérieure au journal, il n'est bientôt plus le premier

---

[13] THIESSE (Anne-Marie) : *Le roman du quotidien : lecteurs et lectures populaires à la Belle Époque*. - Paris : le Chemin vert, 1984.
[14] WERDET (Edmond) : op. cit. - p. 147-148.

vecteur d'information. Cette caractéristique de la presse a de profondes répercussions sur le statut des libraires qui se trouve dès lors déprécié.

Mais le bouleversement fondamental de l'organisation de la librairie en tant que commerce est dû à une innovation technique totalement extérieure aux métiers du livre et qui a les même effets dans tous les secteurs ... le chemin de fer. Si cette innovation n'a pas tout de suite rencontré l'appui de la majorité de la population, les industriels, les dirigeants des chambres de commerce, mais aussi les commerçants en gros sont parmi ses plus ardents défenseurs[15]. A partir des années 1830, et surtout 1840, un véritable "réseau" commence à se tisser avec comme conséquence le renforcement des autres moyens de transport qui craignent une trop forte concurrence. C'est ainsi que les possibilités de circulation font plus de progrès entre 1840 et 1870 que pendant les trois siècles qui ont précédé, malgré le fait que le territoire français soit encore très morcelé et économiquement développé de façon inégale, le développement des liaisons non principales, entrepris surtout à partir de 1815, est d'ailleurs très lent. Dès lors le commerce de l'ensemble des livres sur tout le territoire est désormais matériellement possible.

Mais les conséquences des progrès techniques se font aussi sentir dans une branche longtemps restée indissociable de la production des livres, la papeterie. Déjà très mécanisée, elle est en effet la première production en rapport avec le livre à s'engager dans la voie du capitalisme industriel. « La papeterie sortait d'un artisanat plusieurs fois séculaire et s'industrialisait (...) elle recensait en 1871, plus de 500 "usines", face à 4 000 petits ateliers en pleine débâcle. Si les vieux établissements d'Ambert et de Thiers, en Auvergne, conservaient les traditions du papier à la cuve, que Rives maintenait également, partout ailleurs régnaient la mécanisation et la modernisation. (...) [Entre 1876 et 1881, le chiffre d'affaires global de cette branche "montante" passe] de 103 à 120 millions de francs (+ 14,5 %) et les effectifs qu'elle employait de 28 000 à 34 000 ouvriers

---

[15] BRAUDEL (Fernand), LABROUSSE (Ernest) : op. cit. tome III/ - p. 242.

tandis que la production globale passait de 140 000 à 180 000 t. En 1881 le nombre des établissements dignes de ce nom étaient de 527 »[16]. Toutefois les sites industriels d'une même branche se trouvent toujours particulièrement concentrés afin de diminuer le coût d'acheminement des matières premières à cause du sous-équipement en voies de communication hérité de l'Ancien Régime. « L'Isère, qui ne comptait que 9 papeteries en 1818, en hébergeait 28 en 1838, 34 en 1872, (...) [et employait] en 1881, 5 597 ouvriers »[17].

Les conséquences de cette évolution de l'industrie du papier sur les autres métiers du livre sont multiples, mais la plus importante est l'incitation des autres métiers à s'engager dans la voie de l'industrialisation et du capitalisme. Certes, à cause de la relative rareté des voies de circulation les imprimeries ne peuvent passer à un stade industriel que dans les zones proches de fabriques industrielles de papier qui n'ont pas grand intérêt à vendre leur marchandise à de petits éditeurs trop éloignés car le prix se trouve considérablement augmenté. Au contraire les imprimeries qui se trouvent dans les régions d'industrie papetière n'ont pas vraiment le choix de leurs fournisseurs qui les "familiarisent" avec les modes de relations capitalistes et l'"incitation" sous forme de pression sociale est parfois aussi forte que les pressions économiques. Mais la direction prise par les fabricants de papier leur permet aussi une réelle prise d'indépendance économique par rapport à un grand nombre de libraires-imprimeurs dont ils étaient jusque-là dépendants. L'importance des capitaux mis en jeu et possédés par les papetiers industriels permet même à ces derniers de servir d'escompteurs aux libraires et imprimeurs. Ils peuvent ainsi peser sur les choix éditoriaux de leurs obligés afin que ceux-ci privilégient les éditions de textes à succès. Dans *Les illusions perdues*, Balzac parle ainsi de « "la maison Métivier et la maison Cointet frères [qui] joignaient la qualité de banquier à leur métier de

---

[16] BRAUDEL (Fernand), LABROUSSE (Ernest) : op. cit. tome III/ - p. 572-573.
[17] BRAUDEL (Fernand), LABROUSSE (Ernest) : op. cit. tome III/ - p. 572-573.

commissionnaires en papeteries" »[18]. Il est aussi vraisemblable que l'imprimerie, malgré sa position intermédiaire entre ces entreprises et la librairie, subit plus fortement la pression des papetiers, fournisseurs de la matière première, que des libraires qui sont, certes, les commanditaires, mais qui sont, pour la plupart, très loin d'avoir les mêmes moyens de pression financière. Mais l'autonomie nouvelle du secteur de la fabrication du papier par rapport aux métiers du livre vient également de la diversification de leurs débouchés que permet l'accroissement de nouveaux besoins, comme ceux de la presse, dont le succès spectaculaire devient vite une importante source de revenus, ceux du courrier autorisé par le développement de la poste, ceux qu'exigent l'extension de l'apprentissage de la lecture, ou encore l'essor des services administratifs qui prennent de plus en plus d'importance à la fois dans les services de l'État et dans la gestion des entreprises industrielles. Ainsi, l'industrie papetière se sépare-t-elle assez tôt dans le XIXème siècle de l'industrie du livre.

ÉVOLUTION DES VALEURS DE RÉFÉRENCE DANS LE TRAVAIL

Du temps du système corporatiste « le succès, au sens capitaliste, d'un membre d'une corporation, ruinait l'esprit corporatif (...) et, de ce fait, il était regardé avec horreur »[19]. Au contraire, après 1791 ce qui compte n'est plus le développement de l'ensemble de la communauté des libraires, puisqu'elle ne forme plus un groupe homogène, mais la réussite de l'entreprise, souvent familiale, en tant qu'entité isolée. En effet, dans un système économique dont l'esprit capitaliste est le moteur, « gagner de l'argent —dans la mesure où on le fait de façon licite— est (...) le résultat [et] l'expression de l'application et de la compétence au sein d'une profession »[20]. Ainsi, à la fin du XVIIIème siècle le métier de libraire exige encore un savoir-faire en matière de fabrication des livres ou de choix des manuscrits

---

[18] BRAUDEL (Fernand), LABROUSSE (Ernest) : op. cit. tome III/ - p. 282-283.
[19] WEBER (Max) : *L'éthique protestante et l'esprit du capitalisme.* op. cit. - p. 262.
[20] WEBER (Max) : *L'éthique protestante et l'esprit du capitalisme.* op. cit. - p. 51.

mais rapidement celui-ci perd de son importance par rapport au savoir-faire commercial qui peut même désormais suffire à la tenue d'une librairie. Le savoir-vendre est d'autant plus important que le livre n'est pas une marchandise vitale. Pour acquérir et conserver une position dominante, il faut donc savoir *attirer* les auteurs en amont lorsque le libraire est aussi éditeur, et les clients en aval en anticipant leurs attentes, c'est-à-dire sélectionner des ouvrages vendables. Or c'est précisément en cela que consiste le savoir-faire des anciens boutiquiers et étalants. Davantage à l'écoute de la clientèle que les libraires installés depuis plusieurs générations, ou ayant obtenu leur maîtrise avant 1791, certains font publier des textes qu'ils pensent devoir avoir du succès. Leur connaissance des goûts du public, parce que satisfaire la clientèle a longtemps été leur seule prérogative légale, pallie leur manque de savoir-faire et réduit le risque d'erreur par rapport aux nouveaux libraires qui n'ont aucune connaissance du métier. Mais, par leur attitude et leurs façons de faire, certains nouveaux libraires provoquent un bouleversement complet des traditions impliquant un véritable changement de mentalité.

> *Ces éditeurs d'un nouveau genre vous diront avec un aplomb imperturbable : Le Dumas père était dernièrement en baisse ; il remonte depuis son retour du Caucase. (...) C'est ainsi que ce titre si honorable d'éditeur est devenu la proie de tous (...) et il est aujourd'hui si banal que le premier marchand venu s'en affuble. (...) Pour l'honneur, la dignité et la considération de la librairie, il serait temps de mettre un terme à ces abus.*[21]

Pourtant, du fait de la longue tradition d'"art de faire" comme critère de notoriété, cette qualité reste socialement la plus valorisée, y compris chez ceux qui ne sont pas issus de lignées familiales en rapport avec le livre.

> *[Le libraire Desoër] n'était peut-être pas un homme de commerce ; c'était mieux que cela : c'était un artiste et un littérateur, tout au moins un amoureux de l'art et de la littérature. Esprit fin et cultivé, il s'occupait de la fabrication et de la vente des livres pour la satisfaction de ses goûts et de son*

---

[21] WERDET (Edmond) : op. cit. - p. 308-309.

*amour-propre. Sa passion n'était point de vendre et de bénéficier ; c'était de faire beau et de produire bien*²². *(...) Il sut donner à tout ce qu'il édita un cachet particulier de distinction et un grand charme attractif (...) on sent qu'il lutte contre le bon marché des stéréotypes, et pourtant il ne se met à l'œuvre qu'après avoir réuni et combiné tout ce qui peut donner du prix à une édition : choix du papier et des caractères, correction irréprochable des textes, rien ne lui coûte. Il veut réussir par le bon marché mais il n'entend pas que ce soit en sacrifiant rien de ce qui constitue un excellent livre ; il ne peut pas être magnifique, il sera parfait ; voilà comme il entend le métier d'éditeur.* ²³

Cette façon de concevoir la librairie correspond à ce que M. Weber appelle « l'attitude traditionnelle de l'artisan ancien qui trouvait son bonheur dans le savoir-faire transmis et la beauté du produit »²⁴. En effet, « toute éthique, et avec elle les relations économiques qui en découlent, commence toujours par le *traditionalisme*, le caractère sacré de la tradition par des façons d'agir qui se modèlent, y compris au plan économique, sur les coutumes ancestrales. Ce traditionalisme pénètre profondément jusque dans le temps présent. (...) [Mais les] obstacles traditionalistes *ne sont pas rompus par le désir de gain (Erwerbstrieb) en tant que tel* »²⁵. L'art de la vente, au mieux reste très nettement dévalorisé, au pire s'oppose de façon indubitable à l'art de faire. Le XIXème siècle voit l'affrontement de deux façons de penser, non seulement opposées, mais surtout incompatibles. Il ne s'agit pas de retracer le combat de ces deux conceptions, dont on connaît l'issue, mais de montrer les réticences qui se sont fait sentir. En effet, au lieu de s'investir au plus vite dans l'élaboration d'un nouveau rôle et d'un nouveau statut de libraire qu'ils auraient essayé d'imposer comme domi-

---

22 Souligné par nous.
23 WERDET (Edmond) : op. cit. - p. 85-86.
24 WEBER (Max) : *Essais de sociologie des religions*. op. cit. - p. 94. « On doit (.) entendre par "*traditionalisme*" la propension à accepter le quotidien *habituel* et à croire qu'il constitue une norme inviolable pour l'action », - p. 60.
25 WEBER (Max) : *Essais de sociologie des religions*, op. cit. tome I. - p. 101.

nant, les anciens détenteurs de telles positions s'accrochent à leurs prérogatives passées qui n'ont plus cours et perdent tout prestige social.

En outre, des pratiques purement commerciales sont le fait d'un nombre toujours plus important de libraires. L'une d'elle, la vente de livres, notamment d'œuvres en plusieurs tomes, par souscription, prend une grande ampleur. Mais le risque, pour les futurs lecteurs, de ne jamais voir publier l'ouvrage pour lequel ils ont versé quelque argent est grand. D'autres souscripteurs ne reçoivent le dernier volume de leur commande d'une œuvre complète qu'après que tout le monde ait pu se le procurer dans la boutique du libraire en le payant, de surcroît, souvent bien moins cher. En effet, des libraires-éditeurs d'alors "montent des coups" sans avoir l'intention d'assurer un suivi des publications qui ne rencontrent pas le succès escompté —il arrive aussi que certains d'entre eux partent avec l'argent des souscripteurs, mais cette attitude n'a rien de spécifique à la librairie ni au XIXème siècle ! D'ailleurs, un éditeur n'est pas légalement tenu d'annoncer le nombre exact de volumes que contiendra l'édition d'un texte et les éventuels souscripteurs ne peuvent exiger d'obtenir tous les volumes qu'elle comprendra, ils peuvent seulement refuser de payer les tomes qui dépassent le nombre de volumes pour lequel ils avaient accepté de verser une avance. Face à la perte de confiance et à la désaffection de leur clientèle certains libraires ont alors l'idée d'organiser des loteries pour attirer les bonnes volontés tant et si bien qu'une loi doit interdire cette nouvelle pratique abusive —la vente à tempérament lui succédera. La virulence des propos d'E. Werdet à l'égard de ces pratiques est sans équivoque.

Les voyageurs de ces misérables boutiques, de ces ignobles baraques, je ne dirai pas de libraire[26], *mais de trafic et de brocantage, battaient jour et nuit, dans tous les sens, à pied, à cheval, en voiture, en chemin de fer, en aérostat, s'ils l'avaient osé, les estrades hautes et basses de notre malheureux pays de France. (...) Généralement ils exploitaient ces rebuts de vieilles éditions*

---

[26] Souligné par nous.

flétris dans le commerce de la librairie du sobriquet de rossignols, ces débris oubliés d'antiques fonds de magasins, dont ils achetaient les restants à vil prix. Ces vieux bouquins étaient rajeunis au moyen d'un titre de circonstance, d'une couverture nouvelle[27], *de l'addition même de quelques vignettes, telles quelles, étrangères très souvent au sujet du livre. (...) Les annonces disaient à peu près ceci : tel livre (ici éloge pompeux obligé de l'ouvrage), se vend, par exemple, la bagatelle insignifiante de 60 fr. Douze mois de terme sont encore accordés pour le paiement de cette somme, à raison de 5 fr. par mois. Le chef-d'œuvre sera expédié franco, sur le champ, à tout souscripteur, qui recevra en outre, à titre de prime exceptionnelle, une magnifique pendule, une paire de candélabres en bronze, ou un tableau horloge, une montre d'or, etc.*[28]

Si E. Werdet se fait, comme d'autres libraires, des idées sur un âge d'or du métier pendant lequel, en caricaturant un peu, aurait régné l'honnêteté et le seul souci du travail bien fait, ce qui le choque le plus est en fait l'apparition ou le développement de pratiques liées au commerce, donc jusque là inconnues du métier de libraire à une telle échelle. En tant que période charnière entre deux systèmes de fonctionnement économiques et sociaux, une grande partie du XIXème siècle est une période trouble où le produit de tensions permanentes entre les deux systèmes oblige à de constants réajustements de manières de penser et de faire.

---

[27] Récemment des dictionnaires Hachette ont été vendus dans des hypermarchés à un prix inférieur à ceux des concurrents parce qu'il s'agissait de livres d'une édition antérieure dont la couverture avait été modifiée. L'absence de conseil des clients par des professionnels avait permis la réussite de l'opération. Pour mettre fin aux critiques, M. Moingeon, directeur de Hachette Éducation a fait paraître une note dans *Livre Hebdo* n° 78 du 25-6-93 précisant que « Hachette ne livre pas aux grandes surfaces des rééditions de certains de nos dictionnaires, disparus de notre catalogue, ou représentant des ventes marginales sur le marché de détail en France. [NDLR : Hachette ne traite en effet pas directement avec les centrales d'achat des grands distributeurs, mais avec Profrance qui de son côté conclut des marchés avec eux] ». Il n'en reste pas moins que cet éditeur a choisi de travailler avec des sociétés qui ont ce genre de pratique.

[28] WERDET (Edmond) : op. cit. - p. 143-144.

2- De l'économie de monopole à l'économie de marché

Dès ses débuts, la révolution industrielle entraîne de profondes mutations dans l'ensemble de la société. Pourtant les transformations des secteurs de l'économie non directement productifs paraissent moins fondamentales. « A Paris, durant tout le [XIXème] siècle, la petite industrie et l'artisanat dominent. D'une manière générale on passe très lentement et très inégalement (selon les régions et les secteurs professionnels) d'une structure traditionnelle à une structure moderne »[29]. Cependant la faiblesse de la visibilité de l'évolution de ces secteurs en terme d'incidences sur le fonctionnement de la société en général, ne doit pas faire oublier qu'elle n'en a pas moins, là aussi, entraîné la transformation radicale des modes d'organisation du travail et des rapports sociaux.

PÉNÉTRATION DE L'ESPRIT DU CAPITALISME DANS LES MÉTIERS DU LIVRE

« Le système capitaliste, très timidement esquissé à partir de 1750, s'épanouissait à partir des années 1820-1840 ; il imposait ses formes, ses rythmes, ses exigences à tous les secteurs de pointe ; il s'insinuait peu à peu dans des activités demeurées plus archaïques. Partout il se révélait à la fois comme un facteur de transformations structurelles et comme un ferment de rapides évolutions quantitatives »[30]. L'organisation capitaliste de certaines entreprises accélère la disparition d'autres, plus petites, qui ne peuvent pas rivaliser, et créent un environnement favorable au développement d'un esprit d'entreprise dont le moteur n'est plus principalement l'accumulation, le maintien et la reproduction des acquis, mais leur accroissement

---

[29] BRAUDEL (Fernand), LABROUSSE (Ernest) : op. cit. tome III/ - p. 776.
[30] BRAUDEL (Fernand), LABROUSSE (Ernest) : op. cit. tome III/ - p. 241.

incessant, caractéristique principale du capitalisme industriel[31]. Le développement des métiers du livre au XIXème siècle n'échappe pas au sort de l'ensemble de l'économie française même s'ils font partie des "activités demeurées plus archaïques". Toutefois, une grande partie de la librairie se montre d'abord réticente aux modes de fonctionnement capitalistes.

> *Comme les termes de payement qu'on leur accorde sont très restreints et les remises qu'on leur fait en général presqu'insignifiantes, ces prudents industriels n'achètent plus par masses. (...) Ils gagnent peu, sans doute, mais il ne courent point risque de s'embouquiner.*[32]

Ces libraires sont encore très mal à l'aise dans ce système de fonctionnement. E. Werdet décrit dans le détail les affres de ceux qu'il appelle "apprentis capitalistes", et qui correspondent en fait aux difficultés rencontrées par des gens connaissant insuffisamment ce nouveau système de fonctionnement. Le recours à l'escompteur qui profite de la situation difficile de ses débiteurs en est un exemple :

> *Les effets de commerce (...) que recevait le nouvel éditeur, étaient apportés, deux fois par mois, quelquefois davantage (...) pour y être convertis en espèces sonnantes, moyennant un escompte régulier de 3/4 p. 100 mensuel, soit 9 p. 100 par an, escorté de prime, d'agio, de commission, de change de place, de courtage, variant selon les vicissitudes de la librairie en général, et selon la hausse ou la baisse du crédit du libraire en particulier.*[33]

Ce qui paraît si évident aujourd'hui est tellement nouveau pour une grande part des libraires au XIXème siècle, qu'E. Werdet ne voit là que profits abusifs. Déjà ce système favorise le regroupement de nombreux fonds de librairies parisiennes entre un nombre de mains plus restreint. Les fonds jugés de qualité sont rachetés par des libraires ou éditeurs plus importants —comme le rachat de la maison Barbou par

---

[31] WEBER (Max) : *L'éthique protestante et l'esprit du capitalisme*, op. cit.
[32] WERDET (Edmond) : op. cit. - p. 359.
[33] WERDET (Edmond) : op. cit. - p. 325. Il mentionne également le cas de libraires auxquels l'escompteur ne veut plus rien prêter une fois rentré dans ses fonds.

Delalain, mais aussi le fonds de Hetzel par L. Hachette— alors que les autres finissent chez les bouquinistes. De nouvelles formes de sociétés apparaissent telles que les sociétés en commandite simple, en commandite par action et les sociétés anonymes. Les sociétés anonymes, qui se développent surtout après 1830, sont soumises à l'autorisation du gouvernement et leur fonctionnement à un contrôle spécial strict de la part du Conseil d'État qui vérifie les statuts, le sérieux de l'entreprise et la constitution du capital. Il surveille également certains aspects de la gestion sous le prétexte de protéger les actionnaires contre d'éventuels spéculateurs dont certains avaient bénéficié de faillites frauduleuses au début du siècle. Ce n'est qu'en 1867 que toute intervention de l'État est définitivement abandonnée[34].

Même si nombre de libraires n'abandonnent le statut d'entreprise familiale qu'après la Seconde Guerre Mondiale, les plus solides d'entre eux, s'engagent dans une transformation radicale des manières de faire autant que de penser. Ce qui les pousse est une conjonction de plusieurs phénomènes. Au fur et mesure que l'on avance dans le siècle ils deviennent de plus en plus nombreux pour au moins trois raisons. D'une part les premiers entrepreneurs en matière d'édition qui s'engagent dans la voie du capitalisme incitent les autres à suivre le mouvement parce qu'ils ont besoin d'eux pour gagner en importance. D'autre part la concurrence de l'édition belge, depuis plus longtemps imprégnée de l'esprit capitaliste, du fait de la forte influence du protestantisme dans cette partie de l'Europe, oblige les Français à suivre le mouvement. Enfin c'est le sens du mouvement général de l'ensemble du système économique dont les libraires font désormais partie depuis 1791, et dont ils ne peuvent, ni ne souhaitent, s'exclure. « Au début des temps modernes les entrepreneurs capitalistes du patriarcat commercial ne furent nullement les seuls porteurs, ou les principaux apôtres, de ce que nous appelons ici l'esprit du capitalisme, mais (...) ce rôle revient plutôt aux couches de la classe moyenne industrielle

---

[34] BRAUDEL (Fernand), LABROUSSE (Ernest) : op. cit. tome III/ - p. 152.

qui cherchait à s'élever »[35]. Ce phénomène est particulièrement perceptible dans le positionnement des libraires dans les deux principales révolutions du XIXème siècle. Suite à une crise économique importante, nombre d'entre eux, en particulier parmi les nouveaux arrivants, se trouvent en situation très difficile du fait de dettes et de stocks beaucoup trop importants accumulés à partir de 1827, début d'années de crise de la librairie. Les libraires reprochent alors au régime d'avoir rétabli la censure qui les touche directement, et notamment les libraires qui ne sont encore que faiblement engagés dans la voie du capitalisme. Mais ils estiment aussi que le régime, qui s'appuie sur la haute bourgeoisie rentière et non sur la bourgeoisie industrielle est responsable de la situation en mettant trop de barrières à leur envie de développement. Ces reproches sont formulés par quatre grands libraires parisiens dans une feuille opposée au régime parue au début de l'année 1830. Après l'éclatement des premiers événements de cette année-là, des compagnons imprimeurs, craignant l'augmentation du chômage, détruisent plusieurs presses mécaniques. Des papetiers aux libraires, nombreux sont alors ceux qui participent à l'insurrection[36]. Au contraire, pendant les journées de 1848 où les révolutionnaires commencent à s'insurger contre les détenteurs du capital, les libraires sont déjà du côté de l'ordre. Hachette et les frères Plon[37] participent une fois de plus à des journées révolutionnaires, mais cette fois du côté des anti-révolutionnaires. En s'opposant au parti de leurs ouvriers, les libraires se détachent de l'artisanat pour entrer socialement dans le patronat, puisqu'une des caractéristiques du fonctionnement capitaliste du

---

[35] WEBER (Max) : *L'éthique protestante et l'esprit du capitalisme*, op. cit. - p. 67.

[36] MARTIN (Henri-Jean) : op. cit. - p. 18. On trouve en particulier Hachette qui peut ainsi se venger de son éviction de l'Éducation Nationale par la fermeture de son École normale pour raison politique.

[37] Plon, éditeur d'origine belge, devient "éditeur de l'Empereur" en 1854. Il ne s'intéresse vraiment à la littérature qu'à partir de la fin du XIXème siècle. D'après J-A. Néret, la maison Plon est, au début du XXème siècle, « la maison des auteurs bien pensants à gros tirage », in NÉRET (Jean-Alexis) : op. cit. - p. 281, et notamment des auteurs catholiques.

travail est la fracture et l'opposition entre les propriétaires des moyens de production et ceux qui n'ont à vendre que leur force de travail[38]. La rapide adhésion au système capitaliste des gros libraires apparaît ainsi nettement.

D'autre part, en fournissant la matière première aux imprimeurs, libraires ou éditeurs, les marchands de papier, au fait des affaires de librairie, arrivent à se constituer des fonds à bas prix auprès d'imprimeurs, d'éditeurs ou de libraires qui sont leurs débiteurs. Pour se faire rembourser de l'argent qu'ils ont avancé sous forme de prêt pour une édition, il n'est pas difficile de racheter quelques livres à bas prix lorsque le client est en difficulté. Outre diverses fournitures de bureau qu'ils proposent aussi, « leurs "pratiques", attirées par les articles de papeterie et de bureaux vendus dans leur boutique, peuvent du même coup s'intéresser aux livres mis en lecture. Bien plus, certains d'entre eux pratiquent également la vente et l'achat de livres neufs et d'occasion, l'abonnement aux journaux, les souscriptions aux ouvrages et même la reliure. [Ils ont ainsi] des fonds des plus importants »[39]. En étendant leur mainmise sur plusieurs branches de métiers du livre à la fois financière, au moyen d'investissements dans plusieurs activités stratégiques dans des métiers du livre —permettant la réduction des coûts de production—, et décisionnelle par une prise de pouvoir dans tous les domaines[40]. Ces papetiers entrent de plein pied dans l'ère du capitalisme. « Certaines entreprises privées tirent un profit de leur capital, argent ou marchandises évaluées en argent, en achetant des moyens de production et en vendant des produits fabriqués —méritant à ce titre sans aucun doute l'étiquette de capitalistes— et peuvent en même temps conserver un caractère

---

[38] MARX (Karl) : *Le manifeste du parti communiste*. Paris, 10/18, 1980 (1ère édit. . 1847).

[39] PARENT-LARDEUR (Françoise) : op. cit. - p. 55. "Pratique" est ici à prendre dans le sens de clientèle.

[40] Certains libraires d'aujourd'hui soulignent, de la même manière, la pression financière qu'exerce déjà la grande distribution sur certains éditeurs.

traditionnel »[41]. A l'aune de l'étendue du pouvoir de ces papetiers, il est possible d'affirmer que, sauf exception, l'édition reste longtemps hors de ce système de fonctionnement avant de s'y engager pleinement et brutalement à partir de la fin du XIXème siècle. En effet, « la rupture essentielle dans le domaine du livre [intervient lorsqu']au monde des éditeurs succède, en France surtout à partir de 1870, celui des maisons d'édition avec leurs personnels spécialisés et leurs services diversifiés »[42]. C'est alors que les banques investissent dans ce secteur —avant de s'apercevoir que les maisons de presse sont des entreprises qui peuvent rapporter bien davantage. L'édition est en effet désormais prête pour cette révolution dans le sens où, même si elle ne fonctionnait pas sur un mode capitaliste au niveau de la mentalité des entrepreneurs, l'organisation du travail avait largement préparé le terrain. A partir des années 1880 les plus grosses maisons d'édition possèdent leur propre imprimerie et il s'agit là d'un repère marquant pour dater l'entrée de l'édition dans le capitalisme, non plus seulement idéologiquement, mais cette fois également économiquement. La séparation de la librairie et de l'édition amorcée pendant le XIXème siècle dans les principales maisons se renforce donc jusqu'à devenir un mouvement dominant.

ÉVOLUTION DES RAPPORTS AUTEURS-LIBRAIRES

L'abolition des privilèges commerciaux en 1791 a pour conséquence de laisser libre cours à toutes les reproductions de livres à peine publiés par n'importe quel confrère du libraire qui a lancé l'édition à ses frais. La République est donc contrainte d'intervenir afin de stopper cette pratique qui conduit à la ruine de toute entreprise de librairie et à l'attentisme général. C'est pourquoi dès 1793 le manuscrit devient la véritable "propriété morale" de l'auteur, et tout exemplaire publié sans son autorisation est susceptible d'être saisi. La loi stipule que, de leur vivant, les auteurs d'écrits en tous genres jouissent du droit

---

[41] WEBER (Max) : *L'éthique protestante et l'esprit du capitalisme*, op. cit. - p. 66.
[42] MARTIN (Henri-Jean) : *Histoire et pouvoirs de l'écrit*, op. cit. - p. 423.

exclusif de vendre, faire vendre et distribuer leurs ouvrages dans le pays. A leur mort, ce droit revient aux héritiers ou cessionnaires pendant la durée de leur propriété. Le dépôt légal, obligatoire depuis déjà fort longtemps mais respecté de façon très aléatoire, devient nécessaire pour l'auteur car c'est ce qui lui permet d'apporter la preuve de la propriété de son œuvre. C'est à l'auteur, au libraire ou à l'imprimeur, de déposer deux exemplaires de l'ouvrage imprimé à la Bibliothèque Nationale, rue de la Loi. En outre, si cette procédure reste onéreuse, elle représente aussi une publicité gratuite puisque, à partir du XIXème siècle, tout dépôt est signifié dans la Bibliographie de France. En tant que seul détenteur du droit d'exploiter son œuvre, l'auteur peut dès lors l'éditer et la vendre, et ce, sans que cela soit considéré comme "faire acte de commerce". L'article de loi de 1777 selon lequel les auteurs ont le droit de vendre chez eux leurs propres ouvrages, mais ceux-là seulement, reste en effet en vigueur. Mais l'auteur peut également "concéder" un de ses titres à un libraire pour une durée fixée à dix ans tout en en restant malgré tout, et c'est la grande nouveauté, propriétaire. Enfin il peut "céder" complètement son manuscrit et dans ce cas le libraire en devient l'unique propriétaire. De façon générale, le texte est passé d'un statut de produit fabriqué, c'est-à-dire de livre appartenant à un libraire, à celui de production artistique (beaucoup plus difficile à définir[43]) appartenant à un auteur.

Par la création de ce lien indéfectible entre l'écrivain et son texte que constitue la conservation de la propriété du manuscrit, l'auteur se trouve dans un nouveau type de contact, plus direct, avec ses lecteurs. Le libraire peut alors à la fois se décharger partiellement de la responsabilité de l'échec commercial d'un ouvrage, en même temps qu'il doit s'inquiéter au moins autant, sinon plus qu'auparavant, de ce "goût du public" et de la qualité éditoriale des livres qu'il publie. Il doit, et ceci est également nouveau, se consacrer à la promotion de l'ouvrage et la publicité rédactionnelle proprement dite apparaît

---

[43] Lors des négociations du GATT, à l'automne 1993, la France a encore soutenu que les productions artistiques ne pouvaient être assimilées à des marchandises.

en 1826, lorsque les libraires tentent, à la suite de Ladvocat[44], de mobiliser la presse en faveur de leurs écrivains. Il s'agit alors de la rédaction d'annonces élogieuses destinées à être publiées dans la presse. Les critiques littéraires apparaissent également et commencent à parler des auteurs dans les journaux de façon plus ou moins favorable, souvent selon l'intensité des "encouragements" de leur libraire. Dès 1825 ils sont sans cesse à la recherche de nouveaux manuscrits, d'une part parce qu'il existe une vogue des nouveautés, et d'autre part parce que la presse, qui commence à se développer, cherche à attirer à elle les auteurs à succès. C'est d'ailleurs la première fois qu'un si grand nombre d'auteurs célèbres de leur vivant peuvent compter sur des revenus directs de leur travail. Ils entrent ainsi de plein pied dans l'économie de marché. « Ce n'est pas seulement le produit qui entre dans un circuit d'offre et de demande, mais le producteur dont les moyens de produire dépendent de sa capacité d'insertion dans un marché. C'est, en dernière analyse, l'appréciation portée par le marché sur les œuvres qui qualifie l'artiste — même si la sélection effectuée par le marchand à l'entrée dans le marché n'est pas indépendante des jugements esthétiques formulés par les artistes et les critiques dans les chapelles d'initiés où s'élabore l'art novateur »[45].

Du fait de ce nouveau mode de fonctionnement de la construction d'une réputation, et donc de la valeur des auteurs, le libraire peut désormais exiger des corrections dans le manuscrit avec, à l'appui de ses exigences, l'alibi des goûts du

---

[44] « Figure digne d'occuper un rang à part dans la librairie moderne (...) mort dans un hospice après avoir goûté de toutes les joies du luxe et fait la fortune littéraire de vingt écrivains (...) Ladvocat a été l'homme de la librairie moderne. Doué d'une intelligence audacieuse, d'une infatigable activité de corps et d'esprit, animé d'un vif amour pour sa profession d'éditeur, il a su donner au commerce des livres, à la littérature elle-même (...) une impulsion, un essor, une vie, qui sans doute se seraient produits sans lui, mais beaucoup plus tard (...) ce n'était pas un homme lettré dans la stricte acception du mot, il n'était point instruit », in WERDET (Edmond) : op. cit. - p. 92.

[45] MOULIN (Raymonde) : "De l'artisan au professionnel : l'artiste". - *Sociologie du Travail*, 1983, n° 4. - p. 392.

public qu'il est sensé mieux connaître que l'auteur. Mais la négociation porte aussi sur les prix, l'échéance de la livraison d'un nouveau texte et peu à peu les relations libraires-auteurs s'organisent sur le mode des rapports de force favorables tantôt aux uns, tantôt aux autres selon les cas et les périodes. 1830 est ainsi l'âge d'or des auteurs à la mode[46]. En fait, dans ce second quart de siècle ce sont surtout les journaux qui attirent les auteurs et ceux-ci, rémunérés à la ligne, allongent les textes dans le but d'augmenter leurs revenus. Les libraires littéraires sont alors le plus souvent réduits à des rééditions de romans déjà parus en feuilletons. Mais si cette période est faste pour certains auteurs qui vendent très cher les droits de continuer le commerce de leurs ouvrages en brandissant la menace d'aller chercher un autre libraire plus généreux, la majorité d'entre eux vit plutôt d'une autre activité ou survit difficilement.

Cinquante ans après la promulgation de la première loi sur les droits d'auteurs, les coutumes héritées de l'Ancien Régime commencent à perdre de leur puissance et à partir de la deuxième moitié du XIXème siècle les rapports auteurs-libraires sont complètement déterminés par les lois du marché. De plus en plus d'auteurs rechignent à céder leurs manuscrits et préfèrent exiger de l'éditeur ou du libraire-éditeur un pourcentage sur le nombre d'ouvrages imprimés. Mais le plus souvent ce dernier s'y refuse, faisant remarquer qu'il doit supporter seul les risques de mévente. Un compromis s'instaure peu à peu stipulant que l'auteur ne percevra un pourcentage sur les exemplaires vendus qu'à partir du second tirage, le premier lui étant payé sous forme de forfait. L'histoire de la librairie Lanoë à Nantes donne un aperçu des différents accords possibles entre libraires et auteurs. Lorsque le libraire est un simple dépositaire, il n'avance pas les frais d'édition à l'auteur

---

[46] Les libraires « se disputaient au poids de l'or, leurs auteurs de prédilection, payant, sans sourciller, de 2 à 4 000 francs un roman inédit en 2 volumes in-8°, tiré à mille exemplaires. Les romanciers riaient (...) de cet empressement pour eux si flatteur, si commode puisqu'ils n'avaient besoin de quitter ni leur robe de chambre, ni leurs pantoufles pour voir un nouveau Pactole s'engouffrer dans leurs poches », in WERDET (Edmond) : op. cit. - p. 119.

mais lui règle le produit de la vente tous les six mois. En cas d'expédition les frais d'emballage sont à la charge d'E. Lanoë mais les frais de transport reviennent à l'auteur. La situation est toute différente lorsque la mention "Lanoë-Mazeau Éditeur" figure sur la couverture de l'ouvrage. Le libraire prend alors à sa charge les frais d'imprimerie et reverse une part à l'auteur et ce, jusqu'en 1942. Il y a donc cette fois prise de risque de la part du libraire qui, dans un premier temps, supporte tous les coûts. A partir de 1875 s'amorce enfin la mensualisation de l'auteur, à la condition, bien sûr, qu'il réserve toute sa production à la personne qui le publie et qui est maintenant plus souvent un "éditeur" qu'un "libraire". Selon une logique économique classique dans laquelle le prix est déterminé par le rapport entre l'offre et la demande, la part qui revient à l'auteur est moindre quand l'entreprise du libraire est en bonne santé. Au contraire, lorsque le libraire rencontre des difficultés pour trouver des auteurs qui acceptent de faire mentionner le nom de la librairie sur leurs ouvrages, l'auteur est en mesure d'exiger un revenu quelque peu supérieur dans les limites des possibilités du libraire.

De façon générale, la législation de 1793 est bien sûr capitale pour les auteurs, mais elle est aussi un bouleversement pour la librairie. Elle annonce en effet le renversement, au sens propre du terme, de l'ordre établi dans les relations, jusqu'alors en pratique, entre auteurs et libraires : même si dans les faits, nombre d'auteurs cherchent à se faire éditer, formellement ce n'est plus à eux de chercher les libraires qui acceptent de les éditer mais aux libraires de chercher des auteurs susceptibles de leur fournir des textes. C'est désormais à ces derniers de s'efforcer de séduire les meilleurs auteurs qui leur permettent l'exploitation de leur production, qu'il s'agisse d'un ou de plusieurs manuscrits. Ceci ajouté au fait que les sinécures ont disparu depuis le début de la Révolution, force est de constater que la production de manuscrits passe en un temps très court d'un régime de patronage à un régime de marché. Cette étape est décisive en ce qu'elle induit un complet changement dans la nature du travail du libraire : il ne s'agit plus seulement de repérer de bons manuscrits et de s'occuper de leur publication, il faut maintenant, pour conserver un auteur, assurer la subsistance de l'auteur qui compte, au moins partiellement, sur ces rétributions. En outre, lorsque le libraire prend connaissance du manuscrit, il le fait éventuellement corriger par l'auteur comme auparavant, mais, et c'est ce qui est nouveau, ses contacts avec l'auteur se poursuivent pendant l'édition car ce dernier peut continuer à apporter des modifications au texte qui, désormais, lui appartient. D'après E. Werdet la collaboration de l'auteur et de l'éditeur est une nécessité tant le libraire participe à l'amélioration d'un texte avec l'auteur, soit que le style exige quelque amélioration, soit que l'écrivain ait besoin de conseils à propos des goûts du moment du public pour rédiger la fin d'un roman ou rajouter quelque intrigue.

> *Souvent, à des mois d'intervalle, je n'obtenais de mes pensionnaires que de rares feuillets de copie. Quand j'en rapportais quatre ou cinq à la fois, c'était miracle ! (...) Au bout de quelques semaines, (...) avec ces feuillets réunis, je pouvais parvenir à composer une feuille d'impression in-8° (seize pages). Triomphant j'en apportais l'épreuve à mon auteur ; mais là m'attendaient de nouvelles angoisses ; l'épreuve me revenait surchargée de corrections interminables, équivalant à une seconde composition. Alors, à l'imprimerie, on distribuait les caractères, ou l'on entreprenait des remaniements plus ruineux qu'une composition nouvelle, remaniements qui subissaient eux-mêmes de nouvelles corrections de l'auteur (...) qui triplaient encore la dépense, uniquement au profit de l'imprimeur (...). Enfin, souvent après deux ans (...) de ce travail de Sisyphe, je réussissais à conquérir ce dernier feuillet mille fois béni sur lequel je lisais (...) ce mot magique : fin. (...) Mais il ne signifiait pas que j'eusse un livre prêt à paraître devant le public, (...) il y avait à obtenir le bon à tirer.*[47]

---

[47] WERDET (Edmond) : op. cit. - p. 332-331. E. Werdet remarque cependant que « c'était justement ces livres si laborieusement extraits du cerveau des écrivains, qui obtenaient les plus grands, les plus légitimes succès, tandis que les manuscrits que j'achetais entièrement terminés par leurs auteurs (...) étaient habituellement les plus mauvais, les plus détestables même, et n'avaient habituellement cours que chez les épiciers et les marchands de tabac », in WERDET (Edmond) : op. cit. - p. 337.

Les changements de pratiques au sein du métier de libraire sont réels, mais en fait E. Werdet ne décrit rien d'autre que le travail de ceux que nous appelons aujourd'hui "éditeurs littéraires" y compris la promotion des ouvrages et des auteurs. Ses plaintes témoignent, au-delà des angoisses réelles et justifiées des éditeurs, d'une complexification des relations entre libraires et auteurs et de la découverte, par un libraire d'hier, du travail d'éditeur littéraire d'aujourd'hui, mis à part les problèmes d'impression. Il arrive aussi que des libraires proposent eux-mêmes du travail à leurs écrivains : la parution d'encyclopédies par exemple, est souvent à l'initiative des libraires et non des auteurs. E. Werdet parle ainsi de ses "pensionnaires" ou des "écrivains qu'il emploie". Les liens économiques nouveaux qui unissent le libraire à l'auteur, les rendent à la fois interdépendants lorsqu'ils travaillent ensemble, et libres tous deux de s'adresser à quelqu'un d'autre si l'échange se trouve, ou devient, trop déséquilibré. Est ainsi en jeu la prise de pouvoir dans le champ littéraire. La principale conséquence de l'inversion des rapports entre libraires et auteurs est donc la dérive progressive du métier de "libraire" du XVIIIème siècle vers le métier d'"éditeur" au sens qu'il recouvre au XXème siècle. Sans sous-estimer l'importance de l'évolution des techniques industrielles à partir du début du XIXème siècle ni surtout le passage d'une économie de monopole à une économie de marché, les profondes modifications des rapports entre libraires et auteurs, justement permises par le passage d'un système économique à un autre, sont en effet un des phénomènes les plus importants dans la préparation de la séparation du commerce des livres et de l'édition[48]. En effet, le travail avec l'auteur prend petit à petit une part si importante du temps de travail qu'il nécessite bientôt la compétence d'une personne particulière, l'"éditeur". Ainsi, à la fin du XIXème siècle déjà, les

---

[48] Il s'agit bien évidemment ici d'un mouvement général qui n'exclut pas la persistance, encore aujourd'hui, d'un certain nombre de petits libraires éditeurs. BOIN (Jean-Guy), BOUVAIST (Jean-Marie) : *Les jeunes éditeurs, esquisse pour un portrait*. - Paris : La Documentation Française, 1986.

premières maisons d'édition commencent à supplanter les libraires-éditeurs et les relations entre auteurs et libraires ne concernent plus qu'une minorité de gros libraires.

3- Les cadres légaux des commerces des livres

Grâce à l'abolition des corporations en 1791, l'ensemble des métiers se trouvent libérés de toutes les contraintes réglementaires qui pesaient sur eux. Cependant la librairie demeure un métier "dangereux" pour le pouvoir en ce qu'il permet la diffusion d'idées de toute nature : les libraires royalistes comme bonapartistes ou révolutionnaires s'efforcent, chacun de leur côté, de répandre des écrits favorables à leurs opinions, plus rares étant alors les personnes indifférentes à toute politique. De par leurs rapports spécifiques avec la circulation des idées, les imprimeurs, les libraires et les éditeurs ne vont donc pas conserver longtemps leur liberté d'installation. L'État intervient donc rapidement dans la réglementation de ces métiers et la circulation des écrits et des hommes qui en font commerce.

LA RÉGLEMENTATION DE LA LIBRAIRIE

Dès 1793 la liberté de la presse instituée au lendemain de la Révolution prend fin. « Quiconque sera convaincu d'avoir composé ou imprimé des ouvrages ou des écrits qui provoquent la dissolution de la représentation nationale, le rétablissement de la royauté ou de tout autre pouvoir attentatoire à la souveraineté du peuple, sera traduit au tribunal extraordinaire et puni de mort (…) les vendeurs distributeurs et colporteurs de ces ouvrages ou écrits seront condamnés à une détention qui ne pourra excéder trois mois s'ils déclarent les auteurs imprimeurs ou autres personnes de qui ils les tiennent ; s'ils refusent cette déclaration, ils seront punis de deux années de fer »[49]. En fait ce qui peut pa-

---

[49] KRAFFT-POURRAT (Claire) : op. cit. - p. 234.

raître comme un retour en arrière est au contraire le rétablissement d'un ordre troublé pendant la période révolutionnaire. Les mesures de surveillance de la librairie prises lors d'un arrêt de 1785, sont maintenues sous le premier Empire. De même l'obligation de déclarer à la police toute vente de livres d'occasion instituée en 1780 est toujours de mise et de surcroît aucun libraire ne peut vendre ou posséder d'ouvrage sans nom d'imprimeur sous peine d'avoir à payer une amende de 2 000 F, réduite à 1 000 F par la loi 1814, si le libraire dénonce l'imprimeur. La surveillance des libraires et des imprimeurs est donc effectivement très active, comme le montre « les jugements portés par le préfet [en 1806] sur [quelques] libraires rouennais (...) : Duval, (...), imprimeur du *Journal de Rouen*, honnête homme, ami du gouvernement ; Lenoir, (...), imprime une feuille de biens à louer ou à vendre, des adresses et des affiches, très pauvre, nul d'opinions ; Ferrand, (...), vend des livres d'église, imprime ce qu'il est permis d'imprimer, est à son aise, ne se mêle aucunement des événements politiques ; Bloquel, (...), vend des livres d'église et imprime quelques ouvrages de ville, ne s'occupe que de son état et n'a par lui-même aucun moyen, on peut même signaler sa profonde ignorance par rapport à l'état qu'il professe ; (...) Ferrant, (...), détenu pour impression de pamphlets, très mauvais sujet, capable de tout vendre, se livre même au maquignonnage ; Periaux, (...) libraire, imprime tous ouvrages de ville et travaille pour M. le Préfet, homme jouissant de la meilleure considération ; Behourt, (...), cette veuve d'imprimeur se cantonne dans la production des livres d'église et classiques, connue très favorablement du côté de la probité et de l'honnêteté ; Lebourg, (...), imprime pour les colporteurs, honnête homme, attaché aux autorités constitutionnelles ; Baudry, (...), imprime pour les tribunaux, ami du gouvernement »[50].

Pour surveiller d'encore plus près la fabrication et la circulation des textes imprimés, en janvier 1810, Napoléon Ier crée

---

[50] CHAVARDÈS (Maurice) : *Histoire de la librairie*. - Paris : Ed. Pierre Waleffe, 1967. - p. 118.

une Direction de la librairie dépendant du ministère de l'Intérieur. Elle a pour fonction de délivrer un "brevet" à tout libraire ou imprimeur qui peut justifier d'un certificat de "bonnes vie et mœurs" et de son attachement à la Patrie et au Souverain. Aucun individu ne peut être légalement libraire ou imprimeur s'il n'a pas prêté serment devant le Tribunal de sa résidence de ne pas vendre, débiter ou afficher de livres dont le contenu serait contraire aux devoirs envers le souverain et l'intérêt de l'État. A compter de 1814, ceux qui se contentent de louer des journaux ou des périodiques n'ont pas besoin d'être en possession d'un brevet, contrairement aux personnes souhaitant tenir un cabinet de lecture[51]. Le brevet peut être retiré à tout moment sur simple décision policière, sans jugement[52], si le libraire ne respecte pas les règles édictées. Les libraires exerçant sans brevet peuvent se voir fermer leur boutique[53]. Ce brevet est personnel et incessible à la descendance mais une veuve n'a pas besoin de demander de nouvelle autorisation pour continuer l'activité de son mari tant qu'elle n'est pas remariée. En outre, comme sous l'Ancien Régime, les libraires brevetés ne peuvent vendre, y compris en recourant à un commis ou un mandataire, que dans la ville où ils sont domiciliés. Il leur est également interdit de vendre leurs livres dans des ventes aux enchères. Par contre, comme tout commerçant, ils peuvent, eux-mêmes ou leurs commis ou mandataires, vendre sur les différentes foires du territoire, sans devoir détenir de brevet délivré par la pré-

---

[51] Ce sont des lieux où les lecteurs s'abonnent à des tarifs différents selon qu'ils ont l'intention de lire des journaux ou des livres, et selon le nombre d'ouvrages qu'ils souhaitent consulter pendant une période définie. Ils garantissent donc une clientèle sûre et relativement stable aux librairies. Mais dès 1835 les premiers feuilletons à succès commencent à paraître dans les journaux et un grand nombre d'entre eux disparaît.

[52] Les jugements retentissants ne font que de la publicité aux libraires et auteurs incriminés. Un exemple parmi de multiples autres est celui de *Madame Bovary* de G. Flaubert, qui devient une grande vente en 1857 grâce au scandale qu'il provoque.

[53] En 1827, les fermetures de quatre librairies nantaises non brevetées sont ordonnées par le ministre de l'Intérieur.

fecture dont dépend la ville où elle a lieu, à condition de n'y séjourner que pendant le temps de la foire.

En 1810 la Direction de la librairie limite le nombre d'imprimeurs à Paris à soixante, puis plus tard à quatre-vingts, au lieu des cent quatre-vingts qu'ils étaient avant 1810. Cette résurgence des modes de fonctionnement en vigueur sous l'Ancien Régime n'est pas isolée : « dans les grandes villes, à Paris par exemple, le nombre des bouchers était fixé par ordonnance ce qui interdisait l'ouverture de nouveaux étaux. De même le nombre des boulangeries resta limité jusqu'au début de 1863. (...) L'organisation de certaines professions libérales reposait sur les principes très proches de ceux de l'Ancien Régime. Les règlements de l'ordre des avocats, reconstitués en 1810 par Napoléon, reprenaient l'organisation des avocats parisiens du XVIIIème siècle. (...) Le nombre des charges était limité et la loi de 1816 autorisa les officiers ministériels ou leurs héritiers à présenter leur successeur à l'agrément du roi moyennant finance. La loi ne faisait qu'entériner la coutume que n'avait pu entamer la législation révolutionnaire »[54]. Toutefois la limitation du nombre d'imprimeurs n'a pas pour seul but le contrôle des hommes, il a aussi celui du contrôle de la circulation des idées. Or le contrôle opéré par les services de l'État s'avère d'autant plus facile que le nombre de personnes exerçant une activité est limité. Non seulement elles sont connues des services de contrôle, mais en plus il est facile d'exercer sur elles des pressions pour qu'elles soient particulièrement fidèles au régime en place et respectueuses de ses décisions, voire enthousiastes, au risque de perdre leurs avantages qui, même s'ils n'en portent plus le nom, ressemblent fort aux "privilèges" de l'Ancien Régime. Les imprimeurs autorisés à poursuivre leur activité doivent toutefois verser une indemnité à ceux qui se trouvent dans l'obligation de fermer leur porte. Parmi les 60 élus, le choix des plus anciennes familles d'imprimeurs, en dehors des imprimeries les plus favorables au régime retenues en premier lieu, aurait pu faire croire à

---

[54] BRAUDEL (Fernand), LABROUSSE (Ernest) : op. cit. tome III/ - p. 831-832.

une volonté masquée de rétablir les corporations sinon telles qu'elles existaient sous l'Ancien Régime, au moins dans la transmission familiale afin que le contrôle social familial redouble le contrôle de l'État. En fait la Direction de la librairie donne sa préférence à des familles bien connues de la police. Ces familles sont aussi celles qui possèdent le plus de capital social, accumulé depuis plusieurs années et susceptible de servir dans ce genre de situation. Au contraire, l'instauration du brevet en 1810 ne limite pas le nombre de librairies. Le comte de Montalivet, ministre de l'Intérieur, estime même quelques années plus tard que les libraires à Paris sont en trop grand nombre et affirme dans les années 1835-1840, que le nombre de libraires a doublé depuis 1791. Il faut en outre leur ajouter les cabinets de lecture, ainsi que les éditeurs qui peuvent exercer sans brevet.

Pour vérifier que l'instauration du brevet et la limitation du nombre d'imprimeurs n'ont rien à voir avec une volonté d'augmenter la qualité du travail comme l'attendaient les plus nostalgiques du système des corporations, mais visent à faciliter la surveillance policière sur la circulation des écrits. Il n'est qu'à voir que seize ans après l'instauration du brevet, Balzac se plaint toujours de ce qu'une vingtaine de marchands parisiens ne jugent les ouvrages qu'à "la disposition des titres sur les pages de garde". D'ailleurs deux exemples de demande de brevet montrent bien sur quel point particulier portent les enquêtes effectuées par la Direction de la librairie tout au long du siècle, et sur quoi il est nécessaire d'être irréprochable au-delà des qualités de bonne vie et mœurs : les opinions politiques. R. Mazeau, jusqu'alors relieur de ce qui est aujourd'hui la librairie Lanoë à Nantes, adresse sa demande de brevet au préfet en mai 1838 accompagnée de l'attestation de trois libraires nantais qui reconnaissent sa capacité à exercer le métier. Il l'obtient après un avis du maire établi suite à l'enquête demandée par le préfet, et rédigé comme suit : « le sieur Mazeau, René Mathurin, âgé de trente et un an, marié sans enfant, est de bonnes vie et mœurs et offre toutes les garanties désirables sous le rapport de son aptitude et de sa conduite publique. Son père, âgé de soixante-six ans, est préposé à la garde de la poudrière depuis quarante-huit ans, et jouit d'une bonne moralité. Il a un frère, premier commis dans les bureaux de l'Octroi, jouissant de l'estime de ses chefs. Cette famille mérite la faveur sollicitée par l'un de ses membres »[55]. R. Mazeau est ainsi autorisé en 1838 à exercer en tant que papetier, relieur en tous genres, libraire, éditeur et vendeur d'ouvrages ecclésiastiques et d'éducation, enfin vendeur de fournitures ecclésiastiques et de fournitures de bureau. Au contraire, éditeur —c'est-à-dire libraire sans brevet— « le 22 mars 1822, Leroux dépose une demande de brevet de libraire en bonne et due forme, demande qu'il renouvelle le 22 août de la même année. Sans réponse, le 21 mai 1824 il fait une nouvelle démarche auprès de Franchet, le directeur de la police générale, en y joignant une recommandation de Monsieur T. de Boisbertrand, membre de la Chambre des députés. Le 21 juin, un rapport de police est rédigé sur lui en ces termes : "Il résulte des renseignements recueillis sur son compte, qu'il ne jouit d'aucune considération dans la librairie, soit pour la moralité, soit pour les dispositions politiques, et que les personnes qui se réunissent dans son cabinet de lecture sont généralement animées du plus mauvais esprit. Je dois ajouter que le Sieur Leroux vient de publier, sous le nom de Leroux éditeur, ne pouvant pas prendre la qualité de libraire, un catalogue volumineux (132 pages) où se trouvent une foule d'ouvrages dangereux sous le rapport de la religion et mœurs" »[56].

En province la sélection opérée par les préfets parmi les candidats au brevet est souvent plus sévère qu'à Paris. En effet, moins les librairies sont nombreuses, plus il est aisé de les contrôler. En outre les brevets sont accordés plus volontiers à des personnes qui ont l'intention d'ouvrir une librairie-papeterie-bazar plutôt qu'une librairie vouée aux livres car

---

[55] AUDION-BAUDRY (Lionel) : *Histoire d'une librairie de province, Lanoe à Nantes de 1838 à nos jours.* - Nantes : Le Passeur / CECOFOP, 1990.

[56] PARENT-LARDEUR (Françoise) : op. cit. - p. 50. La preuve de l'importance des opinions politiques est soulignée par le fait que la « considération des libraires » n'a aucun rapport avec une quelconque capacité en matière d'art de faire.

celles-ci sont plus susceptibles de produire ou de receler des livres interdits. D'autre part, l'obtention du brevet ne conduit quelquefois qu'à permettre l'existence officielle de libraires exerçant jusque là sans autorisation comme le montre le cas de la librairie Belin qui, ouverte depuis 1777, n'est repérée par le Cercle de la Librairie qu'à partir de 1834, date à laquelle le libraire obtient effectivement son brevet, soit 24 ans après son instauration. Mais le brevet n'est pas jugé suffisant pour le contrôle de la librairie, et le système répressif se durcit. Avec le rétablissement de la royauté, on en revient aux lois de 1723, lorsque l'Ancien Régime n'était pas encore tout à fait au bord de sa chute même si les peines prescrites dans le code criminel à l'encontre de ceux qui outrepassent ces règles ne sont que peu appliquées. Mais à partir de 1819, une loi fait encourir des peines de prison[57] pour des écrits déclarés outrageants pour Dieu et la religion, ajoutant au délit d'outrage à la morale publique celui d'outrage à la morale religieuse. De ce fait le nombre d'imprimeries clandestines s'accroît, particulièrement en banlieue parisienne. La répression s'accentue encore sous le règne de Charles X tant et si bien que des libraires se plaignent de véritables persécutions. Enfin, à partir de 1852, toute personne faisant commerce de livres sans brevet est passible d'une amende de 100 à 2 000 F et d'un emprisonnement d'un mois à deux ans.

Toutefois, sous la pression grandissante du besoin de libéralisation du commerce, après d'autres métiers, le 10 décembre 1870, le régime du brevet est supprimé et la liberté d'installation dans la librairie devient définitivement totale. De même, un peu plus tard, le contrôle de la vente disparaît à son tour. Désormais les restrictions porteront sur la nature des écrits et non plus sur les vecteurs de circulation des imprimés. En effet, la loi de 1881 permet "la libre expression, publication et vente des idées", même si elle fait porter les délits pour outrage

---

[57] « Sainte-Pélagie était la prison où se purgeaient, entre autres, les peines encourues pour les délits concernant l'écrit », in PARENT-LARDEUR (Françoise) : op. cit. - p 50. (note 12).

à la morale publique, aux mœurs et à l'armée, devant la cours d'assises et non plus le tribunal correctionnel. Cependant les poursuites effectives sont rares et les censeurs laissent passer un grand nombre d'ouvrages à connotation érotique entre 1880 et 1910[58]. Même si une loi de 1908 prévoit des peines de prisons pour la vente de gravures ou d'emblèmes outrageants pour les bonnes mœurs, dès la fin du XIXème siècle, les libraires qui restent concernés par ces règlements sont ceux qui continuent à faire de l'édition en plus de leur activité de commerce. En effet, l'attention étant désormais plus portée sur les textes que sur leurs lieux de vente, le fait que la librairie ne soit plus inquiétée par le contrôle du pouvoir est bien un signe de ce qu'une distinction est faite entre librairie et édition, même si ces deux activités ne sont pas aussi massivement disjointes que de nos jours.

LA FIN DES TOURNÉES DE COLPORTAGE[59] DE LIVRES

Le XIXème siècle voit se poser de façon aiguë la question du contrôle de la population[60], et notamment de sa circulation. « Dès avant Colbert, la route, plus que la voie d'eau, est tenue pour un instrument primordial de gouvernement et d'administration. Le XIXème siècle renforce cette tradition et précise sa doctrine, à mesure que s'étendent les prises d'un système administratif qui, en dépit des apparences et des intentions proclamées, exerce un contrôle de plus en plus strict sur les populations qu'il dirige et qu'il s'attache à unifier, à défendre aussi contre les agressions extérieures. La domination de l'espace apparaît, dans cette optique, comme une des conditions essentielles de cet État

---

[58] NÉRET (Jean-Alexis) : op. cit. - p. 225.

[59] Il n'est question que de tournées à pied de plusieurs jours, voire de plusieurs semaines et non de vente à la criée sur les trottoirs, qui se développe particulièrement au XIXème siècle avec la vente des journaux, ou des tournées en voiture que pratiquent les commerçants au XXème siècle jusque dans les années 1960.

[60] Le XIXème siècle est ainsi celui qui voit apparaître et se développer toute une série de méthodes de comptage des populations. LECLERC (Gérard) : *L'observation de l'homme, une histoire des enquêtes sociales*, Paris, Seuil - 1979.

national, qui, affermi par la Révolution et l'Empire, ne cesse de préciser ses prétentions »[61]. La volonté de limiter la mobilité des colporteurs fait donc partie d'une politique plus globale visant à sédentariser la "classe laborieuse"[62]. De ce fait les contraintes législatives qui pèsent sur les colporteurs, que leur mobilité fait passer pour insaisissables[63] et potentiellement dangereux pour l'État, sont bien plus nombreuses que celles qui restreignent la liberté de commerce des libraires.

---

[61] BRAUDEL (Fernand), LABROUSSE (Ernest) : op. cit. tome III/ - p. 150.

[62] « Il y a une vingtaine d'années, un constructeur avait une machine de six chevaux en construction. Une grosse culotte s'était adjugé la bielle ; c'était la plus belle pièce de la machine et surtout celle qui pose le mieux. Après l'avoir commencée, il se mit en bordée. Comme le patron était pressé et qu'il ne voyait plus son *malin*, il pria un autre compagnon de la terminer. Celui-ci refusa, objectant qu'il ne pouvait pas reprendre le travail d'un autre, qu'il préférait s'en aller. Après deux ou trois tentatives auprès d'autres ouvriers, il essuya le même refus. Tous les soirs un compte rendu fidèle était rendu à notre homme des démarches du patron ; celui qui aurait eu l'audace de toucher à sa bielle aurait été bien exposé ; le cas aurait été véritablement grave pour lui. Que fit le patron ? Il fit forger une deuxième bielle, la fit terminer, l'autre restant toujours dans l'étau du sublime grosse culotte. Il livra sa machine. Quand le célèbre le sut, il rugit, reprit son travail, balbutia une excuse banale, une maladie par exemple. Le patron ne fit semblant de rien. Il lui donna d'autres travaux, se gardant bien de le renvoyer ; son atelier eût été désorganisé le lendemain », in POULOT (Denis) : *le Sublime ou le travailleur comme il est en 1870 et ce qu'il peut être*, Paris, Librairie A. Lacroix, 1870. Outre la représentation des ouvriers par la classe non laborieuse que donne à voir ce texte, ainsi que les traditions ouvrières encore en vigueur dans des ateliers non industriels, ces lignes illustrent les difficultés rencontrées par le patronat au milieu du XIXème siècle pour s'attacher leurs ouvriers. Le Livret ouvrier, se révèle insuffisant pour limiter le déplacement des ouvriers « Tous les moyens possibles [seront utilisés] pour fixer ces éléments précieux et pour les amener à renoncer eu "nomadisme" traditionnel, l'édification de "cités" et la concession de jardins jouant, dans cette politique, un rôle essentiel », in BRAUDEL (Fernand), LABROUSSE (Ernest) : op. cit. tome III/ - p. 506.

[63] « Où retrouver le colporteur qui n'a laissé dans une commune d'autre trace de son passage que quelques volumes licencieux ou impies ? Au contraire, il est presque impossible que le libraire sédentaire dans une commune, sous l'œil vigilant de toutes les autorités des pères de famille, veuille jamais s'exposer aux rigueurs d'une condamnation pour le mince bénéfice qui résulterait de la vente de quelques mauvais livres ou de quelque journal prohibé » propos de Hachette, in KRAFFT-POURRAT (Claire) : op. cit. - p. 260.

Durant le premier Empire les colporteurs dans leur ensemble sont "théoriquement" libres, mais la circulation des imprimés est sérieusement contrôlée. Contrairement au libraire facile à surveiller, parce qu'il n'a pas le droit de faire commerce des livres qu'il propose en dehors de sa boutique et parce que sa clientèle, proche de ses idées, est également identifiable, le colporteur risque de diffuser les écrits de toute nature sur une grande partie du territoire. Ni lui ni le contenu de sa balle ne sont faciles à contrôler, et les personnes intéressées par les textes interdits ne sont pas toujours très repérables. C'est pourquoi « un décret du 25 février 1810 spécifie que la vente et la circulation de tout ouvrage peuvent être arrêtées sans aucun recours possible (...). De cette contradiction entre le libéralisme concernant la profession et les contrôles raréfiant les produits, va se développer chez les colporteurs en nombre croissant, l'habitude de vendre tout et n'importe quoi. D'où le tollé qu'ils suscitent, particulièrement virulent sous la Monarchie de Juillet »[64]. Les colporteurs sont donc particulièrement surveillés par la police : « "la faculté de colporter est une concession. L'autorité est toujours fondée à ne la faire qu'en faveur des individus qui offrent toutes les garanties désirables et à la refuser à ceux qui voudraient colporter des écrits subversifs" »[65]. En outre « si la Restauration n'a pas séparé le libraire fixe de celui ambulant, en exigeant pareillement d'eux, d'être breveté par le roi ; la Monarchie de Juillet, dès 1830, délègue à l'autorité municipale le pouvoir de trancher (*). "Quiconque voudra exercer, même temporairement, la profession d'afficheur, de crieur, de vendeur ou distributeur sur la voie publique, d'écrits, imprimés, lithographiés, gravés, ou à la main sera tenu d'en faire préalablement la déclaration devant l'autorité

---

[64] KRAFFT-POURRAT (Claire) : op. cit. - p. 238.
[65] Propos d'Odilon Barrot, Premier ministre en 1848-1849, in CHAVARDÈS (Maurice) : op. cit. - p. 130.

municipale et d'indiquer son domicile" »[66]. En 1834 cette déclaration ne suffit plus. Le colporteur doit désormais disposer d'une "autorisation préalable" délivrée par l'autorité municipale qui a le pouvoir de retirer ce laissez-passer à tout moment et sur le champ lorsqu'elle le juge nécessaire. Cette disposition prend fin en 1848 et est remplacée l'année suivante par une loi stipulant que « toute distribution d'imprimés doit être autorisée par les préfets, quel que soit le colporteur, quel que soit l'écrit »[67]. Cette autorisation reste elle aussi bien évidemment réversible à tout moment. En fait ces dispositions visent principalement les colporteurs et les crieurs locaux, témoignant ainsi des modifications de pratiques surtout permises par la vente des journaux.

A partir de la moitié du XIXème siècle de nouveau, l'existence du brevet pour le colporteur ne semble plus suffisante aux autorités pour assurer une surveillance efficace de la circulation des écrits. Entre 1849 et 1854 trois décrets sont promulgués dans le sens d'un renforcement de leur contrôle. « Le 27 juillet 1849, une loi soumettait à l'autorisation préalable la distribution ou le colportage des livres, écrits, brochures, gravures et lithographies »[68] et à partir de 1852, tout imprimé ou gravure destiné au colportage doit être frappé d'un timbre apposé par la préfecture dont dépend le lieu d'édition, chaque préfecture ayant son propre timbre. « La loi avait prévu la mise en place d'une commission du Colportage pour examiner chaque spécimen destiné à la balle du colporteur et décider de son autorisation ou non. Cette commission présidée par le ministre de l'Intérieur, à forte majorité de fonctionnaires, déclara 8 millions de livres ou livrets impropres au colportage sur les 9 millions de publications présentées »[69]. Ainsi par

---

[66] KRAFFT-POURRAT (Claire) : op. cit. - p. 254. (*) : « Si le conseil municipal est élu à partir de 1831, le maire est encore nommé par le roi ou le préfet, pour les petites communes. Le pouvoir municipal représente donc le pouvoir royal.».

[67] KRAFFT-POURRAT (Claire) : op. cit. - p. 254.

[68] NÉRET (Jean-Alexis) : op. cit. - p. 199.

[69] KRAFFT-POURRAT (Claire) : op. cit. - p. 255.

Conditions de création d'un marché de l'imprimé

exemple le jugement sur les *Lettres persanes* de Montesquieu : « "elles n'ont été écrites que pour des gens éclairés. Il serait à craindre que mises entre toutes les mains, le plus grand nombre de lecteurs ne s'arrêtât aux idées religieuses et aux tableaux voluptueux qu'elles renferment" »[70]. De ce fait, à Paris, les colporteurs ne sont plus les principaux fournisseurs de livres interdits que l'on se procure plus facilement dans certains cabinets de lecture jusqu'au début du second Empire. Par contre les colporteurs de province connaissent encore quelques bons jours au milieu du XIXème siècle grâce à la production belge qui se charge de l'édition des ouvrages censurés jusqu'en 1870. « "Les restrictions apportées au commerce de la librairie sont fondées sur la nécessité de la surveillance, mais (...) elles ont fait naître le colportage [(C. Krafft-Pourrat met en doute la sincérité de l'auteur quant à cette contrevérité historique)] (...). *La liberté du commerce de la librairie serait un bienfait quand elle n'aurait d'autre effet que de supprimer en grande partie le colportage*" »[71].

« En 1854, une Commission fut instituée par décret : elle devait examiner les livres qui pourraient être *estampillés*. [Cette] (...) censure (...) permettait, sous couvert d'une lutte légitime contre des abus indéniables, d'éliminer soit des auteurs, soit des libraires »[72]. En fait, les éditeurs s'adaptent très vite aux demandes de la commission de façon à ne pas mettre en péril leur commerce, et les ouvrages ne compteront plus que des textes conformes à la morale en vigueur, que ce soit sur le plan politique ou religieux. Qui plus est l'indignité sociale, héritée de l'Ancien Régime et renforcée par les efforts de promotion sociale de la sédentarité par les classes dirigeantes et dominantes, poursuit toujours les colporteurs. L'abbé M... les fustige autant que leur marchandise : « le poison n'est pas seulement dans leurs livres ; il est aussi sur leurs lèvres, d'où il tombe

---

[70] LAVISSE (Ernest) : *Souvenirs*, Hachette, 1928, in KRAFFT-POURRAT (Claire) : op. cit. - p. 255.
[71] Hachette, in KRAFFT-POURRAT (Claire) : op. cit. - p. 260.
[72] NÉRET (Jean-Alexis) : op. cit. - p. 199.

continuellement pour aller corrompre le cœur qui le reçoit »[73]. D'ailleurs le rejet des imprimés colportés s'étend au fur et à mesure que la séparation entre les classes populaires et les classes bourgeoises se renforce. Un auteur critique ainsi violemment cette pratique commerciale avec des arguments qui ne sont pas sans rappeler ceux de l'Abbé Grégoire au XVIIIème siècle : « "d'immoral qu'était le colportage, il s'est fait socialiste quand son intérêt le lui a commandé ; demain il se fera athée s'il y a profit, et il s'arrangera de manière à ce que l'estampille obligée lui serve de passeport. Plus vous vulgarisez donc l'instruction et plus le colportage deviendra, avec ou sans votre concours, un agent actif et puissant de librairie, et, par conséquent, de propagande. L'expérience même du colporteur, puisée dans ses rapports immédiats avec les classes qu'il fréquente, viendra au besoin stimuler l'attention de l'éditeur attardé sur les ouvrages dont le débit lui aura paru assuré. Il ne suffit donc pas d'avoir réglementé le colportage, il faut encore le transformer et l'opposer comme concurrence du mal. (...) Tant qu'il pourra se procurer un livre mauvais rapportant bénéfice, il s'en approvisionnera. Par sa nature, *comme par ses intérêts*, cet homme ne peut jamais contribuer à un résultat moral !" »[74].

Cependant, la disparition du colportage n'aurait pas été aussi rapide si elle n'avait pas été accélérée par de fortes contraintes extérieures. Au XIXème siècle, le développement de la production, grâce aux innovations techniques et à l'industrialisation, exige que la distribution des marchandises connaisse de grands bouleversements. « La distribution continuait à manifester sa notoire insuffisance. Dans les campagnes et dans les régions les plus isolées, elle reste dominée par l'antique colporteur, portant sa pacotille sur son dos, dans une "balle" où se mêlent les articles les plus variés :

---

[73] L'abbé M... : *Le Colporteur au village*, Tours, Mame, 1856, in KRAFFT-POURRAT (Claire) : op. cit. - p. 256.
[74] M. E. A. de l'ÉTANG : *Le Colporteur, l'Instituteur primaire et les Livres utiles dans les campagnes*, Paris, 1865, in KRAFFT-POURRAT (Claire) : op. cit. - p. 257 et 258.

pamphlets, almanachs et livres de piété, coupons de drap et de toile, chaussures et aiguilles »[75]. Ainsi, ce qui tue définitivement le colportage d'imprimés est la conjonction de trois phénomènes. Le premier est la dérive progressive de la librairie vers le seul commerce qui ne permet pas que perdure n'importe quelle forme de vente des livres, et en particulier la vente par colportage. Pour les vendeurs de livres sédentaires, la disparition des colporteurs représente donc un intérêt économique certain en ce qu'elle facilite ou rend plus rentable leur implantation dans de petits centres urbains qui n'étaient jusqu'alors visités que par des colporteurs, à condition de ne pas se limiter à la vente des livres. D'ailleurs, l'installation des colporteurs autorisée par la suppression de la limitation du nombre de libraires autorisés à exercer sur l'ensemble du territoire finit par rendre possible l'installation des plus fortunés d'entre eux, dont certains continuent à vendre plusieurs autres produits à côté du livre. Mais ils ont aussi à en tirer un grand avantage social car en temps que pratique sociale très mal considérée, le colportage porte ombrage à leur activité désormais limitée au commerce. Le fait que la seule caractéristique qui distingue ces deux activités soit la qualité de sédentaire ou d'ambulant est très insuffisant pour satisfaire socialement les libraires. Le second phénomène vouant progressivement le colportage à la disparition est le renforcement des centres urbains au détriment des villages ruraux entraînant l'exode d'une partie de la clientèle populaire rurale des colporteurs vers les villes industrielles.

Enfin, le développement du chemin de fer porte un coup fatal au colportage. D'une part il permet une meilleure irrigation du territoire en ouvrages divers et rend donc possible la vente de livres dans un nombre croissant de magasins spécialisés ou non. D'autre part, il ôte aux colporteurs une part très importante de clientèle potentielle. En effet, la vente de livres dans les gares est alors considérée comme du colportage. De ce fait, la commission instituée en 1854 pour le contrôle de ces livres vérifie aussi ceux qui sont destinés à être vendus dans les

---

[75] BRAUDEL (Fernand), LABROUSSE (Ernest) : op. cit. tome III/ - p. 283.

kiosques de gares. Or elle accorde rapidement le monopole de cette vente à L. Hachette qui crée une collection spécifique. « MM. Louis Hachette et Cie ont eu la pensée de faire tourner les loisirs forcés et l'ennui d'une longue route au profit de l'agrément et de l'instruction de tous. Ils ont songé à créer la Bibliothèque des chemins de fer, qui ne comprendra que des ouvrages intéressants, d'un format commode, d'un prix modéré. Seront sévèrement bannies toutes les publications de nature à exister ou à entretenir les passions politiques ainsi que tous écrits contraires à la morale »[76]. Mais pour obtenir l'exclusivité des ventes, L. Hachette joue surtout sur la peur qu'inspire le colportage. « "Si des colporteurs ordinaires peuvent vendre tous les livres autorisés, les colporteurs de [notre] Bibliothèque des chemins de fer ne peuvent vendre, parmi les livres autorisés, que ceux qui portent notre nom, et qui ont été composés sous nos yeux et choisis par nous (...). Notre nom écrit sur la première page d'un livre est la garantie de sa parfaite moralité" »[77]. Certes ces arguments contre la pratique du colportage sont sans doute au moins autant destinés à obtenir le monopole de ce marché, qu'à affirmer une morale personnelle, ce monopole porte un coup violent aux colporteurs en les privant d'un marché important. « Les livres de colportage (...) ne [seront] définitivement tués que par les "hussards noirs" de la République qui imposeront jusque dans les campagnes, les publications de M. Hachette et de ses semblables »[78].

On peut voir dans la disparition progressive du colportage un indice supplémentaire de l'orientation du commerce des livres vers un mode de fonctionnement capitaliste que la rationalisation du travail semble également

---

[76] In CHAVARDÈS (Maurice) : op. cit. - p. 162.

[77] In KRAFFT-POURRAT (Claire) : op. cit. - p. 261. En 1859, après une recommandation du président du Cercle de la librairie, Hachette accepte de vendre dans ses kiosques des livres d'autres éditeurs. Mais les libraires voient de toutes façons d'un très mauvais œil cette manœuvre astucieuse qui lui permet d'ouvrir des librairies sans brevet partout en France —162 en 1861 dont 120 en province— sous couvert d'organiser un réseau de colporteurs.

[78] MARTIN (Henri-Jean) : op. cit. - p. 248.

toucher. Au XIXème siècle « se spécialiser permet au marchand de se valoriser. Il acquiert une compétence en connaissant mieux l'article vendu, ceux qui le fabriquent (prix, qualité), ceux qui l'achètent (constitution d'une clientèle fidèle, aux besoins et aux goûts précis) »[79] —même le colporteur le plus spécialisé propose plusieurs types de marchandises. En contrepartie le territoire de sa tournée s'étend et il doit le plus souvent s'acheter une charrette tirée par un âne, une mule ou un cheval. Mais faute de pouvoir aller loin dans cette voie, la vente des livres par colportage s'engage dans une impasse.

---

[79] KRAFFT-POURRAT (Claire) : op. cit. - p. 246.

II/ Élaboration de la librairie moderne

1- Réorganisation structurelle de la diffusion des livres

Les changements d'échelle de la production et de la vente de livres sont tels qu'il devient nécessaire de mettre en place une nouvelle organisation du travail au sein des métiers du livre passant à la fois par l'adaptation à une économie capitaliste et par une spécialisation des fonctions. Ce phénomène conduit petit à petit à la séparation de la librairie et de l'édition et à l'affirmation de deux types de points de vente des livres : les magasins spécifiques et les magasins qui proposent des livres entre autres produits. « La définition wébérienne de la profession met l'accent sur les critères "rationnels" de spécialisation et de compétence spécifique, alors que la réflexion durkheimienne sur les voies et les moyens du consensus social porte sur les associations professionnelles ou corporatives, [et] que la sociologie anglo-saxonne des professions à la suite de Parsons, met en valeur les critères de formation, (...) d'autonomie (...) et de désintéressement »[80]. Nous emprunterons ces trois pistes correspondant à des courants sociologiques distincts, pour cerner des mécanismes particuliers qui se dessinent pendant le XIXème siècle, sachant que c'est le moment historique qui détermine la forme de la librairie du XXème siècle. Les mouvements décrits dans ce qui suit sont bien évidemment des mouvements dominants qui n'excluent pas la

---

[80] MOULIN (Raymonde) : op. cit. - p. 389.

persistance plus ou moins longue de modes de fonctionnement qui n'ont rien de rationnel par rapport à une gestion capitaliste du travail, ou qui excluent la division du travail[81].

EXTENSION DU COMMERCE DES LIVRES AU NIVEAU NATIONAL
Le développement des marchés et la liberté d'entreprise sur l'ensemble du territoire national n'auraient pas pu se concrétiser sans la suppression des taxes régionales et locales décidées pendant la Révolution, c'est-à-dire « des gabelles (21 mars 1790), des traites et douanes intérieures (31 octobre 1790), des octrois et des aides (2 mars 1791) »[82]. Cette libéralisation du commerce conjuguée aux progrès techniques en matière de production et à l'amélioration des voies de communication et des transports en tous genres, rendent possible le changement d'échelle du commerce des livres en permettant aux libraires de mettre en place progressivement des réseaux de relations commerciales sur tout le territoire. Au cours du XIXème siècle apparaît donc la nécessité de valoriser l'aspect commercial de la librairie. Alors que jusqu'à la fin du XVIIIème siècle un livre n'était pratiquement disponible que chez le libraire qui l'avait édité, en dehors de contrefaçons, dès le début du XIXème siècle, les libraires pratiquent des *"échanges"*. Il s'agit d'envois réciproques de livres de même valeur, qui les amènent à être aussi intéressés par l'écoulement des livres qu'ils reçoivent de leurs collègues que par la vente de leurs propres livres. Petit à petit ce système s'avère insuffisant et inadapté à une demande qui s'accroît. En outre, la distribution de prospectus publicitaires

---

[81] BOIN (Jean-Guy), BOUVAIST (Jean-Marie) : op. cit.

[82] BRAUDEL (Fernand), LABROUSSE (Ernest) : op. cit. tome III/ - p. 13. Un peu plus loin, les auteurs précisent que « l'Assemblée constituante avait considéré que le commerce était "gêné par des entraves sans nombre, que les droits établis sur les limites qui séparaient les anciennes provinces du royaume, sans aucune proportion avec leurs facultés, sans égard à leurs besoins, fatiguent par leurs modes de perception autant que par leur rigueur même, non seulement les spéculations commerciales, mais encore la liberté individuelle ; qu'ils rendent les différentes parties de l'État étrangères les unes aux autres ; qu'ils resserrent les consommations et nuisent par là à la reproduction et à l'accroissement des richesses" ».

devient chère parce que les quantités nécessaires pour atteindre l'ensemble du public augmentent rapidement. En 1813 le libraire Lefèvre a alors l'idée d'envoyer un commis en province pour aller vendre ses livres. Lorsqu'apparaissent les éditions stéréotypées à grands tirages l'année suivante, l'envoi de ces commis en librairie vers la province se révèlent rapidement indispensables et cet exemple fait école et des libraires-commissionnaires font bientôt office d'intermédiaires entre les libraires de province, de l'étranger et de Paris. Dès le premier tiers du XIXème siècle des libraires commencent à vendre des livres à la fois à des particuliers et à des libraires-commissionnaires en "demi-gros" à la suite de Ponthieu, fondateur de la première librairie de ce genre. E. Werdet décrit à sa façon les procédés des premiers libraires-commissionnaires encore rares :

> *A chaque ville ils s'installaient dans la meilleure auberge et faisaient ensuite remettre par un garçon de l'hôtel leurs catalogues aux libraires de la localité, en les prévenant qu'ils auraient l'honneur de les recevoir de telle heure à telle heure. Et les libraires, charmés de ces invitations, se hâtaient d'accourir aux rendez-vous indiqués par ces opulents nababs, qui recueillaient ainsi, sans fatigue, de nombreuses commissions.*[83]

Ces libraires ne sont pas ceux qui ont les fonds les plus complets mais c'est chez eux que la rotation du stock est la plus forte. Comme ils n'ont pas à immobiliser leur capital pendant trop longtemps, ils sont souvent à la tête des entreprises de librairie et d'édition parmi les plus importantes. « La combinaison commission-édition-abonnement-cabinet de lecture est optimale du point de vue des fonctions, mais aussi du point de vue de la rentabilité »[84]. Une autre raison de la mauvaise entente entre libraires et libraires-commissionnaires vient de ce que ces derniers ont bientôt l'idée de prendre directement contact avec les lecteurs potentiels pour obtenir des souscriptions sur des ouvrages à paraître. C'est le début du colportage à commission, ancêtre de la vente par courtage. Des li-

---

[83] WERDET (Edmond) : op. cit. - p. 80.
[84] PARENT-LARDEUR (Françoise) : op. cit. - p. 49.

braires se plaignent alors de perdre ainsi une partie de leur clientèle —comme ils le font aujourd'hui encore, en particulier à propos des encyclopédies. Mais Balzac s'insurge aussi de ce que, d'après lui, les libraires-commissionnaires s'enrichissent sur l'infortune des libraires en difficulté obligés de leur vendre une partie de leur stock à bas prix pour récupérer quelques liquidités, stock qu'ils revendent à des libraires de province auprès desquels ils ont prospecté. Ils ont ainsi la possibilité de faire des rabais très importants, jusqu'à 35 ou 50 %, par rapport au prix de vente des libraires tout en s'assurant un bénéfice confortable alors que les libraires parisiens ne peuvent plus vendre leur marchandise en province par la voie normale. Effectivement, « si le libraire de province veut s'adresser directement aux producteurs parisiens pour se procurer des nouveautés, il doit les acheter à ses risques et périls, à un prix qui ne peut rivaliser avec ceux des libraires-commissionnaires (pour des œuvres le plus souvent médiocre il est vrai) »[85]. En fait, toutes ces pratiques, y compris celles que décrit E. Werdet, qui n'ont rien de choquant dans notre système économique, semblent insupportables à beaucoup au début du XIXème siècle parce que ces pratiques n'ont de rapport qu'avec le seul commerce, le livre n'étant là qu'une marchandise comme une autre. En outre elles n'apportent pas de valeur ajoutée tangible, ce qui n'entre dans aucune conception du travail de l'époque :

"Ou le vendeur de seconde main, l'intermédiaire, s'impose au consommateur en prélevant sur lui un droit, ou bien il s'impose au producteur en le pressurant. Je ne sors pas de là".[86]

Ce qui est intéressant dans cette polémique, c'est qu'il s'agit en fait de l'apparition des premières entreprises de "service" de façon générale, et dans les métiers du livre en particulier. D'ailleurs en 1859 E. Werdet est déjà bien moins sceptique sur l'utilité des commissionnaires.

D'une part, du côté du producteur, l'intermédiaire ne s'impose pas, il n'en aurait pas le pouvoir, c'est le producteur qui le

---

[85] PARENT-LARDEUR (Françoise) : op. cit. - p. 103.
[86] Propos de Balzac, in WERDET (Edmond) : op. cit. - p. 104-105.

cherche et qui le crée quand il lui manque, parce que la marchandise une fois fabriquée, il n'éprouve qu'un besoin, celui de la vendre ; or sa position de fabricant est précisément mauvaise pour le conduire à ce résultat ; en second lieu, comme fabricant, son temps sera mieux employé à confectionner une marchandise nouvelle qu'à se perdre dans les sinuosités d'une vente de détail. D'autre part il y a avantage pour le consommateur à trouver sous sa main l'objet qu'il désire.[87]

Cette discussion sur la nécessité et le rôle de ces intermédiaires, est aussi une illustration du changement d'échelle de la vente des livres et, en conséquence, de sa structuration. Ils sont en fait une première amorce de la spécialisation des métiers du livre, et notamment, dans les propos qui précèdent, de l'édition et de la vente. Malgré les avantages que semble présenter cette activité, le nombre des libraires-commissionnaires reste longtemps relativement faible parce que de nombreux libraires se chargent eux-mêmes de ce travail en laissant le magasin à d'autres membres de la famille. Ainsi par exemple Michel Lévy, l'un des frères Calmann-Lévy, se charge lui-même de ce travail dans la seconde partie du XIXème siècle car la maison, ouverte en 1836, n'a pas encore atteint une dimension suffisante. En outre les mentalités évoluent lentement et le recours à des intermédiaires de service ne devient que petit à petit une possibilité évidente à ceux qui en ont les moyens. « Non que le commerce de commission soit une nouveauté dans la période 1850-1880 : dès le XVIIIème siècle, il tendait à dominer l'activité commerciale française. Mais le XIXème siècle lui donne une nouvelle vigueur à mesure que les industriels, tout en désirant élargir le rayon de leurs ventes, n'ont plus ni le désir ni le goût de partir eux-mêmes à la conquête de l'acheteur. (...) A partir de 1860-1870, c'est le "représentant", ou "voyageur de commerce", qui joue, dans l'expansion commerciale des firmes, le rôle essentiel »[88]. Les commissionnaires et courtiers, tous

---

[87] WERDET (Edmond) : op. cit. - p. 105-106.
[88] BRAUDEL (Fernand), LABROUSSE (Ernest) : op. cit. tome III/ - p. 286-287.

types de commerces confondus ne sont ainsi que 11 000 en 1896 et ce n'est qu'au début du XIXème siècle que leur nombre augmente brutalement, parallèlement au déclin des foires, pour passer à 73 000 en 1906[89]. Le développement des réseaux de diffusion des livres est donc lent, et les commandes se font encore longtemps lors de la publication de l'annonce dans les catalogues des libraires, ou grâce aux bibliographies nationales.

Face à l'amplification des échanges commerciaux entre libraires dans toute la France, une tentative a lieu en 1840 pour créer un "dépôt central de la librairie" pour les libraires-éditeurs qui veulent s'associer, stockant des ouvrages qui ne sont payés à l'éditeur par le libraire que lorsqu'ils ont été vendus. Les "Correspondants du Comptoir central de la librairie de Paris" sont ainsi un lieu où chacun dépose une partie de sa production et peut se fournir en livres publiés par d'autres. Mais cette initiative échoue face à la nouveauté de l'organisation du travail qu'elle suppose. En effet, elle va à l'encontre des valeurs transmises par la culture de métier traditionnelle. « L'aversion profonde de l'éthique catholique et à sa suite l'éthique luthérienne à l'égard de tout mouvement capitaliste repose essentiellement sur la méfiance à l'égard du caractère impersonnel des relations à l'intérieur de l'économie capitaliste »[90]. Ainsi il ressort de cette première expérience de dépôt central que la plupart des libraires préfèrent faire la promotion de leurs livres auprès de leurs clients plutôt que des livres d'éditeurs avec lesquels ils n'ont pas de contact direct. D'autre part, les libraires ne sont pas toujours pressés de rembourser l'éditeur lorsque le livre a été vendu. En outre le renvoi des "invendus", les "retours", pratique totalement nouvelle pour l'époque, ne se fait que très lentement. Il arrive alors que des éditeurs lancent l'édition suivante parce que des libraires demandent des ouvrages manquants au dépôt, alors qu'ils dorment dans d'autres boutiques. Il est vrai que les frais de port sont à la charge du libraire, y compris ceux des retours (ce qui explique aussi que ceux-ci ne soient pas toujours

---

[89] BRAUDEL (Fernand), LABROUSSE (Ernest) : op. cit. tome III/ - p. 776.
[90] WEBER (Max) : *Essais de sociologie des religions*, op. cit. - p. 104.

faits aussi rapidement que le souhaiteraient les éditeurs), ce qui a un effet dissuasif certain. D'autres tentatives sont menées en province pour créer des dépôts, mais toutes avec le même résultat. Elles n'en démontrent pas moins le besoin éprouvé par nombre de libraires de recourir à une autre organisation du commerce des livres.

NOUVELLE STRUCTURATION DU COMMERCE DES LIVRES

Contrairement à ce qui avait cours auparavant, il s'agit désormais que le plus grand nombre de titres soit présents chez un maximum de libraires si ceux-ci veulent attirer les clients. Il leur faut avoir tous les ouvrages vantés avec le plus d'éclat possible par la promotion et les critiques littéraires. En 1846 un libraire, Charles Gasselin, décide donc de confier l'exclusivité de la vente de ses ouvrages à Pagnerre qui jusqu'alors s'occupait de la diffusion des almanachs à gros tirage. Gasselin, dont la maison d'édition a aujourd'hui disparu, est ainsi le premier à recourir aux services d'un *"distributeur"*. Cette transformation radicale dans la circulation des ouvrages fait évoluer petit à petit la vie des libraires, que ce soit celle des libraires-éditeurs des grandes villes qui fournissent un nombre grandissant de petits libraires, ou celle de ces derniers qui commencent à pouvoir vivre du seul dépôt. Hachette crée alors avec un confrère "Le libraire correspondant", association de libraires tenant le plus souvent un bazar. Il arrive à constituer quelques dépôts chez de gros libraires ou chez des directeurs d'écoles normales primaires, grâce aux contacts qu'il a établis avec eux en tant qu'éditeur scolaire[91]. En 1852 il a tissé un réseau sur toute la France, les Messageries de journaux de la librairie Hachette, premier organisme de distribution en date et en importance, encore aujourd'hui, auquel ont recours d'autres éditeurs qui le rémunèrent pour ce service. Ce sont ces initiatives et elles seules qui permettent le développement de la commercialisation de tous les livres sur l'ensemble du territoire et la spécialisation de certains magasins dans la vente des livres et des produits qui s'y

---

[91] KRAFFT-POURRAT (Claire) : op. cit. - p. 259.

rapportent. En effet, dès la deuxième moitié du XIXème siècle apparaît l'"abonnement de dépôt", c'est-à-dire l'envoi régulier des livres par les libraires-éditeurs et les éditeurs à des libraires spécialisés dans la vente, contre paiement à la vente du livre. Les entreprises de roulage nouvellement créées, il en existe alors une dizaine, offrent la possibilité d'envoyer quotidiennement des marchandises vers certaines villes de province, mais exclusivement sur présentation d'une commande. Dans l'ensemble les libraires sont satisfaits de pouvoir ainsi accéder à des livres qu'il était très difficile, voire impensable, de se procurer par le passé. De ce fait, les commandes directes aux éditeurs des clients de province qui craignaient de ne pas pouvoir trouver dans leur librairie les livres vantés par la réclame diminuent. Certains éditeurs s'en inquiètent et tentent de renverser la tendance en offrant des remises aux clients qui s'adressent directement à eux sans qu'aucun règlement ne s'y oppose.

Mais rien ne peut plus empêcher l'évolution des métiers du livre vers la spécialisation des éditeurs dans l'édition du fait de l'augmentation de la taille des maisons d'édition, non seulement grâce à une concentration relative imposée par le développement du capitalisme mais aussi grâce à l'extraordinaire augmentation du nombre d'auteurs et de textes disponibles. Certains éditeurs conservent quelques magasins, mais ils travaillent toujours avec d'autres libraires pour vendre leur production. Dès le début du XXème siècle, ce nouveau fonctionnement du commerce du livre est désormais si étendu que le passage par un service spécifique de distribution se fait sentir chez la plupart des éditeurs. Trois exigences principales sont alors demandées pour parfaire ce circuit "commandes des libraires-expéditions-recouvrement des créances". « Le premier besoin était le groupage des commandes, le second, la diminution du nombre des clients directs de l'éditeur, le troisième, que le moyen réserve absolument la liberté de l'éditeur ; sa seule obligation étant de fournir à la demande du distributeur et de lui accorder une commission »[92]. Le service

---

[92] NÉRET (Jean-Alexis) : op. cit. - p. 300.

de distribution a alors la responsabilité de la gestion des "réassorts", c'est-à-dire du renouvellement des ouvrages vendus, et des retours des invendus, afin de veiller à ce qu'une nouvelle édition ne soit pas entreprise à tort. Les Messageries Hachette demandant un niveau de production que toutes les maisons d'édition souhaitant s'adjoindre les services d'un distributeur n'atteignent pas, des distributeurs plus modestes essaient de saisir cette part de marché. Mais ils offrent le plus souvent des services qui laissent trop à désirer et périclitent, entraînant certains éditeurs dans leur chute. Aujourd'hui encore il existe à la fois des distributeurs indépendants et des distributeurs affiliés à de grandes maisons d'édition.

Ces techniques de travail étant à la fois nouvelles et sans rapport avec celles qui ont prévalu pendant plusieurs centaines d'années, peu nombreux sont les éditeurs qui ont l'idée d'accorder une *"remise"*, part du prix du livre qui revient au libraire, moins importante à ceux qui prennent un livre en dépôt qu'à ceux qui l'achètent. Les remises sont de toutes façons relativement faibles, celles qui atteignent le tiers du prix d'un livre étant exceptionnelles. Toutefois le système d'envoi d'office, *"l'office"*, de quelque(s) exemplaire(s) de tout ou partie de la production d'une maison d'édition se met petit à petit en place et se généralise à la fin des années 1870. Cette pratique suscite presque immédiatement des grincements de dents de la part de libraires qui se sentent submergés. C'est pourquoi une demande de réforme suggérant l'envoi franco de port ou l'obtention d'une remise plus élevée est formulée dès 1892. A la fin du XIXème siècle, la Maison Plon est en effet la seule à aider les détaillants de province en leur accordant des offices franco de port et la possibilité de ne pas payer les invendus s'ils sont retournés dès l'office suivant. Cependant la pratique du dépôt exclusif, par lequel l'éditeur ou le libraire-éditeur impose ses livres en exigeant le paiement après l'effectuation de la vente, perdure au moins jusqu'au début du XXème siècle.

Le développement de ces pratiques de commercialisation des livres sur tout le territoire est dépendant de l'extension d'une autre pratique nouvelle : la promotion des produits. De nouveaux outils de travail pour les libraires apparaissent dès le début du XIXème siècle : en 1811 est fondé le *Journal officiel de la librairie* et, en 1815, *La Bibliographie de France* qui comprend dans une première partie les fiches du dépôt légal et les documents administratifs, et dans une seconde partie les annonces d'éditeurs. Diverses autres bibliographies fort nombreuses paraissent durant cette période. C'est dans ce type de périodiques professionnels que naît et se développe la "réclame". Il s'agit d'abord de "vient de paraître" sous la forme la plus simple, sans recherche pour attirer l'attention. Mais dès 1835, finis les commentaires et les extraits sans plus de fioritures, l'annonce illustrée apparaît avec un très vif succès et prend de l'ampleur. Les annonces ou les placards sur de grandes surfaces se développent. On s'applique à vanter les mérites de l'éditeur, éventuellement du relieur ou de l'artiste auteur des illustrations, ainsi que la qualité de facture de l'ouvrage. Par contre le prix est le plus souvent simplement mentionné sans être spécialement mis en valeur car il ne constitue pas encore une information essentielle. Figurent quelques fois la table des matières et éventuellement un extrait du livre, mais dans un premier temps aucun mot ne vante l'auteur qui, sauf cas exceptionnel, n'a toujours que peu d'importance. Par contre certains éditeurs n'oublient pas d'indiquer qu'outre la remise d'usage faite aux libraires, une remise plus importante sera accordée pour une commande de plus de "x" volumes. Dans la poursuite du même objectif, à savoir l'augmentation des ventes, et bien que cela ne soit pas nouveau, les prétentions sur le nombre d'éditions d'un ouvrage déjà écoulées sont considérablement amplifiées : soit un tirage est prétendu être le "nième" alors qu'il est le premier, soit l'éditeur fait imprimer de tous petits tirages afin de pouvoir prétendre en être effectivement à la "xième" édition.

    Enfin on assiste à la mise en valeur de l'auteur dans un but promotionnel, y compris sous forme de billets publicitaires dans la presse. Cette pratique devient si importante qu'une polémique apparaît dans les temps difficiles au sujet des articles des critiques jugés trop peu efficaces par les éditeurs pour accroître leurs ventes, ce à quoi les critiques répondent qu'ils n'ont pas à faire de publicité gratuite pour les commerçants que sont les éditeurs, d'autant que leurs livres contiennent eux-mêmes de la réclame. En effet, la quatrième page de couverture de romans comprend des annonces d'ouvrages parus ou à paraître. L'exagération de cette pratique explique sa quasi disparition dans les années 1880. Mais au début du XXème siècle la publicité pour les livres reprend très fortement et de nouvelles formes apparaissent. La maison des Éditions Nelson monte des catalogues ou des réclames filmées qui passent dans les cinémas. Puis les prix littéraires, tels le Prix Goncourt (1903) puis, peu après, le prix Fémina (1905), sont une autre forme de promotion qui aide si bien le commerce que de multiples autres prix sont créés, sans toutefois égaler l'impact sur les ventes et la renommée du prix Goncourt.

La promotion des ouvrages devient peu à peu si importante, comme enjeu, qu'elle mobilise de plus en plus de temps et de compétences spécifiques. Dès que l'entreprise gagne en importance, il s'agit d'une tâche dont ne peut se charger seule une personne qui serait en même temps éditeur et vendeur de livre. Ainsi, petit à petit, au sein des plus grosses maisons d'édition, la "*diffusion*" devient un service spécialisé comprenant notamment les représentants qui se déplacent aujourd'hui dans les librairies. Le mouvement de spécialisation des tâches fait qu'à partir de la Seconde Guerre mondiale, des entreprises spécialisées dans la diffusion s'ouvrent en même temps que certaines grosses maisons d'édition créent leur propre filiale de diffusion qui vendent leur services aux éditeurs de plus petite taille (les tout petits éditeurs se passant de tels services hors de prix pour eux).

SÉPARATION DE LA LIBRAIRIE ET DE L'ÉDITION
    Bien qu'E. Werdet prenne la peine de préciser les différentes fonctions des différents types de libraires,
> *On donne généralement le titre d'éditeur au libraire qui fait imprimer et publier des livres anciens ou modernes que des hommes de lettres ou des savants composent et écrivent (...) Un*

homme de lettres, un savant peut (...) prendre le titre d'éditeur, bien qu'il ne vende pas chez lui l'ouvrage qu'il édite.[93] lorsqu'il présente les libraires parisiens de son époque sous la forme de biographies sommaires, il utilise tantôt le mot "libraire" tantôt celui d'"éditeur" sans qu'il soit possible de comprendre quelle différence il y a entre ces deux fonctions, d'autant que l'éditeur peut être toute personne qui annote ou commente un ouvrage sans pour autant s'occuper de sa publication. En outre, plusieurs des "libraires" que E. Werdet présente sont à l'origine d'éditions, et ceux qu'il qualifie d'"éditeur" tiennent tous boutique. En fait, ce n'est qu'au détour d'une phrase rapportée par F. Parent-Lardeur, dans son livre sur les cabinets de lecture sous la Restauration, que l'on peut distinguer le libraire de l'éditeur : « à l'analyse des dossiers de police, nous avons fini par comprendre que si les éditeurs insistent tant pour obtenir leur brevet de libraire, même s'ils n'ont pas tellement intérêt à se faire remarquer par ailleurs, c'est parce qu'ils ne peuvent annoncer leurs livres et faire de la publicité sans brevet »[94]. Or c'est justement, à notre avis, ce handicap qui conduit à ce que, progressivement, les éditeurs qui n'obtiennent pas de brevet —qu'ils se fassent aussi discrets que possible ou qu'ils n'y arrivent pas— se spécialisent dans la recherche et l'organisation de publications de manuscrits. Cette contrainte légale a donc des répercussions fondamentales sur l'évolution des métiers du livre.

Pour réussir en matière d'édition à partir de la deuxième moitié du XIXème siècle, il devient nécessaire de bénéficier d'un réseau commercial important et capable de faire fonctionner la diffusion du livre à grande échelle. Cette nouvelle dimension exige en conséquence un grand nombre de services, et donc de personnels spécialisés. Ce type d'organisation suppose un chiffre d'affaires élevé réalisable à condition de pouvoir soutenir un renouvellement continu des nouveautés et d'arriver à assurer une programmation des éditions sur plusieurs années.

---

[93] WERDET (Edmond) : op. cit. - pp. 310-311.
[94] PARENT-LARDEUR (Françoise) : op. cit. - p. 66.

L'édition de la fin du XIXème siècle se caractérise donc par cette performance commerciale désormais au moins aussi importante que les choix des auteurs ou des textes. Ainsi, alors que jusqu'à présent, à la parution d'un ouvrage, commissionnaires et abonnés venus chercher les fruits de leur souscription croisaient des lecteurs achetant un livre, petit à petit les clients des éditeurs se limitent aux distributeurs et aux libraires. Ce qui finit de séparer l'édition et la librairie est donc la prise de distance progressive de l'édition avec le public des lecteurs. De ce fait libraires et éditeurs ont chacun, non seulement un travail mais aussi un public spécifiques, c'est-à-dire une reconnaissance extérieure de leur différenciation. Ceci ajouté à l'organisation de la distribution, de la diffusion et de l'office, prépare l'organisation du commerce du livre tel que nous le connaissons aujourd'hui. « C'est au niveau de l'œuvre faite que se situe l'action du négociant, c'est au niveau de l'œuvre à faire que se situe celle de l'entrepreneur »[95]. C'est bien cette division du travail qui s'instaure progressivement entre les libraires et les éditeurs. Les premiers vont avoir comme tâche spécifique les rapports directs avec les lecteurs, c'est-à-dire la vente d'un produit fini, le livre. Les seconds vont s'occuper de tout ce qui est en amont de la fabrication du livre et notamment des rapports directs avec les auteurs. Cette spécialisation des lieux et des compétences, commencée à la fin du XIXème siècle s'accélère après 1914. C'est en effet comme dans beaucoup d'autres secteurs économiques, la Première Guerre mondiale qui rend irréversible la coupure amorcée pendant le XIXème siècle entre librairie et édition même si celle-ci n'intervient réellement que plus tard.

En fait, si l'on accepte de considérer que l'organisation professionnelle des libraires non éditeurs est une marque réelle de l'existence d'un métier indépendant et autonome de libraires en tant que commerce des livres, alors c'est la fin du XIXème siècle qui marque réellement la naissance de la librairie telle que nous la connaissons aujourd'hui. « Un mouvement

---

[95] MOULIN (Raymonde) : op. cit. - p. 392.

syndical, inspiré par la formation du Syndicat des Éditeurs, prit naissance à Lyon, en octobre 1891 ; puis Marseille, Lille, Caen, Nantes et Dijon entraînèrent un mouvement général : la Chambre syndicale compta 1 000 adhérents dès 1892. A cette date parut le *Bulletin des Libraires*, organe de défense et d'information de la librairie de détail »[96]. En 1893 le *Bulletin des Libraires* a ainsi l'idée d'éditer un *Catalogue illustré pour les étrennes* qui, pour la première fois, n'indique aucune adresse d'éditeurs de façon à ce que les libraires puissent les distribuer à leurs clients sans craindre que ces derniers ne commandent directement aux éditeurs. Pourtant ce n'est qu'en 1925 que le rôle de l'éditeur dans la parution d'un livre est légalement reconnu puisqu'un dépôt et une déclaration de sa part deviennent obligatoires sans pour autant supprimer l'obligation du dépôt et de la déclaration de l'imprimeur —en 1883 un projet à la Chambre des députés aurait dû permettre la substitution de l'éditeur à l'imprimeur mais il n'est jamais venu en discussion. Mais si les changements de statut des libraires et des éditeurs existent dans les faits, ils sont bien plus longs à se faire dans les esprits. Les catalogues des ouvrages parus appelés "catalogues de la librairie française" au moins jusqu'en 1930 contiennent des références d'ouvrages et non des adresses de libraires au sens de vendeurs de livres. De même lorsque B. Grasset[97] rédige l'introduction de La Lettre de Diderot sur le commerce de la librairie[98] qu'il publie en 1937, il utilise tantôt le terme de "libraire", tantôt celui d'"éditeur" sans distinction. Plus tard encore, en 1953, J-A Néret parle indifféremment de "libraire" ou d'éditeur lorsqu'il s'agit effectivement d'éditeur.

Suite à la séparation effective de la librairie et de l'édition en deux métiers distincts, émerge une série de revendications qui ont pour conséquence de cristalliser les libraires autour d'exigences communes et de faire apparaître que

---

[96] NÉRET (Jean-Alexis) : op. cit. - pp. 262-263.
[97] La maison Grasset devient réellement célèbre lorsqu'une de ses publications obtient le prix Goncourt en 1912 (*Monsieur des Lourdines* de Chateaubriand).
[98] DIDEROT (Denis) : op. cit.

libraires et éditeurs ont chacun leurs intérêts spécifiques, parfois même divergents, et sont donc deux métiers différents. Du fait de la séparation de l'édition et de la librairie en 1892 éclate une grève des achats, notamment par le refus de recevoir les représentants, à la suite de laquelle les librairies atteignent leur but en obtenant que soit fixée une remise minimum. Les libraires se plaignent également des abus des éditeurs en matière d'office et demandent la possibilité de pouvoir échanger les invendus contre des ouvrages à venir. En outre ils souhaitent pouvoir présenter les nouveautés à leur clientèle qui se contente de moins en moins des réclames de l'éditeur. Ils suggèrent donc que ces ouvrages fassent partie des offices au lieu que ceux-ci contiennent d'anciens titres dont l'éditeur cherche à se débarrasser. D'autres libraires enfin, souhaitent avoir une prime d'étalage, par exemple sous forme de réduction de moitié du prix des livres qu'ils exposent. « Cette réclame serait aussi productive que les exemplaires offerts à la presse qui reviennent [(chez les soldeurs)] le lendemain de leur apparition encombrer le marché de Paris, et déprécier le livre nouveau avant même qu'il soit connu »[99]. Les éditeurs se plaignent au contraire de ce que les libraires font mal leur travail, notamment qu'ils s'occupent trop peu des offices et qu'ils ne mettent pas suffisamment en valeur des livres qu'ils ont eux-mêmes commandés. Ainsi prennent naissance les querelles qui opposent libraires et éditeurs depuis une centaine d'années même si, à partir des années 1960, les rapports libraires-éditeurs laissent rapidement place aux rapports libraires-diffuseurs dans une majorité de cas, conséquences de l'aboutissement tardif de la spécialisation des tâches dans les métiers du livre.

2- Évolution de la clientèle

On assiste dès le début du XIXème siècle à une transformation fondamentale des rapports libraires-clients : alors que

---

[99] Propos d'un libraire, in NÉRET (Jean-Alexis) : op. cit. - p. 263.

précédemment le premier publiait un livre et attendait que le second vienne se le procurer, le client potentiel devient maintenant une des préoccupations essentielles, si ce n'est *la* préoccupation, du libraire. Donc, contrairement à ce qui s'est passé à la fin du XVème siècle, ce qui manque le plus au début du XIXème siècle, ce ne sont pas les livres mais les "lecteurs". L'opportunité de développement que la révolution industrielle offre aux métiers du livre non seulement par l'évolution des techniques de production, mais aussi par les progrès réalisés en matière de transports, n'aurait donc pas pu être saisie si la quasi généralisation de l'enseignement à l'ensemble de la population au cours du XIXème siècle, à l'exclusion des classes les plus défavorisées, ne s'était produite dans le même temps. Il est aisé d'en comprendre les deux principales conséquences pour les métiers du livre : d'une part le nombre de lecteurs, et donc de clients, s'accroît considérablement, et d'autre part les demandes du public se diversifient tant en matière de goûts que d'exigences de qualité, de prix, etc..... à mesure que le lectorat comprend de nouvelles catégories sociales avec leurs demandes spécifiques. L'édition doit alors s'adapter à cette nouvelle donne.

LE DÉVELOPPEMENT DE L'ENSEIGNEMENT ET SES CONSÉ-
QUENCES SUR LE MARCHÉ DES LIVRES

Les progrès de l'alphabétisation ne concernent pas uniformément la totalité des citoyens. Si l'ensemble de la bourgeoisie souhaite donner quelque instruction à ses enfants et les envoie dans les écoles qui s'ouvrent un peu partout, il n'en va pas de même dans les classes populaires. En effet, les Droits de l'Homme et du Citoyen proclamés en 1789 ne sont pas remis en question au cours du XIXème siècle, mais contrairement à la conception que nous en avons aujourd'hui, ils s'appliquent à l'intérieur des différentes strates d'une société hiérarchisée (à l'instar du suffrage censitaire par exemple). Toutefois, l'accès des classes les plus défavorisées à l'instruction est loin de paraître indispensable à tout le monde : certains chefs d'entreprise ou hommes politiques n'en voient pas la nécessité. Cependant la question de l'instruction des classes laborieuses, non résolue au siècle précédent, devient petit à petit une préoccupation gouvernementale importante. « A l'exception du milieu artisanal urbain, les ouvriers condamnés à l'usine dès leur enfance n'ont en fait reçu aucun enseignement pouvant leur donner les moyens de lecture et d'expression. (...) Certains manufacturiers ont établi des écoles. Mais les jeunes ouvriers "n'en profitent que difficilement, presque toutes leur facultés physiques et intellectuelles étant absorbées dans l'atelier. Le plus grand avantage qu'ils retirent de l'école est peut-être de se reposer de leur travail pendant une heure ou deux" [Villermé]. (...) Après une enquête en Alsace, à Lyon, à Reims, à Saint-Quentin, dans les Vosges, Adolphe Blanqui conclut que "le nombre des élèves est en raison inverse du développement industriel" »[100].

En vingt ans le nombre d'élèves à l'école primaire passe tout de même de 900 000 à 2 700 000[101]. En outre, dès le début du siècle, la transmission héréditaire des postes dans l'Église, l'Armée et l'administration de l'État, étant officiellement abolie (et non dans les faits), les diplômes acquièrent une valeur importante pour accéder à certains postes. Ainsi Napoléon Ier impose l'apprentissage de la lecture et de l'écriture aux postulants au grade de caporal. En 1820 une ordonnance rappelle le caractère obligatoire du Certificat d'Étude, et le Baccalauréat devient nécessaire pour les candidats aux Facultés de médecine et de droit. Entre 1831 et 1868 le pourcentage des conscrits classés comme illettrés tombe de 53,31 % à 22,40 % »[102]. D'ailleurs si l'apprentissage de l'écriture n'est pas généralisé avant les lois Jules Ferry de 1882, l'apprentissage de la lecture concerne déjà la plus grande partie de la population.

Le jour de la mise en vente d'un livre de Victor Hugo, de Châteaubriand, de Lamartine, Benjamin Constant, Jay, Jouy, Casimir Delavigne ou autres, l'heureux magasin de l'heureux éditeur était littéralement assiégé, soit par les flots d'un public affamé, soit par de longues files de libraires-commissionnaires.

---

[100] BRAUDEL (Fernand), LABROUSSE (Ernest) : op. cit. tome III/ - p. 804.
[101] RICHTER (Noé) : op. cit.
[102] BRAUDEL (Fernand), LABROUSSE (Ernest) : op. cit. tome III/ . p. 804.

(...) Ce nouveau genre de littérature eut une telle expansion dès la fin de 1830, que la France entière sembla ne plus former qu'un immense salon de lecture. Partout s'élevaient des cabinets littéraires.[103]

Malgré l'exagération incontestable de ce témoignage, l'accroissement de la pratique de la lecture au début du XIXème siècle est très perceptible. Une preuve plus crédible de la rapidité de ce phénomène est le développement accéléré durant la Restauration des cabinets de lecture alors que les premiers s'étaient ouverts pendant le premier Empire.

Au début du XXème siècle, soit quelques trente ans après les lois de Jules Ferry, le public potentiel des imprimés s'est élargi à la quasi totalité de la population : en 1914 « parmi les conscrits, la proportion des illettrés (...) était inférieure à 2 % à la veille de la première guerre mondiale. (...) En 1881, les lycées et les collèges féminins de l'enseignement public comptaient 300 élèves, en 1913 ils en avaient 33 000 »[104]. De ce fait, on peut estimer la clientèle potentielle des libraires à la quasi totalité de la population après la Première Guerre mondiale[105].

Dès le premier tiers du XIXème siècle, l'importance du développement de l'enseignement se révèle donc être une manne pour la librairie. La maison Belin[106] est une des librairies scolaires les plus importantes du début du siècle. Ce phénomène est tel que, lorsque la librairie traverse une crise importante entre 1825 et 1830, le développement du créneau de l'édition scolaire permet, seul, au nombre de titres annuels sortis des presses de ne pas s'écrouler complètement. Sous la Restauration le livre postscolaire, et notamment le "manuel", est d'ailleurs une grande nouveauté. Parallèlement à l'accroissement du besoin d'enseignement, apparaissent les premières réformes de l'enseignement à la grande satisfaction des libraires scolaires

---

[103] WERDET (Edmond) : op. cit. - p. 117-118.
[104] BRAUDEL (Fernand), LABROUSSE (Ernest) : op. cit. tome IV/ - p 112.
[105] THIESSE (Anne-Marie) : op. cit. - 1984.
[106] François Belin, fils d'instituteur de province, s'est intéressé aux ouvrages à vocation pédagogique, scientifique et technique dès 1783.

qui doivent renouveler les manuels. 1830 est ainsi l'année de la première version de ce que l'on appelle aujourd'hui "méthode globale"[107]. Les commandes publiques d'ouvrages pour les établissements scolaires sont d'autant plus importantes pour les libraires qui en bénéficient qu'elles sont garanties :

> *Un ministre qui souscrit pour son département à un ouvrage s'engage par ce fait lui-même et engage en outre son successeur, si surtout aucune dérogation aux clauses du compromis n'est opposable à l'éditeur. Le ministre ne saurait donc se refuser à payer les livraisons ultérieures à mesure de leur apparition, sous prétexte que les réductions qu'il est forcé d'opérer dans les dépenses de son budget lui en ôtent les moyens. (Décision du conseil d'État du 9 décembre 1831).*[108]

A partir de 1834 l'enseignement de la grammaire et de l'arithmétique sont déclarées obligatoires à l'école primaire et l'édition de nouveaux ouvrages est, là encore, indispensable. On voit alors s'ouvrir un grand nombre de maisons spécialisées dans l'édition scolaire. Dès la moitié du XIXème siècle, le plus important d'entre eux est Hachette. Ancien Normalien, il était entré en librairie en 1826, obtenait son brevet, et rachetait le fonds de la librairie Brédif, magasin quasi vide d'après divers témoignages. Il se lançait alors, avec sa femme et quelques amis, dans l'édition scolaire laïque, d'abord seulement primaire. « Après la révolution de Juillet, l'administration universitaire reconnut qu'elle ne pouvait pas trouver d'auxiliaire plus utile, et elle encouragea ses efforts. La loi de 1833 sur l'instruction primaire causa un évènement important de la librairie Hachette, habilement conduite par l'esprit inventif de son chef. Livres, matériel des écoles, direction, tout manquait ; secondé par de nombreux travailleurs, Hachette pourvut à tous ces besoins. (...) En 1835, une commande de près d'un million d'exemplaires lui parvint du ministère de l'Instruction publique : 500 000 alphabets des écoles, des livrets de lecture, arithmétique, géographie,

---

[107] CHARTIER (Anne-Marie), HÉBRARD (Jean) : *Discours sur la lecture*, Paris, BPI, 1989.
[108] WERDET (Edmond) : op. cit. - p. 299-300.

histoire. D'où un contact plus étroit avec les instituteurs qui adressaient directement leurs commandes »[109]. D'autre part ses liens avec les enseignants constituent un fort appui, voire un soutien publicitaire, pour des ventes étrangères à l'édition scolaire. Le quasi monopole des commandes du ministère de l'Instruction publique lui assure, grâce au décret de 1831, ni plus ni moins qu'un revenu sûr, c'est-à-dire l'équivalent d'une subvention. Hachette siège comme seul libraire désigné, à la commission instituée en 1836 par le ministre de l'Instruction publique au titre d'attaché à ce ministère[110]. Dans la seconde moitié du XIXème siècle, quelques uns des éditeurs que nous connaissons encore aujourd'hui, se lancent également dans l'édition scolaire. En 1864, le libraire Delagrave se spécialise dans le livre scolaire. Un de ses employés du nom d'Armand Colin, qui obtient son "brevet de libraire" en 1868, deviendra un concurrent sérieux. Il invente et systématise notamment les envois de spécimens gratuits aux enseignants. Enfin Nathan ouvre en 1880. Il s'agit là de quelques exemples frappants parce que ces maisons, avec Belin, sont encore aujourd'hui des entreprises importantes. Cependant à un niveau économique moins important et plus local, le développement de l'enseignement a permis l'émergence de librairies dans des villes moyennes.

---

[109] LAROUSSE (Pierre) : *Dictionnaire universel du XIXème siècle*, tome 9, Pierre Larousse est le fils d'un charron-aubergiste de Toucy (Yonne). Il fonde ce qui deviendra la maison Larousse en 1851 et lance le premier fascicule du *Dictionnaire universel du XIXème siècle* en 1865, le dernier paraît en 1876, un an après la mort de l'éditeur. Cependant le succès de l'entreprise sera fait avant la fin du siècle. L'un de ses employés était Victor Masson, qui, « avant de quitter la maison pour fonder sa propre affaire d'édition, était chargé des relations avec les autorités académiques de province », in KRAFFT-POURRAT (Claire) : op. cit. - p. 259, d'après MISTLER (Jean) : *La librairie Hachette de 1826 à nos jours*, Hachette, 1964.

[110] Un imprimeur siège également, Delalain, président du Cercle de la librairie en 1859, qui soutient Louis Hachette lorsqu'il propose d'installer, sous son contrôle, des points de vente de livres dans les gares en 1852. A la suite de ses fonctions Hachette publie un mémoire sur *L'instruction populaire et le Suffrage universel* en 1861, dans lequel, entre autres, il prône une organisation plus rationnelle de la librairie, notamment par l'instauration de dépôt de libraires en province et dénonce la nocivité du colportage.

Ainsi en va-t-il de la librairie de René Mazeau à Nantes, future librairie Lanoë, où s'éditent et se vendent des livres destinés à l'enseignement et des ouvrages ecclésiastiques. D'ailleurs cette branche d'édition reste longtemps importante pour la librairie de province, avec bien sûr l'édition religieuse.

La librairie remonte à la Monarchie de Juillet, bourgeoise, Louis-Philiparde. (...) Elle rayonnait beaucoup au niveau scolaire. Une équipe de représentants rayonnaient à travers la campagne pour servir les petites écoles de campagne. Cette activité est restée l'activité numéro un sûrement jusque dans les années 1950-1960.[111]

La librairie est une entreprise familiale depuis 1860. Je suis la quatrième génération et mon fils la cinquième. Au départ ils étaient aussi éditeurs ... surtout à cause des problèmes de transport. La librairie vendait beaucoup par correspondance dans des missions religieuses au Viêt-nam, après guerre au Canada, puis le Canada a fermé ses frontières pour des raisons économiques, en Afrique où ça a beaucoup chuté ... puis les besoins de l'Église ne sont plus les mêmes. On s'est reconverti en librairie générale.[112]

Le développement de l'enseignement est enfin sans doute une des principales raisons qui explique l'intérêt d'un très large public pour les encyclopédies. Hachette fait paraître pour la première fois en 1858 le *Dictionnaire universel des Contemporains* de Vapereau[113]. Deux ans plus tard, la maison Belin peut se féliciter d'avoir vendu 27 à 28 000 exemplaires du *Dictionnaire de la lecture et de la conversation* publié chez eux, ouvrage qui comprend 1 512 pages au format 25 x 32 cm. Il s'agit là d'une des ventes les plus importantes en matière de livres savants au XIXème siècle. Le *Dictionnaire de la langue française* Littré, en projet dès 1841 paraît en livraison à partir de

---

[111] Ce libraire a été rencontré à l'occasion d'une enquête menée dans le cadre du travail de recherche : LEBLANC (Frédérique) : *Du statut social à la pratique professionnelle, construction dune identité professionnelle, libraire*, Thèse de doctorat, Paris VIII, décembre 1995.

[112] Libraire rencontré à l'occasion de l'enquête op. cit.

[113] NÉRET (Jean-Alexis) : op. cit. - p. 208.

1863 et rencontre également un large succès. Les sciences intéressent aussi un large public du fait des rapides évolutions scientifiques et techniques dans l'ensemble des domaines industriels. En effet le positivisme, formalisé par Auguste Comte mais déjà dans nombre d'esprits qui, à la suite de la philosophie des Lumières, laisse croire à des possibilités de progrès de l'humanité grâce aux progrès techniques, assure à la librairie savante des succès lents mais quasi certains tout au long du XIXème siècle. Les livres de sciences naturelles et les beaux-arts, qui incluent les arts mécaniques, attirent les lecteurs : en 1803, sur 1 004 nouveautés, 180 ouvrages sont consacrés aux sciences naturelles et 353 aux beaux-arts.

LES CONSÉQUENCES DE L'ÉCONOMIE DE MARCHÉ SUR LA LIBRAIRIE ET L'ÉDITION

Devant l'augmentation du lectorat populaire avec, non seulement l'accroissement du taux d'alphabétisation, mais aussi le développement de la lecture individuelle, plusieurs tentatives ont lieu durant le XIXème siècle et le début du XXème siècle pour créer des collections à bas prix. Le format dit "Charpentier", du nom de cet ancien commis voyageur du libraire Ladvocat, ramène le livre à une dimension maniable pour les lecteurs. Son essor commence véritablement à partir de 1845 et la première "Bibliothèque de poche" de l'éditeur Paulin sort en 1846. Elle fait immédiatement tache d'huile. Le format poche à petit prix tente ainsi de résister à un nouveau concurrent : le livre-magazine, édition de feuilletons illustrés, intermédiaire entre la presse et le livre.

Lorsque Charpentier s'avisa, en 1838, de coter à 3 fr. 50 c. d'élégants volumes, grand in-18 (...) cotés, de temps immémorial, de 7 fr. 50 c. à 9 fr., il opéra une véritable révolution en librairie.[114]

Toutefois le mouvement général de polarisation de classe au XIXème siècle due à une montée en puissance numérique de la classe ouvrière perçue comme de plus en plus

---

[114] WERDET (Edmond) : op. cit. - pp. 139.

terrifiante par les classes bourgeoises[115] n'épargne pas le domaine de la librairie. A partir de la seconde moitié du XIXème siècle, les différences sociales divisent et séparent les classes en matière de culture : de la même façon que des personnes de conditions sociales différentes vont progressivement habiter dans des quartiers différents, elles n'iront plus au théâtre ensemble et ne liront plus les mêmes livres. A partir de 1848 le roman populaire et le roman "littéraire" se scindent donc en deux courants qui deviennent petit à petit antagonistes et les éditeurs commencent à spécialiser leurs collections.

Mais désormais, le livre est donc ainsi une marchandise financièrement accessible à tous. Cela n'empêche pas que, pendant le second Empire, le roman ne soit à peu près plus lu qu'en feuilleton. En outre, la baisse du prix des livres a un effet bénéfique sur la clientèle, en réduisant les marges des libraires, il bloque le développement de points de vente spécialisés dans la vente des livres.

Je ne puis m'empêcher de déplorer, [tant] dans l'intérêt du libraire-éditeur que de l'auteur, le bon marché excessif de ces ouvrages qui ne laissent pas 10 p. 100 de bénéfice net à l'entrepreneur, et moins encore au libraire intermédiaire des départements qui a des frais à payer.[116]

L'autre caractéristique de la librairie et de l'édition du XIXème siècle est l'augmentation du nombre d'éditions et du volume des tirages. Dès le premier tiers du XIXème siècle la diffusion à grande échelle concerne tous les domaines de la librairie (jusqu'aux "grands illustrés", beaux livres destinés à une élite, qui, tout en restant réservés à une clientèle aisée, sont désormais tirés en "grand nombre", c'est-à-dire à quelques centaines d'exemplaires au lieu de quelques dizaines). Le nombre de titres est également en augmentation considérable. Lors d'une période faste pour l'édition littéraire de 1877 à 1885, il sort en moyenne 13 000 titres par an avec une pointe de 14 000 titres en 1879. Par contre la librairie connaît des crises de surproduction. « En

---

[115] CHEVALIER (Louis) : op. cit..
[116] WERDET (Edmond) : op. cit. - p. 141.

1910[, durant une période stable,] (...) il se publie 1 155 romans, 492 recueils de poésies, 291 ouvrages sur les beaux-arts, 66 ouvrages sur l'aviation, 930 volumes d'histoire, 458 sur l'armée et la marine, 541 pièces de théâtre (sur un total de 10 830 volumes déposés) »[117]. Mais ces successions d'état de crise et de prospérité de l'édition ne traduisent plus un dysfonctionnement d'un système contrôlé, comme c'était le cas sous l'Ancien Régime, elles sont au contraire le signe de l'entrée effective de l'édition dans l'économie de marché. Désormais le commerce des livres est principalement déterminé par la loi de l'offre et de la demande.

Alors que jusque-là les vogues pour un type de livres pouvaient durer plusieurs dizaines d'années, à la fin du XIXème siècle les goûts des publics changent de plus en plus rapidement et ne s'attachent plus en majorité à un type de livre précis. Il faut donc maintenant à tout prix s'adapter aux attentes des publics, voire les anticiper. Il n'est plus possible pour l'éditeur de chercher à imposer des livres aux clients tant le choix est devenu grand et tant il est maintenant facile au lecteur de trouver ailleurs le livre recherché. Cette fois les éditeurs n'ont plus le choix et ceux qui veulent accéder à une position importante dans l'édition n'ont d'autre solution que de se plier au mode de fonctionnement capitaliste. Dès les années 1880, le temps n'est donc plus aux souscriptions mais aux investissements lourds et aux prévisions à long terme. Les plus grandes maisons d'édition lancent de gros tirages de livres de vente rapide de manière à avoir un fonds en renouvellement constant permettant de rentabiliser les investissements. C'est notamment le cas d'Hachette, de Calmann-Lévy, Marpon et Flammarion[118], Fayard, Jules Tallandier, plus tard Albin Michel etc. Les plus

---

[117] NÉRET (Jean-Alexis) : op. cit. - p. 283.

[118] Flammarion se lance dans l'édition avec un livre écrit par son frère avant de racheter une imprimerie rue Racine. Quelques temps avant la Première Guerre Mondiale, après avoir racheté en 1874 la librairie Marpon fondée en 1848, il dépasse en importance la maison Calmann-Lévy. Au XXème siècle la maison s'oriente franchement vers la littérature.

"solides" de ces maisons sont celles qui publient à la fois des titres populaires, de vulgarisation, de "haute littérature", des livres d'étrennes et des classiques. Elles consacrent tous leurs efforts à l'édition et s'appuient sur des librairies personnelles, au lieu de confier la vente à des intermédiaires. « D'assez bonne heure, bien des industriels avaient pris conscience de ce que [l'importance prise par les commissionnaires] présentait de redoutable pour leur indépendance, et ils avaient tenté d'échapper à son emprise. Désireux de toucher directement l'acheteur, ils avaient établi, dans les grands centres de vente, des dépôts, qu'ils géraient par l'intermédiaire de leurs propres agents. (...) Dès 1842, la Papeterie dauphinoise de Pont-de-Claix, disposait d'un magasin dans la capitale, qui, en 1865 était devenu une importante affaire de vente en gros »[119]. L'édition ne comprend les nœuds du système capitaliste que plusieurs dizaines d'années plus tard. Elle rattrape alors rapidement son retard et devient une industrie, et en ce sens, se détache nettement de la librairie, même si certains éditeurs considèrent encore les libraires comme des confrères. Les règles du marché se modifient profondément durant le XIXème siècle, exigeant une adaptation sans cesse renouvelée de la part des éditeurs.

3- Les débuts de la librairie dans le commerce des livres

En 1802 et en 1803 sont respectivement fondées les Chambres de commerce et les Chambres des manufactures[120]. Pourtant, même si les lois Allarde et Le Chapelier ont libéralisé le commerce et ouvert des perspectives nouvelles, il faut attendre 70 ans pour que le nombre de commerçants patentés, toutes spécialités confondues, double. De 900 000 en 1815, ils

---

[119] BRAUDEL (Fernand), LABROUSSE (Ernest) : op. cit. tome III/ - p. 287.
[120] BRAUDEL (Fernand), LABROUSSE (Ernest) : op. cit. tome III/ - p. 73.

passent ainsi à 1 437 000 en 1850, puis à 1 923 000 en 1884[121].
« Le Code du Commerce [institué en 1807], comme l'ancien droit, ignorait la notion de propriété commerciale puisqu'il supposait toujours que le commerçant se livrait au commerce avec toute sa fortune. Ce n'est qu'en 1872 qu'apparut légalement la notion de fonds de commerce, à l'occasion d'une loi fiscale qui soumettait les ventes de fonds de commerce à un droit de mutation, entérinant une pratique ancienne d'une quarantaine d'années au moins »[122]. Cette invisibilité est une des raisons pour lesquelles le commerce de la librairie est si difficile à saisir. Le fait que le secteur du commerce soit longtemps resté dans l'ombre n'est pas sans effet sur le nouveau statut social des libraires.

LA LIBRAIRIE QUITTE L'ARTISANAT POUR LE COMMERCE

Pour tenter de décrire le visage de la librairie en France à ces débuts, force est de se fier aux comptabilisations professionnelles et policières, lorsqu'elles existent, tout en restant sceptique sur leur valeur de représentation d'une réalité. Ainsi par exemple, en 1804 le Tableau de la librairie recense les libraires de Paris "qui ont des ouvrages de fonds". Dans ce classement, différents types de librairies sont dénombrés séparément et la librairie de détail se trouve divisée en deux branches, l'une "ancienne" et l'autre "nouvelle". 310 librairies sont ainsi comptabilisées : 121 librairies modernes, 52 spécialisées dans la librairie ancienne, 55 dans le moderne et l'ancien, 44 dans les nouveautés tenant un cabinet de lecture, 17 dans des techniques diverses (pour la plupart en même temps maison d'édition), 8 dans les livres de piété, et environ 10 dans le rayon classique. Mais la librairie connaît encore un brusque développement durant le premier tiers du XIXème siècle grâce aux effets cumulés de la libéralisation des métiers et à un calme politique relatif. Malgré l'instauration du brevet par certains préfets, il semble qu'elle commence réellement à se développer

---

[121] BRAUDEL (Fernand), LABROUSSE (Ernest) : op. cit. tome III/ - p. 282.
[122] BRAUDEL (Fernand), LABROUSSE (Ernest) : op. cit. tome III/ - p. 153.

dès 1810. On peut d'ailleurs se demander si cette instauration du brevet n'a pas été décidée par le pouvoir devant la brutalité de l'augmentation du nombre de points de vente du livre. Mais il faut aussi tenir compte de ce que cette mesure permet de compter plus précisément les librairies même si certaines perdurent dans l'illégalité. Toujours est-il qu'en 1826 on compte à Paris 434 libraires brevetés non imprimeurs, 24 imprimeurs-libraires, 81 bouquinistes et 9 cabinets de journaux[123].

Mais comme l'ensemble des secteurs économiques, le développement de la librairie se trouve tout à fait disproportionné selon les lieux géographiques. « La commission d'enquête, formée par la Librairie en 1829, venait (...) de présenter l'état lamentable du marché provincial : "dans les villes de province les plus considérables, à peine compte-t-on 8 ou 10 libraires brevetés. Dans les villes secondaires, il y en a moins encore ; et parmi les villes de troisième ordre, il en est beaucoup qui n'en n'ont pas un seul. C'est quelquefois un papetier, un marchand mercier qui tient dans le fond de sa boutique quelques centaines de volumes, le plus souvent des romans oubliés depuis vingt ans ; et les publications nouvelles, à l'exception peut-être de quelques productions qui se font jour à force de scandale, ne parviennent jusque-là qu'avec une difficulté excessive »[124]. Là encore il est nécessaire de relativiser ces données tant les documents parvenus jusqu'au XXème siècle peuvent être parcellaires, en particulier pour les bazars qui vendent des livres, mais aussi parce que les données de police ne sont pas fiables dans toutes les villes. Mais il est incontestable qu'après une crise qui touche tout le secteur du livre dans les années qui précèdent 1830 jusque vers 1835, la librairie repart de plus belle. Mais au fur et à mesure que les points de vente du livre se multiplient, rapidement se distinguent deux types de magasins. Dans l'un ne se vendent que des livres et éventuellement des produits liés à ce commerce

---

[123] Les données chiffrées de ce paragraphe proviennent de l'ouvrage de NÉRET (Jean-Alexis) : op. cit. - p. 130.
[124] PARENT-LARDEUR (Françoise) : op. cit. - p. 95-96.

puisque cette librairie est désormais viable grâce à l'extension des réseaux commerciaux.

> *Au départ ce n'est pas vraiment une librairie pure comme on l'entend aujourd'hui. Dans une toute petite ville de garnison de province comme la nôtre, c'est surtout un magasin où l'on sert beaucoup l'École de cavalerie, donc une clientèle particulière pour des manuels d'équitation qu'on édite soi-même, et de la papeterie de bureau et un certain nombre de marchandises autour de ce produit. Le livre doit être par contre, me semble-t-il, une activité un tout petit peu marginale dans le sens "vente de romans" parce que je ne pense pas qu'une librairie à cette époque-là subsiste uniquement en vendant des romans.* [125]

E. Werdet, lui-même libraire-éditeur, décrit avantageusement comme à son habitude, mais de façon très ambiguë le métier de libraire seulement marchand.

> *Aujourd'hui, en 1859, je (...) dirai (...) que je ne trouve pas de profession plus honorable, que celle de libraire-marchand breveté, réunissant à l'amour du travail l'intelligence des affaires, l'ordre et l'économie dans les dépenses.*
> *Je ne connais pas de profession plus attrayante, plus paisible, plus honorable, (...) que celle du simple libraire qui se borne, d'après la loi, à acheter et à vendre des livres imprimés, anciens ou modernes.* [126]

Dans l'autre type de boutiques se vendent en même temps que des livres, des produits tout à fait différents tels des vêtements, des produits alimentaires. Dès la moitié du XIXème siècle, une part importante des points de vente de livres de province sont en effet des "bazars".

D'ailleurs la liberté du commerce, totalement rétablie en 1870 pour la librairie, permet à de nombreuses personnes non pas forcément de "devenir libraire", mais de vivre au moins partiellement de la vente de livres. Les ouvertures de magasins de livres ne se font pas attendre et leur nombre augmente brutalement. Cet accroissement n'est pas du tout du goût du Cercle de la Librairie qui craint encore une fois que la libéralisation du

---

[125] Libraire rencontré à l'occasion de l'enquête op. cit.
[126] WERDET (Edmond) : op. cit. - pp. 304-305 et p. 339.

commerce de librairie profite, non seulement aux commis de librairie les plus expérimentés, mais aussi à des personnes n'ayant aucune connaissance en librairie. Pour J-A. Néret ce phénomène a eu une influence éminemment négative sur la librairie. « N'importe qui vendra du livre ; en 1888, sur 84 libraires bordelais recensés dans l'annuaire, on trouve une quinzaine de papeteries-journaux ; 8 sur 49 à Toulouse, 10 sur 22 à Dijon, 8 sur 33 à Marseille, à Nice 10 sur 36. Or en 1860 il n'y avait, par exemple que 15 librairies à Nice, 52 à Bordeaux. [Aux côtés de ces libraires autorisés, des vendeurs] ajoutent toutes sortes d'activités commerciales —et les plus inattendues— à la librairie, [et l'on compte] d'innombrables soldeurs, revendeurs, habilleurs, étalagistes »[127]. En fait ce que refuse J-A. Néret c'est une fois de plus d'accorder quelque valeur à la vente. Apparaît ainsi à la fois un nombre très important de librairies, et l'ambiguïté que contient déjà ce terme dans le manque de précision de sa signification qui ne fait que commencer. Si, au début du siècle, peu de libraires sont abonnés à la *Biblio*, répertoire de tous les ouvrages disponibles, dans les années 1950 ils ne sont pas beaucoup plus nombreux : « sur 20 000 "vendeurs", on compte 2 200 abonnés. La présence de ces "vendeurs" est évidemment tragique pour les 2 000 vrais libraires privés des ventes faciles par ceux qui n'ont *aucun* livre de fonds »[128].

En fait, durant tout le XIXème siècle, nombreux sont les libraires qui n'ont pas quitté l'artisanat. « Les artisans qui travaillent directement pour une clientèle multiple disposent d'une autonomie plus ou moins large. Groupe social aux marges incertaines et changeantes, l'artisanat dans sa couche supérieure se différencie mal de la petite bourgeoisie. Dans sa couche inférieure il glisse lentement et par à-coups vers le prolétariat. Mais, au total, le groupe se défend bien. Il tient avant tout à son indépendance. Les vieux métiers —des petits métiers ambulants des rues aux multiples métiers en boutique— vivent ou survivent longuement. C'est cet ensemble de prolétaires, d'ouvriers artisa-

---

[127] NÉRET (Jean-Alexis) : op. cit. - p. 228.
[128] In NÉRET (Jean-Alexis) : op. cit. - p. 264, note (I).

naux et d'artisans qui forme un monde du travail sur lequel, en 1815 et jusqu'aux premières décennies du XXème siècle, pèse plus ou moins lourdement le poids du passé »[129]. Cette description s'applique parfaitement à la librairie dans le sens de point de vente du livre. Si certains libraires parisiens en vue, au nombre desquels figurent la plupart des 118 libraires parisiens dont E. Werdet dresse une succincte biographie dans son ouvrage, confinent effectivement à la bourgeoisie, il en va tout autrement de la majorité des libraires, même sans inclure les boutiques dans lesquels le livre n'est qu'un produit accessoire. La librairie reste constituée pour une part importante de petites boutiques auxquelles sont rattachées de (très) petits ateliers d'imprimerie artisanale, non seulement dans la capitale et les grandes villes, mais aussi, et surtout, dans les villes de province de taille plus modeste. « Ce n'est que très progressivement que le commerce conquiert son autonomie, en se détachant de l'artisanat, auquel il restait souvent lié, et surtout de la banque évoluant vers une spécialisation rendue indispensable (...). De même le commerce de gros se sépare, plus nettement que sous l'Ancien Régime, du commerce de détail, il s'applique, par préférence, à certains produits, voire à certaines régions (...). Il s'agit d'entreprises de faible envergure, d'installations exiguës, mal éclairées, où le souci d'une présentation artistique, ou simplement agréable, est pratiquement absent. Les stocks se révèlent faibles et ils ne se renouvellent que lentement ; les clientèles demeurent médiocres et les prix ne sont pas véritablement fixes : leur flottement engendre le "marchandage", générateur de pertes de temps, à une époque qui tend, par tous les moyens, à en gagner. Quant au personnel, il est largement familial : le patron assure la vente, sa femme tient la caisse, assistée, au maximum, de deux à trois commis, que vient aider un apprenti-coursier »[130]. Là encore ces quelques lignes semblent décrire la plupart des librairies du XIXème siècle. Ces deux caractéristiques : séparation

---

[129] BRAUDEL (Fernand), LABROUSSE (Ernest) : op. cit. tome III/ - p. 770-771.
[130] BRAUDEL (Fernand), LABROUSSE (Ernest) : op. cit. tome III/ - p. 283.

douloureuse de l'artisanat et développement du commerce dans le sens de la séduction du public encore faible ne deviennent largement dominantes dans la librairie de l'ensemble du territoire français qu'après la Première Guerre mondiale, dans le sens d'une évolution générale du commerce et non de la seule librairie.

LA VALEUR SOCIALE DU STATUT DES NOUVEAUX LIBRAIRES DANS L'ÉCONOMIE DE MARCHÉ

« Au XIXème siècle, [les classes populaires comportent] un noyau dur : le monde ouvrier, auquel s'ajoute une large fraction de la boutique et de l'artisanat qui vit en symbiose avec lui »[131]. La grande majorité des libraires fait partie de cette classe populaire. Mais, ce n'est pas seulement leur pauvreté qui explique la si basse valeur sociale de l'artisanat à partir du XIXème siècle. En effet, alors qu'ils étaient les seuls fournisseurs de produits manufacturés sous l'Ancien Régime, à l'époque de l'essor du capitalisme industriel, les artisans deviennent de plus en plus des signes gênants de sous-développement industriel par rapport aux pays voisins déjà plus avancés dans cette voie. En outre, du fait de la relative invisibilité légale et sociale du commerce, les libraires exclusivement commerçants sont de manière générale socialement assimilés aux artisans. Même si l'entrée du commerce dans l'ère du capitalisme n'est pas un enjeu aussi important que pour l'artisanat proprement dit, les petits commerçants font partie intégrante des classes populaires les moins favorisées. Si quelques libraires jouissent d'une certaine respectabilité sociale au sein des commerçants au XIXème siècle parce qu'ils continuent dans l'artisanat, ils ne récupèrent pas la hauteur du statut qu'ils auraient pu avoir avant la Révolution, à moins d'être à la tête d'une maison d'édition importante, mais, au fur et à mesure du siècle, c'est de plus en plus une autre activité. Ainsi, même si la situation, en termes de niveau de vie, des libraires sous l'Ancien Régime était loin d'être systématiquement enviable,

---

[131] BRAUDEL (Fernand), LABROUSSE (Ernest) : op. cit. tome IV/. - p 63.

elle était du moins socialement plus valorisée et valorisante que celle des libraires du XIXème siècle en général. Or ce n'est pas l'association des colporteurs avec les libraires dans la même catégorie de commerçants qui a provoqué cette chute de prestige social. L'explication ne peut pas non plus être trouvée dans la seule montée en puissance des éditeurs dont la position sociale n'est pas tout de suite élevée. Il semble plutôt que les libraires n'aient pas su saisir plusieurs opportunités qui se sont présentées à eux pendant le XIXème siècle pour rehausser socialement leur position et leur statut.

De l'analyse parsonnienne des professions au sens anglo-saxon, découlent « les formes d'exercices et d'organisation des métiers professionnalisés »[132], c'est-à-dire les plus valorisées socialement. « "Professionnalisation" (...) [désigne] le processus selon lequel un corps de métier tend à s'organiser sur le modèle des professions établies (...) [c'est-à-dire] des métiers (médecine, barreau, etc.) qui ont développé un ensemble de caractéristiques spécifiques, monopole d'exercice de certaines fonctions, contrôle des praticiens par leurs pairs, etc »[133]. Peuvent être ainsi qualifiées les entreprises de certains libraires au XIXème siècle dans le sens du retour du contrôle de l'entrée dans le métier par les libraires eux-mêmes, doublées de la tentative d'instauration d'un diplôme nécessaire à l'exercice de l'activité de librairie. L'une d'elle, est la distinction légale entre plusieurs types de librairies. Dans le livre qu'il publie en 1847, le libraire Hébrard se plaint de la décadence de la librairie : « c'était bien la peine d'instituer le régime du brevet, puisque des hommes qui n'ont aucune compétence, aucune

---

[132] CHAPOULIE (Jean-Michel) : Sur l'analyse des groupes professionnels, *La Revue Française de Sociologie*, XIV-2, 1973. - p. 93.

[133] CHAPOULIE (Jean-Michel) : op. cit. - p. 89. Le mot "métier" est utilisé dans le sens le plus neutre, c'est-à-dire ce que d'autres désignent par "occupation", ou mieux, "activité rémunérée", et le langage commun par "activité professionnelle" ou "profession".

capacité, peuvent se mêler de librairie »[134]. Faute d'obtenir le rétablissement des corporations, certains libraires réclament alors que soient nettement distingués, a-u besoin à l'aide d'un règlement, les différents types de librairies. « On devrait faire une différence entre un étalagiste et un libraire, et ne point donner cette qualification à un ramassis de gens illettrés qui vendent et achètent des livres suivant leur format ... les boulevards et les rues sont encombrés de ces gens-là »[135]. Il propose la séparation entre libraires-éditeurs, libraires antiquaires (librairie ancienne), libraires détaillants et libraires-commissionnaires qui devraient se satisfaire de la vente au détail moyennant un droit de vente, ou bien se contenter de recevoir des livres en dépôt pour les proposer aux clients, avec la possibilité de restituer les invendus à l'éditeur dépositaire une fois passé un certain délais. E. Werdet propose une autre démarcation, mais tout aussi ferme :

> *Est libraire chez nous qui veut, mais non point éditeur, comme s'intitulent la plus grande partie des libraires. Il s'agirait d'établir désormais entre ces deux titres une ligne de démarcation bien tranchée, que nul ne pourrait franchir sans certaines conditions préalables.*[136]

Une proposition plus intéressante encore est celle de l'instauration d'un diplôme ouvrant le droit à l'exercice du métier et dont l'acquisition doit être préalable à la demande du brevet. Elle voit le jour dès le début du XIXème siècle. Divers arguments sont alors développés. Ainsi la proposition de Courtin, rédacteur en chef de *L'encyclopédie moderne* :

> *"On exige (...) des études longtemps suivies et faites avec fruit des hommes qui se destinent à l'exercice de la médecine, de la jurisprudence, du génie civil et militaire, etc. (...) Certes, il serait très difficile de trouver un homme qui possédât toutes les connaissances nécessaires pour juger tous les ouvrages qui*

---

[134] HÉBRARD (Jean) : *De la librairie, son ancienne prospérité, son état actuel, causes de sa décadence, moyen de régénération*, librairie Jean Hébrard, Paris, 1847, in NÉRET (Jean-Alexis) : op. cit.

[135] Propos d'un libraire, in NÉRET (Jean-Alexis) p. 132.

[136] WERDET (Edmond) : op. cit. - p. 379-380.

peuvent embrasser toutes les branches de la librairie ; serait-il donc si difficile d'astreindre les prétendants au brevet de libraire à suivre des cours, à subir des examens sur celle de ces branches auxquelles ils voudraient spécialement se consacrer, et de ne leur accorder que des diplômes spéciaux pour les parties seules dans lesquelles ils se seraient distingués ? Alors la classe des libraires-éditeurs serait honorable comme elle le devrait être".[137]

E. Werdet quant à lui s'appuie sur le fait que de plus en plus de postes de l'administration requièrent des personnes diplômées, pour appuyer la même demande. Il propose aussi qu'une loi institue une distinction entre les libraires-marchands et les libraires-éditeurs et impose par la même occasion que tout prétendant au brevet de libraire justifie d'un apprentissage de quatre ans chez un libraire attesté par un certificat signé par trois libraires pour faire preuve de ses connaissances du métier devant une commission d'hommes choisis par le ministre de l'Intérieur ou de l'Instruction publique. Le candidat devrait aussi avoir le niveau d'instruction requis pour un instituteur primaire pour pouvoir accéder au brevet de libraire marchand, et celui de bachelier ès lettres pour pouvoir prétendre au brevet de libraire-éditeur. E. Werdet propose enfin que seuls les libraires-éditeurs aient désormais le droit d'imprimer ou réimprimer un ouvrage, ou de le faire faire. Toutes les exigences de création d'un diplôme spécifique et le contrôle du métier par les pairs sont bien des signes de volonté de "professionnalisation" de la librairie.

Si aucun diplôme de ce type n'est finalement mis en place, au XXème siècle la pression reste telle qu'à la demande, tant des éditeurs que des libraires, le Cercle de la Librairie met en place des cours de librairie comportant un an d'enseignement général et un an de cours spécialisés dans la librairie ou dans l'édition. La volonté d'instauration d'un diplôme de libraire ne disparaît pas pour autant. Dans les années 1950, quelques universitaires proposent de n'autoriser l'accès à la librairie qu'aux

---

[137] In WERDET (Edmond) : op. cit. - p. 376-378.

détenteurs d'une licence de Lettres. J-A. Néret s'insurge contre cette exigence mais demande l'instauration de cours professionnels et de stages en librairie, « un simple "CAP" découragerait, en somme, les bonnes volontés occasionnelles et les "littéraires" en mal de petit commerce (...) on espère qu'un Ordre demanderait aux libraires ainsi habilités une certaine tenue professionnelle et que l'éditeur n'ouvrirait de compte courant qu'aux seuls libraires justifiant avoir engagé un capital convenu dans un fonds d'ouvrage de vente lente (...) La création d'une carte professionnelle est à l'étude au ministère du Commerce, et un projet de loi prévoit cette garantie d'un titre dont trop de commerçants se parent sans le métier »[138]. En effet, une majorité écrasante de libraires n'a pas de qualification en librairie et/ou ne la juge pas nécessaire. Mais ce qui est surtout intéressant ici est la permanence de l'opposition entre "métier" et "commerce". En outre, ces diverses exigences de formation spécifique par tous les professionnels de la librairie pour les libraires ne sont pas d'abord souhaitées pour préparer l'avenir du métier, il s'agit bien davantage d'une attitude protectionniste visant avant tout à réserver aux seuls "bons" libraires, détenteurs du savoir-faire minimum requis, la possibilité d'exercer.

  Du fait de l'échec de l'ensemble des tentatives de "professionnalisation" des métiers de libraire et d'éditeur, la librairie demeure un métier, c'est-à-dire une activité professionnelle demandant une certaine technicité mais légalement ouverte à tous. Cet échec s'explique notamment par la modification de la structuration même de la société : constituée de corps de métier sous l'Ancien Régime, elle est désormais basée sur l'existence de classes sociales. « Un "corps" est (...) —pour autant que toutes ces caractéristiques soient réunies, ce qui n'est pas toujours le cas— un groupe humain défini par le mode de vie, les notions de considération dans leur acception conventionnelle spécifique et les chances économiques monopolisées juridiquement ; ce groupe humain n'est pas toujours

---

[138] NÉRET (Jean-Alexis) : op. cit. - p. 306. Ce projet n'a en fait jamais abouti.

organisé en groupement (*Verband*), mais il est toujours socialisé (*vergesllschaftet*) d'une manière ou d'une autre *Commercium* (au sens de commerce "social") et connubium entre groupes sont les signes typiques d'une *équivalence reconnue* entre corps ; leur absence signifie des différences entre corps. Par "situation de classe" (*Klassenlage*) doivent être désignées, à l'opposé, d'une part les chances d'acquisition et de gains conditionnées en premier lieu par des situations *économiques* typiques c'est-à-dire des possessions d'un certain type, ou la capacité (acquise) d'effectuer certaines prestations désirées, et d'autre part les conditions de vie générales et typiques qui découlent de ces situations économiques (par exemple, la nécessité de se soumettre à la discipline d'un atelier appartenant à un propriétaire de capital) »[139]. Les libraires sont donc passés d'une situation de corps à une position de classe, transformation au cours de laquelle ils n'ont pas su ou pu conserver leur prestige social en reconstituant un corps. Quelques soient leurs efforts en ce sens, ceux qui le revendiquent sont trop minoritaires dans l'ensemble des commerçants du livre. En outre, les métiers de libraire et d'éditeur n'ont plus l'importance politique et sociale qu'ils avaient avant l'apparition de la presse pour que, même leurs membres les plus éminents, soient en mesure d'imposer leurs vœux. Mais les libraires ne peuvent pas non plus se revendiquer du groupe des métiers du livre puisque celui-ci a disparu sous les effets de la division du travail. Ils se trouvent désormais éparpillés dans des groupes sociaux distincts. Les libraires rejoignent donc, non le groupe des artisans puisque le XIXème siècle correspond justement au moment où la librairie se sépare de la partie de son activité en rapport avec la production, mais le groupe des petits commerçants.

---

[139] WEBER (Max) : *Essais de sociologie des religions*, op. cit. - p. 65-66.

Conclusion

La Première Guerre mondiale marque la fin de la première période de transformation de la librairie de l'Ancien Régime en librairie moderne, en ce qu'elle accélère ou rend irréversible un certain nombre de mutations en cours, « le bon sens ne se trompe pas qui sépare l'avant et l'après-14 »[140]. Certaines caractéristiques de la librairie du XIXème siècle perdurent cependant encore après la Seconde Guerre mondiale, notamment dans les villes de province de petite ou moyenne importance tant que libraires et éditeurs ont mutuellement besoin de conserver des formes archaïques de coopération et de travail. Mais à partir de 1892, la librairie ne subit plus que des transformations, certes réelles, mais superficielles puisque les bases de la librairie d'aujourd'hui sont posées, notamment en matière de division du travail et d'organisation du commerce. Il en va ainsi même jusqu'aux sujets de querelle, qu'il s'agisse des récriminations contre les libraires qui déshonorent l'ensemble "des libraires par leur manque de connaissance du domaine ou leur manque de compétence", des griefs contre des "vendeurs de livres qualifiés à tort de libraires", du risque de disparition des libraires qui s'efforcent de constituer des fonds "de qualité", ou des plaintes à propos des éditeurs qui ne comprennent pas suffisamment les difficultés du travail de libraire ou qui ne prennent pas assez en compte leurs attentes, voire qui ont des attitudes de "marchands de soupe". Le XXème siècle ne voit que le perfectionnement de

---

[140] BRAUDEL (Fernand), LABROUSSE (Ernest) : op. cit. - tome IV/ - 1ère page de couverture.

tous les rouages indispensables au bon fonctionnement de ce nouveau métier de libraire, distribution et diffusion pour les grand principes, mais aussi du système de "l'office", "remises", "réassorts", "retours".

L'abolition des corporations a permis la disparition de la distinction légale et sémantique entre deux catégories de libraires, les sédentaires et les ambulants, mais elle n'a pas effacé les origines de ces distinctions. « Tout naturellement, les structures du passé manifestent-elles une longue résistance, et elles ne s'effacent que lentement et inégalement »[141]. Elle n'a donc fait que masquer des antagonismes bien réels non seulement dans les faits mais aussi dans les esprits sous une apparente uniformité.

Du fait de la perte de l'importance du contenu politique des livres, sous la double influence de l'apparition d'un autre média plus efficace, la presse, et d'une évolution de la société globale vers un plus grand libéralisme qui aboutit à l'abandon de la censure au début du XXème siècle, les rôles des libraires dans la politique générale, voire dans les destins des personnages politiques, s'estompent jusqu'à disparaître. En même temps se passe un autre bouleversement fondamental dans les métiers du livre : ce sont les éditeurs qui conservent le rôle de producteurs de livres qui avait toujours été celui des libraires depuis les débuts de l'imprimerie, laissant à ces derniers celui de vendeur. Les conséquences de cette inversion de pouvoir au sein des métiers du livre ont une double conséquence : dans le champ des métiers du livre, les libraires se retrouvent en bout de chaîne c'est-à-dire dans une situation où ils sont susceptibles de supporter l'ensemble des pressions des autres protagonistes du champ, et dans la société globale, en tant que commerçants, ils se trouvent classés dans une catégorie socialement et culturellement dominée. Les colporteurs qui s'installent ne gagnent pas plus de prestige social que les colporteurs d'autres marchandises qui se sédentarisent, et certainement pas autant en tout cas qu'il leur aurait été possible d'en

---

[141] BRAUDEL (Fernand), LABROUSSE (Ernest) : op. cit. - tome III/ - p. 282.

acquérir sous l'Ancien Régime. Le fait marquant du XIXème siècle est donc le passage des libraires d'un statut dominant[142] dans l'ensemble de la bourgeoisie marchande et productive et dans les métiers du livre, à un statut, incluant tous les commerces du livre mais dominé dans le champ des métiers du livre comme dans l'ensemble de la société.

---

[142] Les notions de "dominant" et "dominé" sont à considérer dans la relation de pouvoir qui existe entre deux personnes ou groupes dans un champ déterminé. Une relation dominant/dominé peut donc théoriquement rester stable, s'inverser ou se trouvée dissoute dès lors que l'on considère les positions respectives des mêmes personnes ou groupes dans un champ différent.

Chapitre 3

LIBRAIRE, UNE ACTIVITÉ PROFESSIONNELLE NON RECONNUE SOCIALEMENT

FIN DU XXème SIÈCLE

Aujourd'hui la distinction entre "libraires" et "vendeurs de livres", opposant des professionnels censés être "compétents" à des professionnels qualifiés de "simples commerçants", est toujours fortement classante dans le commerce des livres. Pourtant, il est impossible de la justifier *a priori* par une quelconque délimitation légale ou par des rôles spécifiques. Cependant, une distinction qui perdure dans le langage des professionnels du livre ne peut être vide de sens social et l'éclaircissement de son fondement et de ce qu'elle produit socialement s'impose. Elle exige du sociologue de comprendre le mécanisme d'une telle construction qui est un enjeu, aujourd'hui comme hier, de reconnaissance sociale pour la profession et ceux qui l'exercent. Or, il est impossible de trouver une définition d'un "libraire", à la fois précise et communément reconnue par des professionnels comme par les institutions. Pourtant, cette caractéristique est aussi nécessaire qu'insuffisante. Mais, a contrario, ne faire référence qu'au commerce, n'est pas plus satisfaisant pour définir un "libraire", au moins parce que cette caractéristique économique regroupe les libraires qui ne vendent que des livres et des entreprises qui ne consacrent qu'une faible part de leur chiffre d'affaires aux livres. Enfin, se focaliser uniquement sur l'antagonisme commerce-culture empêche de considérer la façon dont les libraires conçoivent leur activité et se construisent une identité professionnelle alliant ces deux caractéristiques réputées antagonistes.

   Pour situer socialement la librairie, force est donc de partir d'une base tangible, en l'occurrence, la seule qui existe ici est sa position dans les classements institués. Or ceux-ci rendent très difficile, voire infaisable, le repérage de l'ensemble des libraires. En outre ils ne considèrent que l'appartenance des libraires au secteur du commerce. Même si cette composante de la librairie est indéniable, elle ne suffit pas à repérer son statut social. C'est pourquoi il faut recourir à des outils plus spécifiquement sociologiques, et passer par l'analyse de la pratique quotidienne du travail pour cerner le métier de "libraire" et, par là même, justifier sociologiquement la distinction du langage courant entre "libraire" et "vendeur de livre".

Dans un premier temps il s'agit donc de définir ce que recouvre le terme de "libraire" dans les classements de l'INSEE, et d'observer la position sociale du commerce des livres aujourd'hui. Ce n'est qu'après que le métier sera appréhendé, non seulement tel qu'il se pratique aujourd'hui, mais aussi à travers l'identité professionnelle qu'il permet de se construire. Face à l'impossibilité de repérer a priori ces libraires, le travail a été mené avec quatre groupements professionnels de libraires qui, tous, défendent une conception particulière du métier de "libraire" et qui permettent de saisir des nœuds de la construction d'une identité professionnelle dont il faut éclaircir les fondements. Ce passage par la construction d'une identité professionnelle alliant commerce, culture, pratique quotidienne et distanciation par rapport à une image trop floue du métier, permet seul de saisir le métier de libraire d'aujourd'hui.

I/ *La librairie aujourd'hui*

1- Un statut social flou et peu valorisant

« L'identification d'un objet de la pratique quotidienne, produit de la vie sociale, avec un concept (construit en principe selon les règles du raisonnement scientifique) fonctionnant comme élément d'une théorie qui vise à rendre compte de manière générale de la structure, du fonctionnement, sinon de la genèse historique des corps professionnels, ne va nullement de soi »[1]. L'entreprise est encore plus difficile lorsque le terme utilisé dans le langage commun pour désigner l'objet de recherche cache une grande diversité de situations et de pratiques parce qu'il masque un vide de définition flagrant. Il convient donc de faire le point sur ce qui est au fondement même de l'activité des libraires d'aujourd'hui, l'appartenance au secteur du commerce, et d'en observer les conséquences sur leur statut social. Ce n'est qu'ensuite que seront recensées les possibilités dont disposent les libraires pour faire valoir la principale caractéristique qu'ils s'efforcent de mettre en avant : leur rapport à la culture.

LE COMMERCE DES LIVRES, UN SECTEUR DE PEU D'INTÉRÊT

Si la librairie n'est plus une activité reconnue et considérée comme socialement valorisante, c'est parce qu'elle a peu à peu perdu ses liens avec la création pour ne plus être investie que du rôle de diffusion. Mais, en tant que commerce, elle n'a pas non plus suscité l'intérêt des chercheurs. En effet, si la sociologie a fait du travail une de ses préoccupations, c'est bien

---

[1] CHAPOULIE (Jean-Michel) : op. cit - p. 89.

parce qu'il permettait de saisir le fonctionnement général des sociétés. Les "pères fondateurs" de la sociologie, tels que K. Marx, E. Durkheim, M. Weber, et dans la génération suivante Halbwachs, se sont ainsi largement intéressés à la problématique du travail. Du fait même de leur caractère de précurseurs, ils ont travaillé sur une théorie générale du travail entrant dans une explication globale de l'évolution des sociétés. Mais, née "de" ou "en même temps que" la volonté de comprendre et d'expliquer la révolution industrielle, la sociologie ne considère comme "travail" que ce qui est directement ou indirectement *productif* (l'intérêt général pour la question ouvrière, source d'investissement politique fort pendant tout le XIXème siècle, en est d'ailleurs un dérivé). L'abandon progressif de la stricte problématique de la lutte des classes ne se fait que pour mieux laisser place, dans la seconde moitié du XXème siècle, à la question du salariat, laissant ainsi le commerce de côté. En France, en dehors des travaux qui touchent aux activités salariées de gestion de la société par l'État, comme l'éducation, la justice, la santé, les services sociaux ... qui constituent un autre grand pôle d'intérêt, la sociologie du travail considère de façon préférentielle les secteurs primaires et secondaires, de la petite à la grande entreprise, ainsi que les postes administratifs liés à l'entreprise. « Georges Friedmann a beau inclure dans ses réflexions sur le travail le modèle artisanal (...), les chercheurs versés dans l'étude de ce nouveau domaine s'attachent exclusivement à la sociologie de l'industrie et des relations industrielles, négligeant de considérer que le commerce et l'artisanat pourraient en être partie prenante »[2]. La division du travail social qui détermine la structuration de l'espace social attribue en effet la prédominance, en termes de rôles sociaux, aux créateurs, aux producteurs et aux administrateurs de la production occupant des postes décisionnels. Il est d'ailleurs significatif d'observer que, dans la revue *Sociologie du travail*, de ses débuts à l'année 1995, deux articles seulement ont trait au com-

---

[2] GRESLE (François) : *Indépendants et petits patrons, pérennité et transformation d'une classe sociale*. - Thèse de Doctorat, Paris V, 1978. - (2 tomes).

merce ... l'un porte sur la création de l'école HEC à la fin du XIXème siècle, et l'autre sur les relations commerciales dans un secteur non directement commercial[3]. Ces préoccupations, proches de celles de l'État qui doit veiller au développement de l'ensemble de la société, ne se trouvent contrariées que dans des périodes de troubles. C'est ainsi qu'après les mouvements poujadistes, puis la période faste du Cid-Unati, différents types d'intervenants (économistes, politologues, sociologues, historiens) s'intéressent à cette catégorie sociale particulière que forment les commerçants de détail. Mais les écrits sociologiques portent le plus souvent sur le secteur de l'alimentation et, lorsqu'il s'agit du commerce de détail non alimentaire, ils restent en général très éloignés de la librairie. En outre, le plus souvent ils ne s'intéressent pas directement à l'activité de commerce, mais bien plutôt à la connaissance du groupe social méconnu des commerçants.

Ce désintérêt pour le commerce n'est pas l'exclusivité des scientifiques. Il est aussi social, comme le montre la place qu'il occupe dans les classements institués, et en particulier le commerce des livres. Seuls trois niveaux de classement des secteurs d'activité sont disponibles. Le plus général désigne les "grands secteurs d'activité", en l'occurrence l'ensemble des activités commerciales ; le second sépare les "secteurs d'activité" et distingue le commerce de détail alimentaire du commerce de détail non-alimentaire ; enfin les "groupements d'activité" rassemblent des séries de codes de Nomenclature d'Activité Française (NAF). Les fondements des regroupements effectués dans ce dernier niveau ne sont pas justifiés et ils sont très loin d'être clairs : la librairie se trouve agrégée aux commerces de détail "d'articles médicaux et de produits de beauté", "réparation de motocycles, cycles et véhicules divers", "optique médicale et non médicale et de photographie", "articles de sport et de camping". On aurait pu s'attendre à ce que l'autre

---

[3] LE MORE (H) : L'invention du cadre commercial : 1881-1914, n° 4, 1982, et COURPASSON (David): Élément pour une sociologie de la relation commerciale, les paradoxes de la modernisation dans la banque, XXXVIII, n° 1, 1995.

caractéristique du métier de libraire, à savoir le caractère culturel du livre, soit prise en compte et qu'elle fasse partie du secteur 86 qui regroupe les "services récréatifs, culturels et sportifs (marchands)". Ce secteur comprend la "radiodiffusion et télévision", la "production de films", la "distribution de films", la "gestion de salles de cinéma", la "gestion de salles de spectacle (services marchands)", les "autres spectacles et services récréatifs (services marchands)", la "création et interprétation littéraires et artistiques (services marchands)", les "services annexes aux spectacles", les "jeux de hasard et d'argent", la "gestion d'équipements et de centres sportifs (services marchands)", les "remontées mécaniques" et les "professeurs de sport et sportifs professionnels". En fait, ne sont considérées comme "services" marchands que les entreprises qui n'ont pas la vente d'objets comme activité principale. Les libraires, comme les disquaires ou les vendeurs de cassettes vidéo, ne peuvent donc en aucun cas être classés dans ce secteur d'activité.

Depuis 1993[4], le code NAF (524R) comptabilise l'ensemble des entreprises vendant des livres, de la papeterie, des journaux et des fournitures de bureau. Mais les travaux effectués à partir de données aussi précises sont quasi inexistants. Il n'est donc pas possible de décrire la librairie grâce à ces données statistiques. Les dossiers des collections de l'INSEE portant sur les petites entreprises de l'artisanat, du

---

[4] THIBAUD (Jean) : *Petites entreprises de l'artisanat, du commerce et des services.* Paris, INSEE, les Collections de l'INSEE E, n° 110, janvier 1988. - p. 99. Avant 1959 deux codes regroupaient la librairie : 76.40 "commerce des livres et journaux, commerce de détail de papier carton, bureau" et 76.41 "commerce des livres et journaux marchand de journaux". De 1959 à 1973 la catégorie 64.43 comprend le "commerce de journaux, livres, papeterie, bureaux, timbre de collection". De 1973 à 1992, la catégorie 64.43-1 de la Nomenclature d'Activités et de Produits (NAP) recense les entreprises qui consacrent au moins 50 % de leur chiffre d'affaires total au livre.

commerce et des services[5] sont également très décevants[6] car les données disponibles ne sont utilisables en l'état que pour des recherches macro-économiques portant sur la France entière ou une région donnée, mais pas sur un type d'activité précis. En d'autres termes, le commerce, dont le commerce de détail non-alimentaire ne constitue qu'une partie, ne présente d'intérêt, pour les institutions à l'origine de ces classements, qu'en termes économiques. D'ailleurs, le commerce de gros est davantage étudié que le commerce de détail, et en particulier le commerce international. Mais le commerce est surtout moins étudié que le secteur productif même s'il s'y trouve souvent rattaché. Ainsi, l'un des dossiers de l'INSEE, dont le titre était le plus à même de laisser espérer pouvoir trouver quelques données, *Petites entreprises de l'artisanat, du commerce et des services*, est presque exclusivement consacré à la petite entreprise industrielle[7].

Ainsi, d'une part le commerce de détail non alimentaire ne suscite en général que peu d'intérêt en dehors d'un attrait purement économique, et d'autre part une des dimensions du commerce des livres, la culture et le rapport à la création, ne peut être pris en compte socialement. Le commerce des livres est donc doublement non considéré.

LE COMMERCE DES LIVRES DANS LES CLASSEMENTS ADMINISTRATIFS

Parce qu'ils nomment une catégorie professionnelle à laquelle les personnes qui la constituent revendiquent leur appar-

---

[5] THIBAUD (Jean) : op. cit. et FANSTEN (Michel) : *L'évolution du commerce français depuis 1962 d'après l'opinion des commerçants*. Paris, INSEE, Collections de l'INSEE E, n° 12, janvier 1972.

[6] Il n'est même pas question de parler ici des différences dans les données selon la nature de leurs sources —ASSEDIC, fichiers fiscaux, enquête Emploi de l'INSEE—, THIBAUD (Jean) : op. cit. - p. 17.

[7] THIBAUD (Jean) : op. cit. Le chapitre 3 consacré au "profil du chef d'entreprise" (1. âge, formation et antécédent ; 2. dimension et dynamique de l'entreprise selon le profil de l'entrepreneur) ne concerne que les chef de petites entreprises à caractère industriel.

tenance ou, au contraire, dont elles veulent activement se démarquer, les classements institués, élaborés dans le but d'une meilleure "gestion" des populations[8], déterminent fortement la façon dont les personnes en activité s'efforcent de se positionner socialement. Comme tout système de classification, celui de l'INSEE donne une forme figée à une réalité sociale et contribue à façonner un certain ordre social ou, du moins, à donner une représentation de l'ordre social tel qu'il est pré-construit. « Une classification socioprofessionnelle ne peut être traitée comme n'importe quel outil statistique dont il s'agirait d'expliquer le fonctionnement. Elle est étroitement liée aux opérations de représentation d'une société »[9]. Resituer le commerce des livres dans la succession des échelles de positions et dans les méandres des tentatives de structuration de l'espace social permet de saisir l'évolution de son statut social depuis le XIXème siècle.

Une première période est marquée par la mise en avant des métiers et de la "transmission familiale" : au début du XIXème siècle on distingue d'une part les possesseurs de patrimoines, d'autre part les employés d'état et les personnes qui vivent de leur travail, mécanique ou industriel c'est-à-dire les maîtres, les compagnons comme les médecins ou les écrivains ... et enfin tout autre personne appartenant à la catégorie des manœuvres. Dans cette structure de classement, la notion de transmission familiale, non seulement de patrimoine, mais aussi de savoir-faire, évolue lentement vers une césure entre patrons et salariés. Le libraire, alors également relieur, imprimeur et/ou éditeur, se classe tout naturellement dans la catégorie des personnes qui "vivent de leur travail soit mécanique, soit industriel". A partir des années 1830, à la suite d'insurrections ouvrières, les "compagnons" sont différenciés des "manœuvres" —différenciation qui séparera plus tard les ouvriers "qualifiés" des "non qualifiés" c'est-à-dire, dans la librairie, les "commis". Enfin, dernière étape de cette première période, à partir de 1872, on distingue quatre catégories

---

[8] LECLERC (Gérard) : op. cit.
[9] DESROSIÈRES (Alain) THÉVENOT (Laurent) : op. cit. - p. 7.

d'actifs : "les chefs ou patrons, les commis ou employés, les ouvriers, les journaliers"[10]. Les commerçants du livre font alors partie du groupe des "chefs ou patrons" contrairement à leurs employés, commis ou ouvriers. Ainsi, pendant la mise en place des classements au cours du XIXème siècle, sans changer d'activité ou révolutionner la façon d'exercer leur métier, les petits boutiquiers grimpent dans l'échelle sociale en se distinguant de plus en plus nettement des salariés bien qu'ils n'aient pas de rapport avec la production. Par contre, les libraires issus de la tradition des corporations sont certes différenciés de leurs salariés, mais ils sont confondus avec les libraires-boutiquiers sans rapport avec la tradition artisanale. Cet effacement progressif de leur ancienne singularité contribue largement à la perte de prestige de leur activité.

Une deuxième période dans l'histoire des classements concerne peu le commerce des livres puisqu'il s'agit du renforcement de la distinction entre patrons et salariés qui ne provoque pas de bouleversement pour les non-salariés. Cependant, jusqu'en 1959 persiste une classe très importante d'"isolés", qui regroupe tous les indépendants et en particulier les commerçants qui travaillent seuls ou avec leur femme, rarement déclarée comme salariée avant 1982. Enfin, pendant la dernière période se confirme l'accentuation d'un phénomène qui a débuté entre 1936 et 1950 : les accords Matignon, et les conventions collectives qui vont suivre, établissent de façon arrêtée les emplois et les niveaux de qualification demandés, par branche. La norme du salariat gagne du terrain et la hiérarchisation, fondée sur le type et la durée de formation, est cette fois étendue aux professions non-salariées. « Ce sont donc désormais des *emplois*, caractérisés par ces compétences *en principe* requises »[11] qui sont classés par l'INSEE. La grille des

---

[10] Les traces actuelles de cette conception de l'espace social sont l'existence de deux classements, restés confondus jusqu'à la Seconde Guerre mondiale, celui qui recense les actifs en vertu de leur catégorie sociale et professionnelle, et celui qui recense les secteurs d'activités.

[11] DESROSIÈRES (Alain) THÉVENOT (Laurent) : op. cit. - p. 23.

nomenclatures, fondée sur le niveau de formation sanctionné par un diplôme, ne peut donc pas valoriser les connaissances spécifiques d'une profession qui n'exige pas une telle mise à l'épreuve et qui au contraire a eu, et a encore, tendance à valoriser la "formation sur le tas". « Dans la période actuelle, la revendication d'un statut professionnel s'autorise d'un savoir "scientifique" et non d'un savoir pratique »[12]. N'exigeant aucune qualification, les commerçants du livre se trouvent classés dans la partie moyenne de l'échelle des catégories professionnelles et sociales, celle des commerçants et des artisans.

Depuis la classification établie en 1954, composée de 9 groupes socioprofessionnels eux-mêmes subdivisés en catégories, les commerçants du livre font partie des "patrons de l'industrie et du commerce". Cette classification est censée ne pas introduire de hiérarchie à l'intérieur des catégories, celle-ci n'entrant en jeu que dans les branches d'activités dans lesquelles elle s'avère possible. Pourtant, cette structure qui continue d'être la base de la grille des nomenclatures socioprofessionnelles ne réussit pas à faire croire que l'appartenance à la catégorie de "commerçants et artisans" équivaut socialement à l'appartenance à la catégorie de "cadres supérieurs et professions intellectuelles" plus valorisée et donc valorisante, dans laquelle se trouvent les éditeurs. L'activité de commerçant du livre est ainsi désormais distincte sur un plan professionnel comme sur un plan social de celle d'éditeur, qui n'exige pas plus de diplôme professionnel mais qui se trouve dans la catégorie socioprofessionnelle supérieure du fait de sa proximité avec la création et la production, c'est-à-dire à une place en position d'exiger un niveau de diplôme élevé[13].

A partir de 1982, l'ensemble des détaillants en livres se trouve regroupé dans une même catégorie professionnelle, les

---

[12] CHAPOULIE (Jean-Michel) : op. cit. - p. 96.
[13] Les seuls commerçants à être classés dans la catégorie "cadres supérieurs et professions intellectuelles" sont les pharmaciens du fait du diplôme exigé pour exercer cette activité.

"artisans, commerçants et chefs d'entreprise" dans la classification en 8 postes, et les "commerçants" dans la classification en 42 postes. Par contre, repérer les seuls libraires parmi les commerçants dans la classification en 455 postes s'avère infaisable alors même que davantage de précision devrait permettre une recherche plus fructueuse. On trouve certes les "petits détaillants en librairie, photo, disques" dans les "commerçants et assimilés" … mais, dans l'intitulé, rien ne précise que l'INSEE entend exactement par "petits". On peut seulement supposer que ce qualificatif est déterminé par le nombre d'employés puisque ce critère différencie l'artisanat de l'industrie selon une distinction opérée par la Chambre des Métiers. En outre, au contraire des artisans classés dans une seule et même sous-catégorie selon leur branche d'activité, les commerçants sont éparpillés. Des libraires se trouvent ainsi répartis, dans la catégorie des "commerçants et assimilés", entre les "petits détaillants en librairie, photo, disques" et les "moyens détaillants en produits non alimentaires". D'autres encore se trouvent vraisemblablement dans la catégorie des "chefs d'entreprises de 10 salariés ou plus" répartis entre les "chefs d'entreprises commerciales, de 10 à 49 salariés" et les "chefs de moyenne entreprises (50 à 499) salariés". Donc, comme pour les artisans, l'INSEE distingue le commerce qui a une taille suffisamment modeste pour que l'activité principale du commerçant soit toujours en rapport avec la vente et ne consiste pas qu'en la gestion de l'entreprise, de ceux pour lesquels cette dernière tâche occupe la majeure partie, sinon la quasi totalité, du temps de travail. En fait, alors que le diplôme est progressivement entré dans chaque branche comme un indice de position sociale, tout se passe comme si aucune compétence spécifiquement liée au produit ne s'avérait indispensable dans le secteur du commerce. Cet état de fait semble signifier un désintérêt ou une absence de questionnement sur le rôle social du commerce.

L'absence de prise en considération de compétences dans le secteur du commerce au delà d'un certain nombre de salariés, signifie qu'à partir du moment où un commerçant n'a plus comme activité principale la vente et ce qu'elle suppose comme tâches, il est sensé ne plus se sentir lié à la branche à laquelle appartient son entreprise. Or, ces classements ont été élaborés sans qu'ait été démontré qu'un commerçant qui emploie 20 employés a, non seulement dans la pratique de son travail et la conception qu'il en a mais aussi dans son rôle dans la société globale, davantage de points communs avec n'importe quel autre commerçant de même taille, qu'avec un commerçant de même type mais plus petit. On peut au contraire émettre l'hypothèse selon laquelle la branche d'activité entre au moins autant en ligne de compte que la taille de l'entreprise, dans la constitution de l'identité professionnelle chez les indépendants et en particulier chez les libraires, quand bien même ils n'ont plus aucune pratique de la vente. De cette hypothèse découle celle selon laquelle s'il existe effectivement une différence entre les petits ou moyens libraires qui pratiquent encore eux-mêmes la vente et ceux qui n'ont plus de temps à lui consacrer, mais qui recrutent des salariés qui partagent leur conception du métier. Il existe certainement une bien plus grande différence entre ces libraires et ceux qui recrutent préférentiellement de bons vendeurs sans connaissance particulière des livres et de la façon de les vendre.

Certains responsables du F. venaient de rayons de légumes de chez Auchan parce que c'était la même société qui était derrière à une époque. (VL3) [14]

J'ai recruté une personne très dynamique, qui faisait un boulot terrible, qui remuait le ciel et la terre mais qui ne lisait jamais. Ça a été une catastrophe. Elle a été très courageuse, elle a travaillé chez nous 17 ans, mais plus l'entreprise se développait, plus elle était "larguée" parce qu'elle n'assimilait pas les choses. Elle commençait sa vente et puis elle appelait S. ou moi pour terminer. Donc au niveau du travail on était foutu, tout était désorganisé. C'est une grosse erreur d'embauche qu'on a faite... tout en ayant un personne charmante. (M2)

Dans la librairie, il y a sept librairies qui sont vraiment très différentes : les poches, la jeunesse, le scolaire, une librairie reli-

---

[14] Sauf indication contraire, l'ensemble des extraits d'interviews présentés dans ce chapitre sont tirés de l'enquête de F. Leblanc, op. cit. La première lettre identifiant le libraire indique le groupement professionnel auquel il appartient : "VL" pour la Voie du Livre, "M" pour Majuscule, "C" pour Clé et "Œ" pour l'Œil de la Lettre.

gieuse, l'universitaire et puis la littérature générale et le pratique. Chaque libraire ne fait que du conseil et la gestion de ce rayon. Il n'intervient jamais pour faire un encaissement, jamais pour faire un petit paquet, ce n'est pas son boulot, c'est "un libraire". Les clients savent qu'il y a forcément quelqu'un de compétent dans son domaine pour leur répondre. C'est ce que j'ai compris à L'Armitière à Rouen, et c'est pareil chez Arthaud à Grenoble : chaque rayon a son libraire. (C2)

Ainsi, aucun des classements successifs des activités professionnelles ne renseignent sur la librairie de façon distincte d'autres commerces de livres. Tous ne font que souligner son inexistence. En 1987, l'Asfodelp organisme de formation professionnelle des métiers du livre, compte 4 320 magasins ayant une "image librairie". La même année, l'INSEE compte 28 030 entreprises vendant des livres, quelque soit la part du chiffre d'affaires qu'elles y consacrent.

A T., d'après l'annuaire il y avait huit ou neuf librairies. Sur place, la plupart était des pressing ou des cordonneries. Ça vient du problème du code APE : quand on s'installe on a intérêt à demander tout de suite plusieurs codes pour ne pas être bloqué après. (Œ3)

En 1988, sont recensés 22 000 "petits détaillants en librairie" qui proposent pour un minimum de 50 % de leur chiffre d'affaires des produits qui ont trait à l'écriture, de la papeterie aux fournitures de bureau, et à la lecture, des journaux aux livres[15]. Les libraires ne sont bien évidemment pas les seuls actifs à se trouver noyés dans des catégories floues et non structurantes qui ne permettent pas plus de les identifier qu'elles ne leur offrent l'opportunité de s'affirmer comme représentants d'un rôle social bien défini. Ne se trouve pas pour autant justifié le fait de ne pas prendre en considération l'importance sociale de cette difficulté d'identification. En effet, l'impossibilité de repérer les libraires, au même titre que les médecins ou les ouvriers du bâtiment par exemple, est socialement chargée de sens. Cette particularité a un fort impact sur le processus identitaire des libraires en tant que groupe.

---

[15] *Les libraires.* - Dossier PRECEPTA, Paris, 1990. (données INSEE)

LA VENTE DES LIVRES, UN COMMERCE DE DÉTAIL PARMI D'AUTRES ?

Pour des raisons que nous avons déjà exposées, les recherches sociologiques sur les activités commerciales, sont peu nombreuses[16]. Aussi est-il nécessaire, pour appréhender le statut social des commerçants, de reporter les investigations du côté de recherches portant sur les classes sociales, et en particulier sur les classes moyennes, même si elles portent alors plus souvent sur les modes de vie que sur les situations de travail.

Toutefois, une caractéristique ressort fortement de ces études, c'est l'attrait de l'accès au statut d'indépendant pour les catégories salariées pendant tout le XXème siècle. En effet, le commerce et le petit artisanat ont longtemps été vécus comme une porte de sortie du statut d'ouvrier. Pour les ouvriers qualifiés, en vertu d'une longue tradition de compagnonnage, la période du salariat était censée être de courte durée avant que l'opportunité d'une installation se présente. Le désir d'indépendance (souvent illusoire tant le petit indépendant est tributaire de ses emprunts bancaires, de ses fournisseurs de matières premières et/ou de marchandises, et de ses clients) est alors le moteur de la décision d'installation. L'après-guerre est une période très favorable au développement du petit commerce en général si l'on en croit le nombre de nouvelles immatriculations figurant sur les registres du commerce, surpassant non seulement la disparition de petits commerçants pendant la période de guerre, mais aussi la baisse du nombre d'ouvertures de magasins qui auraient dû se produire durant ses années. « C'est que, à cette époque, l'installation à son compte redevient un moyen d'insertion économique et un instrument de mobilité sociale assez sûrs, procurant des revenus, une "situation" convenable eu

---

[16] En dehors de la thèse de F. Gresle, il s'agit essentiellement des comptes rendus du séminaire sur le commerce dirigé par C. MARENCO et N. MAYER —MARENCO (Claudine), MAYER (Nonna) (sous la direction de) : *Commerce et consommation : les acteurs et les stratégies*. UER Sciences des Organisation, Paris Dauphine, cahier n° 130, 1984, et *Commerce, consommation et crise*, cahier n° 138, 1985.

égard au sort que connaissent les travailleurs salariés »[17]. Cet attrait pour le commerce indépendant persiste encore longtemps, et dans les années 1970 le petit commerce est toujours perçu comme une voie de "promotion sociale" pour des personnes sans diplôme ni fortune personnelle, ni capital social.

Ce rejet du salariat par la catégorie des petits indépendants explique qu'elle soit particulièrement sensible à tout ce qui pourrait mettre à mal son appartenance à la classe moyenne pour l'assimiler aux catégories de salariés. C'est ainsi qu'il est possible de comprendre la réticence des petits indépendants face à un certain nombre de mesures préconisées, notamment lors des négociations à propos des modalités d'application de la loi sur l'assurance vieillesse obligatoire. « Les travailleurs indépendants et les employeurs (...) admettaient mal de devoir se fondre dans un régime unique au sein duquel ils se seraient retrouvés en situation d'infériorité numérique par rapport aux salariés, au sein des Conseils d'Administration des Caisses notamment »[18]. En fait, ce qui se cache ici est la peur de l'infériorité sociale puisque l'infériorité numérique d'agents influents dans une négociation n'empêche pas, a priori, l'aboutissement de leurs revendications. Ce que les indépendants refusaient surtout, c'est que le système de protection sociale fondée sur un principe de répartition et de solidarité entre générations et groupes sociaux les fondent avec les salariés dans un même groupe. Ce qui pousse alors les petits indépendants à se démarquer des salariés est le refus de se trouver socialement assimilé aux "classes inférieures". En effet, pour certains d'entre eux il s'agirait non pas d'une "rechute" mais d'une "chute" sociale car ils ne sont pas issus d'un milieu de salariés[19].

---

[17] In MARENCO (Claudine), MAYER (Nonna) (sous la direction de) : op. cit. n° 130, GRESLE (François) : Petit commerce et politique de 1945 à nos jours. - p. 134.

[18] In MARENCO (Claudine), MAYER (Nonna) (sous la direction de) : op. cit. n° 130, GRESLE (François) : op. cit. - p. 134.

[19] Ainsi « l'impulsion initiale [du Cid-Unati] fut[-elle] donnée par ceux qui se croyaient directement menacés dans leur condition petite-bourgeoise (tels les cafetiers, les forains, les généralistes de l'alimentation ou les droguistes) », GRESLE

LIBRAIRE, UNE ACTIVITÉ PROFESSIONNELLE NON RECONNUE SOCIALEMENT, FIN DU XXème SIÈCLE

Dans ma famille on est quincaillier depuis des générations et des générations et surtout quincaillier de bateaux. Mon grand-père avait arrêté son activité à 30 ou 35 ans, mais comme condition mon père devait rentrer dans la quincaillerie quand il rentrerait du service militaire avec le fils de son associé. Le fils de son associé l'a tellement dégoûté ! ... mon père était un artiste, il n'aimait pas du tout ces choses un peu rudes et difficiles. Alors ne sachant que lui faire faire, mon grand-père lui a acheté cette ... c'était une papeterie avant ici. (M1)

En fait, la catégorie des petits indépendants dont relèvent les commerçants fait bien partie de la classe moyenne, socialement du fait même de son indépendance, et économiquement si l'on considère, non pas les revenus, mais la position qu'ils occupent dans une hiérarchie fondée à la fois sur les différents niveaux de propriété des moyens de travail, et surtout leur position dans l'ensemble du système productif entre producteurs et ouvriers. En revanche, dans le groupe des propriétaires des moyens de travail, les "petits" indépendants occupent un statut dominé du fait de la faiblesse de leur capital social indispensable à l'accession à une position socialement dominante[20]. Si le caractère dominé du statut des petits indépendants est peu souvent mis en valeur, c'est par le fait qu'il répondait à une aspiration de *mobilité ascendante*. Il correspondait non seulement à une voie de sortie du salariat pour les ouvriers, mais aussi aux vœux de colporteurs en tous genres qui avaient pour ambition d'arriver à s'installer et "ouvrir boutique". D'ailleurs, les vendeurs de livres ambulants et sédentaires restent classés séparément jusqu'en 1975. Par la suite, le rêve de l'installation a concerné des catégories sociales également dominées, mais différentes, comme les femmes puis certains étrangers[21]. Parallèlement, la librairie a

---

(François) : op. cit. - p. 138, in MARENCO (Claudine), MAYER (Nonna) (sous la direction de) : op. cit. n° 130.

[20] BOURDIEU (Pierre) : *Le sens pratique*. - Paris : Minuit, 1980.

[21] COSTE (Laurence) : *Espaces publics, Espaces vulnérables : les commerçants du métro parisien*. Thèse de Doctorat Nouveau Régime, Lyon II.

attiré des personnes pour lesquelles l'accession au statut d'indépendant ne représentait pas une promotion sociale mais un moyen "de se distinguer parmi les indépendants".

Les grands-parents de mon mari étaient dans le commerce de grain à T., ils cherchaient une profession pour leur fils aîné. A cette époque-là (1932) les gens qui avaient un peu de bien ... ils ont eu l'opportunité d'acheter une librairie à C. C'étaient des gens religieux et comme c'était la librairie de l'archevêché, ça leur paraissait quelque chose de très bien pour leur fils, c'était gratifiant .... (M2)

Pourtant, il ne s'agit pas là de caractéristiques valorisées dans le secteur du commerce en général. Un libraire qui se distingue particulièrement dans sa capacité à donner un cachet personnel à son entreprise n'est connu que par les professionnels du livre, et par sa clientèle ou, au mieux, dans sa ville et alentour. Les relations des libraires avec d'autres commerçants ne sont donc pas toujours faciles.

Je n'ai pas de relation avec les autres commerçants. Ce n'est pas pour des raisons éthiques, mais il y a des problèmes politiques, des problèmes de dimension ... Il y a des villes où c'est l'inverse, des libraires se sont investis dans des Chambres de Commerce. (C2)

Avec les autres commerçants, je crois m'entendre et c'est des questions uniquement humaines, il y en a que je n'aime pas et la réciproque est vraie. Mais j'ai aussi des bons copains, la preuve on monte pour la deuxième année de suite le championnat de France des Incollables. On est des commerçants du même endroit, quand il y en a un qui travaille bien, le voisin travaille bien et vice versa, quand un magasin ferme tout le monde en pâtit. (VL3)

Je suis un commerçant "pas comme les autres", c'est le light motiv, et on a du mal à s'intégrer. C'est le fait d'être culturel premièrement, et puis c'est aussi moi. On n'a pas coupé les ponts mais... j'étais président d'ailleurs de l'association des commerçants un bon bout de temps, je connaissais bien les dossiers, les secteurs ... Eux ils sont très "tiroir-caisse". Je suis aussi gestionnaire hein, mais il faut avoir une politique à long terme même si ça coûte cher. Faire des choses débiles, commerçantes, comme des quinzaines ... Leclerc le fera mieux que nous. (C3)

La culture n'a en effet de propriété classante que dans les catégories sociales dans lesquelles elle peut être réinvestie socialement[22]. Penser que la librairie jouirait d'une réputation davantage en rapport avec l'aspect culturel du livre qu'avec le secteur économique de référence serait une grossière erreur. D'un côté, au sein des métiers du livre la notion de commerce suffit à dégrader celle de culture et à justifier le manque de considération pour la librairie dans certaines professions du champ culturel. D'un autre côté, dans le secteur du commerce la notion de culture n'est pas un critère de qualité particulier. C'est pourquoi la connotation culturelle du livre n'est pas prise en considération par l'INSEE pour un classement particulier dans le secteur du commerce duquel relève avant tout la librairie, alors que le rapport à la culture a une influence importante sur les positions sociales de l'ensemble des actifs (comme le prouve le rôle joué par le diplôme dans les classements socioprofessionnels). Le caractère culturel du livre, et donc de la librairie, n'est nullement valorisé ni valorisant, la nature du produit vendu important peu au regard de la capacité à reconnaître la qualité de la marchandise et surtout à faire prospérer l'entreprise. C'est pourquoi, si les libraires tiennent à faire reconnaître leur spécificité et leur position sociale ils n'ont pas les moyens de le faire dans le secteur du commerce. S'ils veulent être reconnus, ce ne peut donc être qu'à l'extérieur du secteur du commerce, c'est-à-dire dans le domaine culturel dans lequel ils n'ont d'autre moyen que celui de développer des particularités non directement liées au commerce.

2- La vente des livres : un commerce particulier

Le travail de libraire présente des aspects dont le client ne peut pas toujours apercevoir la complexité. S'il n'est pas question ici de détailler l'ensemble des tâches quotidiennes qui

---

[22] BOURDIEU (Pierre) : "Les trois états du capital culturel". *Actes de la Recherche en Sciences sociales*, n° 30, 1979. - pp. 3-6.

incombent au libraire ou à ses salariés[23], il s'agit dans un premier temps d'en présenter brièvement les grandes lignes afin de pouvoir mieux cerner cette activité professionnelle. Ensuite, pour distinguer sociologiquement les libraires des vendeurs de livres, force est d'utiliser des travaux sur d'autres types d'activités professionnelles, et notamment des outils élaborés par la sociologie des métiers et des "professions"[24], faute de travaux sociologiques traitant directement de l'activité commerciale. Il ne s'agit pas de rechercher quelque qualité susceptible de revaloriser ou au contraire de déqualifier l'activité de librairie, mais d'utiliser différents outils pour approcher une activité professionnelle peu étudiée jusqu'alors, dont la notion de "service", partie visible du travail du libraire, est l'élément déterminant de la différentiation d'avec l'activité de vendeurs de livres.

LA PRATIQUE ORDINAIRE DU LIBRAIRE[25]

L'éditeur ne confie pas la vente de sa production au libraire via un distributeur. C'est au libraire d'acheter des livres au distributeur. Il participe donc aux frais d'envoi des offices et paye les factures au distributeur dans un délai maximum de 60 jours à compter de la fin du mois pendant lequel elles ont été éditées, déduction faite de la "remise" qui lui est accordée par le diffuseur. La loi Lang (1981) prévoit que celle-ci soit négociée[26]

---

[23] Malgré quelques semaines d'observation participante, nous n'avons qu'entrevu les tâches les plus complexes que le libraire a du mal à évoquer, non seulement parce qu'il s'agit d'une pratique qu'il n'interroge plus et dont il ne pense pas à donner tous les tenants et les aboutissants, mais peut-être aussi parce qu'il ne tient pas toujours à dévoiler ses manières de faire. Aussi avons-nous demandé à ce que ce passage soit relu par deux libraires qui ont bien voulu apporter les corrections nécessaires.

[24] Le terme de profession entre guillemets fait systématiquement référence au sens anglo-saxon. Sans guillemets, il a le sens le plus neutre d'activité professionnelle.

[25] Pour une description systématique des pratiques, voir LEBLANC (Frédérique) : op. cit.

[26] La loi Lang n'a pas modifié le mode de rémunération des libraires qui jusque là aussi se faisait sur le prix conseillé par l'éditeur, y compris lorsqu'il était libre

entre le libraire et le diffuseur et qu'elle prenne en compte des critères de vente non seulement quantitatifs mais aussi qualitatifs. « Les éditeurs ou importateurs doivent intégrer dans leurs conditions de vente *"la qualité des services rendus par les détaillants"* (remise qualitative), c'est-à-dire notamment : la présentation d'un vaste assortiment, la commande d'un ouvrage à la demande d'un client, la tenue d'une vitrine, le suivi des nouveautés, l'information de la clientèle par la mise à sa disposition de catalogues et documents bibliographiques, la participation aux campagnes de promotion en faveur du livre ou de la lecture, la vente de livres dans des zones à faible densité de population »[27].

> *Quand on est très spécialisé "littérature", en général on fait partie des "librairies différentes", mais on n'a pas forcément des très grosses remises. Tout se négocie mais ce n'est pas toujours simple. Par exemple, avec Hachette, pour avoir les livres très vite, j'allais chez l'éditeur directement. Tout ce que j'achetais là, je le payais comptant et ce n'était donc pas comptabilisé dans mon chiffre annuel qui, du coup, n'était pas très bon. J'avais donc une petite remise. On s'est donc vu plusieurs fois avec la personne qui dirige le secteur "librairies différentes", elle m'a expliqué comment faire pour que ça entre dans le chiffre et ça s'est réglé, il y a eu collaboration. (Œ2)*

Si la remise qualitative était systématiquement appliquée, devrait "rémunérer" davantage les libraires que les vendeurs de livres. C'est dans tous les cas avec cette seule marge, en général entre 20 et 40 % du prix du livre hors taxe, que le libraire fait fonctionner son entreprise, c'est-à-dire avec 9 à 18 F pour un poche de 45 F et de 60 à 114 F pour un beau livre à 300 F. Le libraire a donc tout intérêt à avoir vendu ses livres dans une période de trois mois maximum après la réception des livres pour se "rembourser" de la part due au distributeur.

—période pendant laquelle le libraire était payé en fonction d'un prix conseillé, non public.
[27] *Prix du livre mode d'emploi*. Paris, Ministère de la Culture, 1992. - p. 18.

> *Un livre que vous payez à 60 jours fin de mois, ça fait 90 jours, 360 jours divisés par 90 jours*[28] *ça fait 4, donc le stock doit tourner 4 fois par an. Donc pour 1 000 F investis, il faut générer 4 000 F de chiffre d'affaire, faute de quoi vous devez pouvoir payer 1 000 F de votre poche. Or le stock ici est à peu près de 2 millions de fcs ... il faut 8 millions de chiffre d'affaires.* (C3)

Toutefois ce système prévoit une possibilité pour le libraire de retourner les "invendus" sous certaines conditions. Le montant des retours est alors crédité aux libraires sous forme d'avoir à déduire de la facture à venir (60 jours à partir de la fin du mois de réception des retours ou dès leur réception, selon les distributeurs). Les frais de port de ces retours sont cette fois totalement à la charge du libraire.

Lorsqu'un livre est publié par un éditeur, il figure dans le catalogue du diffuseur au nombre des "offices" à envoyer aux libraires, qu'il s'agisse de nouveautés ou de rééditions d'un titre déjà paru dans une nouvelle collection. Pour des questions de coûts financiers, de place et de qualité de conseil, il est impossible à la plupart des libraires de recevoir et de présenter toutes les "nouveautés" en plus du maintien d'un stock de livres comprenant au moins les titres les plus couramment demandés. La gestion de l'office est donc cruciale et demande un savant dosage entre les nécessités de ne pas choisir trop de livres chers ou destinés à une clientèle restreinte, et les besoins de sélectionner les livres qui correspondent aux attentes de leur clientèle.

> *C. ne compte environ que 30 000 habitants, et il ne faut pas oublier que la matière grise de C. fait ses courses à L. ou à Paris. A part quelques courageux qui disent "on vient quand même chez les libraires de C. parce qu'il faut qu'on entretienne ....".* (M2)

Trois types d'office existent. Le premier consiste à accepter de recevoir l'ensemble des ouvrages. Le deuxième dite "office sur grille" permet de recevoir tous les livres d'une partie seulement des collections de quelques éditeurs. C'est souvent le

---

[28] Les factures arrivant tout au long du mois, on est plus près des 60 jours que des 90.

cas lorsque les diffuseurs représentent un très grand nombre d'éditeurs et de collections. Enfin l'"office personnalisé" permet, lors du passage du représentant, de ne sélectionner qu'un nombre restreint de titres, en choisissant le nombre d'unités souhaitées par titre. Un libraire peut avoir simultanément un, deux ou trois types d'offices selon les diffuseurs. Toutefois, certains d'entre eux n'envoient pas systématiquement leurs représentants dans les librairies qui réalisent, de leur propre avis, un chiffre d'affaires insuffisant, préférant les plus gros vendeurs, même s'il s'agit de grandes surfaces[29].

> *Je refuse absolument le système d'office tel qu'il est souvent appliqué par des éditeurs : les représentants ne vont pas ou très rarement dans les librairies et ont établi une grille d'office et balancent les livre comme ça, en quantité ou pas. Quand je suis arrivée ça existait ici, mais moi je n'ai toujours travaillé autrement. L'office est là pour informer les libraires d'un certain nombre de nouveautés, et tout ce qu'on appelle un complément d'office, je le travaille avec les représentants. Donc ils viennent avant les mises en vente, c'est aussi une de mes exigences : je demande à ce qu'ils nous informent et nous racontent les livres selon notre clientèle et notre sensibilité. C'est nous qui décidons des compléments d'office. Je refuse que ce soit le représentant ou la maison d'édition qui décide pour nous, je refuse d'être le banquier ... —Les offices forcés ...— C'est arrivé une ou deux fois, j'ai renvoyé immédiatement à leurs frais, à leurs frais. Et j'ai même réclamé les frais de transport à l'aller. (C1)*

A l'arrivée des offices, le travail consiste d'abord en de la manutention. La plupart des libraires marque chaque exemplaire à sa manière pour mettre en valeur le mois de réception du livre afin de faciliter ensuite les retours. Il faut vérifier que le prix n'a pas changé et qu'il a bien été indiqué par l'éditeur, conformément à la loi, sauf pour les livres scolaires ou étrangers, et les collections de poche dont les prix sont établis selon la "catégorie". Ensuite, il s'agit de prendre connaissance

---

[29] Cette attitude ne se justifie économiquement qu'à court terme puisqu'elle bloque tout développement ou accroissement du chiffre d'affaires sur de nouveaux terrains.

des livres avant le rangement des offices dans les rayons. Pour certains ouvrages, le nom de l'auteur, la médiatisation du livre ou un travail sérieux du représentant suffisent. Pour d'autres, une lecture en diagonale est nécessaire. Pour d'autres enfin, une lecture plus approfondie s'impose, mais dans ce cas ils ont été demandés au diffuseur en service de presse. Les livres sont alors envoyés gratuitement avant la parution du livre. Ensuite, il s'agit de trouver le meilleur mode d'organisation du travail pour que l'ensemble des personnes qui pourront avoir à conseiller l'ouvrage en prennent connaissance, partagent leurs informations, ou au moins sachent vers qui orienter un client qui souhaiterait des renseignements complémentaires.

On ne peut pas tout lire ! n'oubliez pas qu'il parait 23 000 livres par an, 13 000 nouveautés, c'est impensable ! (C3)
Le libraire lit ?— Non jamais, surtout pas. —Vous-même ...— Je zappe ! Il y a 50 nouveautés par jour, alors que jamais un libraire me dise qu'il lit tout parce que c'est une erreur. Il faut qu'il connaisse au maximum les documents. Je conseille souvent aux étudiants qui me disent "ce que j'aime c'est lire", "soyez bibliothécaire, là vous trouverez le temps". Par contre il faut savoir zapper ne serait-ce que pour avoir une connaissance du marché et de son évolution, comme les nouvelles collections ou l'orientation d'un éditeur ...,il faut être au courant de l'évolution des techniques. (C2)
Je crois qu'un libraire est quelqu'un qui trie, qui classe et qui lit, qui lit beaucoup et puis de temps en temps qui voit des choses ... Mais je dis ça pour moi car je serais prêt à penser qu'on peut être bon libraire sans lire, ou sans lire de livres. Peut être pas en ne lisant pas de presse, mais sans lire de livres. Je crois qu'il faut beaucoup d'intuition, sentir les choses .... (Œ4)

Tout ce travail doit se faire en un minimum de temps pour ne pas retarder le début de la vente des livres. En dehors des offices arrivent à la librairie les livres commandés par le libraire à la demande de quelques clients. Ils sont alors regroupés hors de la surface de vente afin qu'ils ne soient pas achetés par d'autres clients. D'autres livres ont été commandés pour renouveler quelque nouveauté déjà vendue, ou réassortir un rayon. Ces livres reprennent alors immédiatement leur place dans les rayons puisqu'ils sont déjà connus de l'ensemble du personnel.

Enfin, le libraire doit s'occuper des "invendus". Il a trois possibilités de retour. La première est la plus ordinaire. Les libraires ont le droit de retourner dans un délai indiqué sur la facture, en général de 3 à 12 mois[30], autant d'exemplaire(s) d'un livre qu'ils en ont commandés à l'office. C'est là que réside l'importance du savoir-faire du libraire et sa connaissance de sa clientèle. Par exemple un libraire choisit de prendre deux exemplaires d'un titre. Peu de temps après sa parution celui-ci s'avère être un succès et le libraire décide d'en reprendre dix. Or ce succès s'avère être éphémère et il ne s'en vend que cinq ... le libraire ne peut retourner que deux livres. Les trois autres encombreront le fonds en attendant d'être vendus ou soldés deux ans après la première parution et six mois après la dernière commande[31]. Dans ce genre de cas ou lorsque le délai de retour d'un livre est dépassé, le libraire peut essayer de négocier des autorisations de retour exceptionnelles avec son représentant. En effet, celui-ci a tout intérêt à vider les rayons des "vieux rogatons" pour y placer des nouveautés qui ont peut-être plus de chances de se vendre.

Une fois le tri fait entre les ouvrages à conserver pour enrichir le fonds et ceux qui sont à retourner, il s'agit de les rassembler, de les trier par distributeur, d'en établir la liste, et de les empaqueter sans oublier d'ôter chaque marque faite dans la librairie (comme le prix ou la date de réception ...). Étant donné

---

[30] Il arrive, pour quelques livres, que les possibilités de retour ne soient pas limitées dans le temps.

[31] Etrangement, au lieu de s'en prendre aux conditions de vente des diffuseurs ou des distributeurs, certains éditeurs dénoncent comme de la "frilosité" la prudence de la plupart des libraires qui préfèrent recommander plusieurs fois des petites quantités de livres plutôt que de passer une commande importante en une seule fois. Prendre un titre à l'office en grande quantité assure en effet d'importantes possibilités de retour, mais il occupe beaucoup de place, immobilise du capital et risque d'augmenter les coûts des retours.

le coût du travail que représentent les "retours"[32], le libraire doit s'efforcer d'en réduire au maximum la proportion. La deuxième possibilité est celle du lancement d'une campagne par un diffuseur (sortie d'un dictionnaire, promotion d'une collection ...) qui propose au libraire de participer à l'opération moyennant des "facultés de retour" pour l'ensemble des ouvrages demandés. La troisième possibilité permet au libraire qui invite un auteur à un débat ou à une signature dans son magasin, de commander un nombre important de livres avec une possibilité de retour pour chacun d'eux. Ces deux derniers cas sont exceptionnels et l'on voit assez clairement l'intérêt financier que les diffuseurs et les distributeurs peuvent tirer des avantages qu'ils accordent.

Trop de libraires, pour des raisons de tonnage, des raisons de ... attendent un mois, voire trois mois, pour faire des retours. Nous les retours sont faits quotidiennement et remis à la Sernam tous les jeudis, jour de "lessive" pour tous les adhérents Majuscule. La Sernam enlève les livres chez les adhérents et les remet chez le distributeur sous 48 heures, ce qui m'assure que le distributeur a effectivement reçu notre retour, ce qui n'est pas le cas quand nous les envoyons comme ça. (C2)

En 1981, la loi Lang a institué le prix fixe des livres[33]. Cette réglementation a un impact, certes invisible mais capital, sur l'ensemble du travail des libraires, que ce soit dans les livres qu'il leur est possible de proposer ou que ce soit dans leurs relations avec les clients. La loi Lang les autorise toutefois à proposer une réduction de 5 % maximum pour les ventes aux

---

[32] Le libraire peut y joindre les exemplaires d'un livre modifié lors d'une réédition. Ces ouvrages sont alors simplement échangés. Il arrive aussi que les représentants fassent des "pilons sur place", c'est-à-dire qu'ils laissent les livres au libraire, pour éviter d'inutiles frais de port, tout en les lui décomptant.

[33] Pourtant, plus de 15 ans après la promulgation de la loi, certains clients s'imaginent toujours payer leur livre moins cher à la FNAC, chez Virgin ou dans un hyper marché, ce qui n'arrive qu'en cas d'infraction à la loi. Le but de cette loi était de préserver un réseau dense de librairie face à la concurrence de grandes surfaces spécialisées qui étaient arrivées récemment sur le marché et qui vendaient leurs livres à des prix que seules pouvaient défier les grosses librairies.

particuliers. Bien qu'elle soit calculée sur le prix public du livre, cette remise est supportée par le libraire seul. Elle représente donc une baisse de revenus, non pas de 5, mais de 12,5 à 25 %, selon l'importance de la remise au libraire accordée par le diffuseur, (sans compter le pourcentage qu'il faut encore retirer pour un paiement en carte bleue et qu'il est impossible de répercuter. C'est pourquoi certains libraires choisissent de n'accorder cette remise qu'à leur clientèle d'habitués ou instaurent une carte de fidélité[34].

> *A la caisse on essaye de faire le moins de remises possible. Mais en librairie c'est phénoménal, vous vendez de la remise ! Moi j'ai commencé à m'user un peu mais S. qui est jeune il est furieux contre les remises parce que c'est son salaire. C'est ce que j'ai quelquefois envie de dire à mes clients. Ils n'y croient pas, ils pensent qu'on a de l'argent plein la caisse ! (rire). On me demande la remise sur un Classique Larrousse à 19 F ! [0,95 F] ... « Vous m'avez fait "ma" remise ? » ! ... (M2)*
> *Est-ce que vous allez demander une remise à votre pâtissier quand vous achetez un gâteau ? Jamais on enquiquine un charcutier ou un traiteur en lui réclamant 10, 15 ou 20 % sur sa viande ! Enfin c'est insupportable ! Un vrai libraire ne devrait pas se laisser aller à ces choses-là. (VL1)*

Des réductions plus importantes peuvent être accordées aux collectivités. Cette fois les problèmes posés sont particulièrement aigus. D'une part, mettant en jeu de grosses sommes, ce travail peut mettre en danger l'entreprise lorsqu'il est mal évalué. D'autre part certaines collectivités vont jusqu'à traiter directement avec le distributeur en mesure de leur accorder des remises que ne peuvent leur concéder les libraires. Les villes ou ces administrations qui décident de ne s'en tenir qu'à des critères financiers à court terme, sans prendre en considération des critères de qualité, posent la question de la politique de la ville en matière culturelle.

> *Avoir beaucoup de collectivités nécessite d'employer quelqu'un, et dans la mesure où ça ne rapporte pas beaucoup à cause des marges aberrantes ... Je ne comprends pas que les*

---

[34] Une différence de 5 points de remise accordée par les diffuseurs entre les libraires et les vendeurs de livres réduirait le déséquilibre.

libraires ... vraiment je comprends pas. Ce marché là je leur laisse, je préfère m'occuper de ma clientèle. (Œ4)
Tout le marché des livres des écoles maternelles et primaires qu'on a eu, qu'on a servi pendant très longtemps, parce qu'on était le libraire traditionnel de la ville, nous échappe depuis plusieurs années pour une ridicule raison de budget, à 10 000 F près sur 300 000 F. Les enseignants de la ville de S. préfèrent aller sur A., ils sont libres, ils ont le droit d'y aller, mais je trouve que c'est injuste. On a la ville qu'on mérite. Vous voulez faire vivre une petite région, faites d'abord vivre les gens qui sont là. Et puis il y a un manque ... on serait venu me demander .... (VL1)

La coopération avec certaines collectivités peut tout de même s'avérer fructueuse lorsque les partenaires sont conscients du travail fourni par les uns et les autres.

On a une médiathèque qui fait beaucoup pour les livres. Si la bibliothécaire ne m'achetait de livres pour enfant, on ne pourrait pas avoir le rayon jeunesse que l'on a. (M2)
La clientèle des bibliothécaires achète au moins un exemplaire des nouveautés, donc vous pouvez, vous, prendre des offices plus larges. Vous povez montrer un plus grand choix de nouveautés et ça vous assure une trésorerie qui vous permet ensuite de maintenir vos remises chez les éditeur (plus vous avez de gros marchés, plus vous améliorez votre remise qui vaut après pour le reste). En proposant 15 % de réduction, moyennant un service que des structures qui offrent une plus grosse remise ne peuvent pas donner, j'ai des clients. C'est à la force du poignet quand même parce que 15 % c'est énorme. Mais c'est cher payer, après tout on doit être rétribué pour notre travail. (Œ2)

Une partie des compétences du libraire revient donc à savoir entretenir le meilleur équilibre qui soit entre les contraintes économiques et juridiques, la demande des clients, et des choix personnels en matière d'image de la librairie et de conception du métier. On peut dès lors distinguer deux grands types de "libraires" parmi les "petits détaillants en librairie" recensés par l'INSEE. Les uns se spécialisent dans la seule vente de nouveautés, alors que les autres s'efforcent de développer, grâce aux divers systèmes d'office, un service aux clients sous la forme de l'entretien d'un fonds diversifié et de qualité, par le soin apporté à la sélection des ouvrages qu'ils proposent.

LA LIBRAIRIE APPRÉHENDÉE EN TERMES DE MÉTIER

La connaissance de l'ensemble des tâches qui composent le travail des libraires permet d'analyser ce métier, dans son sens le plus neutre de "compétence spécialisée dans une division du travail". Pourtant, le terme de "métier" pose en lui-même un problème de définition. « Le concept de métier, (...) omniprésent en sociologie, n'est à peu près jamais analysé. Dans *La division du travail social*, pour Durkheim la différenciation sociale à l'intérieur de la société moderne s'inscrit sur la diversité professionnelle (*vocations*), mais nulle part il ne tente de conceptualiser le métier dans ce qu'il a de spécifique (...). On peut en dire autant de toute la littérature sociologique qui a suivi »[35]. Justement faute de conceptualisation de la notion de métier, la sociologie des métiers a le plus souvent porté sur des activités artisanales ou proches de ce secteur, excluant par ce fait le secteur du commerce. Pourtant les modèles qu'elle a construit permettent d'établir une distinction sociologiquement construite entre libraires et vendeurs de livres.

Lorsque le "métier" est compris dans le sens d'activité traditionnelle, le "savoir-faire" qui le qualifie est un fort enjeu de prestige social. En tant que savoir spécifique, sont exclues du "savoir-faire" les connaissances nécessaires à toute direction d'entreprise, de quelque nature qu'elle soit, comme celles qui concernent l'ensemble de la législation relative à l'activité et au droit du travail, et les règles de base en comptabilité et en gestion. Il ne s'agit pas davantage d'une compétence au sens le plus neutre du terme. Le savoir-faire est ce qui distingue le "professionnel" de l'"amateur". Il n'a rien à voir avec le trait de génie ou la simple reproduction d'une façon de faire. Il comprend au contraire une notion de maîtrise du métier supposant l'acquisition lente et progressive d'un ensemble

---

[35] FREIDSON (Eliot) : Les professions artistiques comme défi à l'analyse sociologique. *La Revue Française de Sociologie*, XXVII-3, 1986. - p. 439.

complexe d'éléments étroitement liés entre eux, et formant un tout obéissant à des principes constitutifs du métier. C'est un ensemble de connaissances à la fois théoriques, techniques et pratiques intégrées et interprétées par une personne, qui se combinent avec les acquisitions antérieures et l'héritage social de celle-ci. C'est pourquoi la principale caractéristique d'un savoir-faire est de n'être jamais intégralement reproductible. Ce qui le distingue alors d'une simple compétence professionnelle est la qualité d'unicité qu'il donne à celui qui le pratique dans la totalité de son activité, et non sur un ou plusieurs points précis seulement.

L'ensemble des tâches routinières décrites plus haut ne constituent pas un savoir-faire car elles ne permettent pas de discerner un libraire d'un vendeur de livres. La librairie ne se distingue donc des points de vente du livre que parce qu'*elle seule* nécessite des compétences particulières en matière de sélections d'ouvrages en vue de l'enrichissement d'un fonds, ainsi que de conseil au client, au lieu de la simple qualité minimale d'accueil. S'il ne s'agissait pas là d'un savoir-faire, chaque détaillant proposant des livres serait d'ailleurs susceptible de l'acquérir et de le mettre en pratique à moins d'un refus délibéré. Les super et hypermarchés qui ne revendiquent pas d'image "librairie", se font fort de ne développer ni conseil aux clients ni fonds. Or, même si le service au client est coûteux, il est aussi source de revenus à long terme. Si tous les détaillants en livres ne décident pas de devenir libraires, c'est parce que l'acquisition du savoir-faire en matière de librairie ne correspond pas au projet d'une personne qui souhaite avant tout accéder à un statut d'indépendant, ou de celle qui est d'abord intéressée par l'acte de vente et dont les compétences en la matière pourraient être mises au service de tout autre produit que le livre.

> *Les réunions avec d'autres libraires de la ville, j'ai déjà essayé il y a quelques années, il y avait des réunions de syndicat ... non ! C'était presqu'un autre langage, d'autres objectifs. J'ai de bonne relations avec une seule autre librairie de la ville. Elle a une espèce d'étique, de projet et on travaille souvent ensemble.* (Œ2)

LIBRAIRE, UNE ACTIVITÉ PROFESSIONNELLE NON RECONNUE SOCIALEMENT, FIN DU XXème SIÈCLE

Les autres libraires de la ville je peux pas dire que ce soit des confrères, ce ne sont pas des professionnels. Ce sont des gens qui ont fait ça ... il y a beaucoup de femmes de 40 ans maintenant, dont les maris arrivés, ont une bonne situation ou des indemnités de licenciement ... on s'installe. Ça a été des fleurs, des fringues, la parfumerie, ça a aussi été la librairie ... "ah ! quel bonheur de travailler dans les livres, quel métier ! on peut lire toute la journée !". (VL3)

La notion de savoir-faire comme spécificité des libraires permet l'appréhension d'une partie difficilement saisissable du métier de libraire, à savoir celle de l'entretien d'un fonds. En effet, cette caractéristique ne repose sur aucune tâche tangible. Elle est au contraire une "manière de faire" particulière s'appuyant sur des tâches en tout point identiques à celles que doivent exécuter tout commerçant du livre. C'est ainsi à partir d'une gestion singulière de l'office, d'une attention méthodique aux nouveautés et à leurs auteurs, et d'une expérience qui se renforce continuellement que le libraire accroît la distance qui le sépare du vendeur de livres. L'élaboration et le perfectionnement d'un fonds exigent en effet la connaissance du contenu d'un nombre toujours plus important de livres qui s'acquiert très progressivement et doit être sans cesse réactualisée devant l'afflux de nouveaux titres et de nouveaux auteurs. Cette dimension temporelle est d'autant plus cruciale qu'elle caractérise le "savoir-faire". On dit de quelqu'un qu'il "a du métier" non seulement lorsqu'il en connaît toutes les "ficelles", mais aussi, et cela va souvent de pair, lorsqu'il a de l'expérience, qu'il a déjà "fait ses preuves". Certes, aucun libraire ne peut se vanter de connaître les 300 000 titres disponibles mais certains d'entre eux sont en mesure d'indiquer des références qui ne figurent plus au catalogue et d'en conseiller la consultation en bibliothèque, comme pourrait le faire un documentaliste expérimenté. En outre, un même livre peut être connu de plusieurs personnes sans qu'il soit présenté de la même façon, ni conseillé aux mêmes clients, dans les mêmes circonstances, ou associé aux mêmes ouvrages. Cette impossibilité d'interchanger les libraires, et souvent leurs employés, correspond à une autre caractéristique fondamentale du savoir-faire.

Enfin la dernière dimension du savoir-faire est la transmission. Or, c'est justement le fait que la librairie ne puisse se résumer à un acte de vente préparé par une série de tâches routinières, qui rend insuffisant l'apprentissage de connaissances, et indispensable la transmission de manières de faire. La familiarisation au métier en tant qu'apprenti scolaire, membre de la famille ou employé, inspire et inculque plus fortement qu'une formation scolaire ou universitaire, non seulement des façons de faire, mais aussi les principes fondamentaux du métier : la "culture de métier". La formation est « un processus spécifique de socialisation, qui permet au jeune praticien de se fondre dans un "moule", et de reproduire ainsi une adhésion aux valeurs, un sentiment de responsabilité, et des capacités à exécuter des tâches pratiques ("skill"). (...) Au-delà du mode d'acquisition de connaissances et de compétences, [s'opère] un processus d'acculturation et de socialisation, qui a pour principale conséquence une adhésion aux valeurs essentielles de la profession »[36]. Porteurs de cette acculturation, l'ensemble des personnes ayant travaillé en librairie avant d'en ouvrir ou d'en reprendre une eux-mêmes, reproduisent le modèle qui leur a été donné ou s'en écartent, mais toujours en référence à cette base de socialisation dans le métier.

En tant qu'employé de librairie, vous aviez appris à constituer un fonds ?— *Non, mais on avait une idée assez précise de ... peut être pas de ce qu'on voulait faire, mais en tout cas de ce qu'on voulait pas faire ...* (Œ3)

C'est pourquoi, lorsqu'il y a formation "sur le tas", il est possible de parler d'un commerçant comme d'un "professionnel" malgré l'absence de diplôme sanctionnant une formation spécifique. Quand bien même le choix effectué est celui du métier de libraire et non de vendeur de livres, ce n'est qu'exceptionnellement que la personne qui n'a eu aucun contact professionnel avec la librairie auparavant ne passe pas par une

---

[36] MILBURN (Philip) : *La défense pénale : une relation professionnelle, les avocats, la défense en matière pénale et les délinquants : analyse sociologique des relations, de la pratique et des relations professionnelles.* - Thèse de Doctorat Nouveau Régime, Paris VIII, Juin 1991 .- pp. 75 et 79.

période où elle fait plus un travail de vendeur de livres qu'un travail de libraire. Plus la période d'acculturation est courte, plus la réalisation du projet est délicate, et elle ne se concrétise, puis s'affirme, que progressivement.

A. Desrosières et L. Thévenot ont mis en évidence « au moins deux origines et deux utilisations de la [catégorie sociale], fondées sur des modalités différentes de rapprochement des personnes et de constitution d'un ordre social. (...) L'un des modes consiste à caractériser des "familles", des "foyers", des "ménages" ou un "milieu", à partir de relations et de filiations personnelles, de transmissions familiales de façons de faire et de vivre. L'occupation professionnelle prend alors la forme d'un "métier". Ce mode s'oppose à un autre qui qualifie les personnes par leur "emploi" dans la division du travail, c'est-à-dire par une capacité anonyme, définie par des critères et souvent sanctionnée par un diplôme ou un statut relevant d'une grille hiérarchisée de "qualifications" »[37]. Ainsi, pendant le XIXème siècle, en évoluant du *"métier"* au sens d'artisanat, avec ses savoir-faire et leur transmission essentiellement familiale, à un *"emploi"* pour lequel aucune connaissance particulière n'est exigée, la profession de libraire dans son ensemble a progressivement perdu de sa valeur sociale intrinsèque. Aujourd'hui, grâce au savoir-faire élaboré par les libraires et eux seuls, cette différence fondamentale fait de la "librairie" un "métier" et de la "vente des livres" un "emploi". Si l'efficacité des efforts des libraires pour faire valoir cette distinction est souvent limitée, elle n'en est pas moins réelle.

LA NOTION DE SERVICE COMME SPÉCIFICITÉ DE LA LIBRAIRIE

La vente est l'autre versant du travail des libraires. Alors que l'on pourrait croire que cette partie du travail est commune aux libraires et aux vendeurs de livres, elle constitue au contraire un des points cruciaux de distinction entre ces deux types de professionnels si l'on accepte de ne pas la réduire à un acte marchand relevant de la seule analyse économique. Il faut alors

---

[37] DESROSIÈRES (Alain) THÉVENOT (Laurent) : op. cit. - p. 8.

la considérer comme la rencontre, actualisée dans l'interaction entre un client et un libraire, entre d'une part une demande, et d'autre part une offre soigneusement élaborée grâce à un savoir-faire.

E. Goffman aborde ainsi la relation professionnelle au sein des "professions" comme le point de rencontre de trois éléments : le "praticien", le client et l'objet de l'interaction client-"praticien". « Notre société est fondée sur le service à tel point que même des institutions comme les magasins en viennent à adopter ce style, en parole sinon en fait, pour satisfaire non seulement les employés mais encore les clients qui tous aspirent à un service personnalisé et spécialisé, même s'ils ne se font guère d'illusion sur sa réalisation pratique »[38]. En matière de librairie, la notion de service au client n'est pas fictive. En effet, contrairement à d'autres types de commerces où la qualité des produits proposés peut varier selon les magasins, un même titre reste exactement le même dans tous les points de vente.

S. qui est jeune libraire souhaite que les gens se servent davantage seuls. Nous on n'a pas la même optique, depuis 30 ans on a toujours fait de la vente accompagnée. Chaque personne qui entre nous demande ce qu'elle souhaite et on la sert. Mais économiquement ça devient absolument invivable. (M2)
Le service n'est pas rémunéré ... — *Pas du tout, mais pas du tout ! Si vous comptez le nombre d'heures qu'on passe à travailler, en le faisant avec joie, mais malgré tout ... au moment de s'acheter un pull, de sortir, d'aller à l'opéra ... vous n'avez pas de réduction sur les places à l'opéra !* (ŒE2)

A la différence de ce qui se passe pour tout autre produit, il lui serait impossible de se spécialiser dans la ventes des livres d'un ou de quelques éditeurs non diffusés ailleurs car une telle entreprise ne serait pas économiquement viable. Le libraire n'a davantage la possibilité de fonder sa réputation et d'attirer la clientèle simplement sur la qualité intrinsèque des nouveautés

---

[38] GOFFMAN (Erving) : *Asile, études sur la condition sociale des malades mentaux.* Paris, Minuit, 1968. - p. 380. La notion de "service personnalisé" concerne toute relation *directe* d'une personne en activité avec un public.

qu'il propose puisque la majorité d'entre elles est disponible partout. La seule opportunité qu'il a de se distinguer est une sélection des ouvrages ou au contraire l'étendue du choix, leur mise en valeur[39], et la qualité de conseil, de façon à ce qu'un même titre puisse avoir plus d'attrait chez lui que chez un vendeur de livres. Le service aux clients, qui comprend à la fois l'entretien d'un fonds et le conseil au client, forme donc le pivot de l'activité des libraires.

Les clients sont alors susceptibles de trouver dans un "professionnel" « une personne qui, sans les raisons personnelles idéologiques ou contractuelles qui justifient éventuellement l'aide à autrui, leur portera malgré tout pendant quelque temps une attention intense, se placera à leur propre point de vue et agira au mieux de leurs intérêts (...) "ce n'est ni un 'marchand' ni un 'receveur', ni un 'connaisseur', ni un 'amateur', car ces gens-là utilisent leurs connaissances dans leur propre intérêt" »[40]. Cette définition de la notion de service élaborée à propos des membres des "professions", s'applique en tout point à la librairie puisque le conseil au client est totalement gratuit[41] : il ne coûte pas moins cher de prendre son livre dans un rayon ou sur une pile chez un vendeur de livre, que de l'acheter chez un libraire qui aura peut-être passer un quart d'heure ou une demi-heure à conseiller le même livre ou à en parler. De même, le prix d'un titre ne variera pas entre un supermarché et une librairie où le travail pour mettre le livre en

---

[39] LEBLANC (Frédérique) : La vente du dictionnaire, in *Les usages du dictionnaire de langue française*, sous la direction de COMBESSIE (Jean-Claude), CSEC, 1993.

[40] GOFFMAN (Erving) : op. cit. - p. 382.

[41] « Le renseignement bibliographique fait partie du service normal du détaillant et doit donc être assuré gratuitement dès lors que la demande du client est suffisamment précise pour pouvoir être satisfaite sans recherche approfondie. En revanche, et à titre d'exemple, la nécessité de passer une commande directement à l'étranger ou l'emploi pour une commande donnée ou sa livraison, de procédés de transmission plus rapide que ceux utilisés, peuvent justifier une rémunération exceptionnelle », in *Prix du livre mode d'emploi*. op. cit. - p. 50. Circulaire du 30/12/81. Est-il vraiment nécessaire de préciser que la concurrence entre les librairies d'un même secteur géographique réduit le plus souvent cette opportunité à une possibilité seulement théorique.

valeur est sans commune mesure[42]. Enfin, dans une librairie le client peut bénéficier du service de commande à l'unité, parfois délicat et souvent onéreux, que seuls les libraires acceptent d'assurer systématiquement[43]. Il comprend la recherche des références du livre, l'enregistrement des arrhes versés par le client, la passation de la commande, le règlement des frais de port, la réception et le classement de la commande dans le lieu réservé à cet effet, la conservation des réponses des distributeurs lorsque le livre n'a pas été fourni pour pouvoir expliquer au client pourquoi il n'est pas arrivé[44] et enfin, seulement, la vente.

Je veux bien le faire pour les bons clients, mais il n'y a pas de raison que je le fasse à un inconnu qui va venir une fois par an me chercher un livre que je dois commander dans le Languedoc, qui va me coûter 20 F de frais de port, 5 F ou 10 F de frais administratif entre l'enveloppe, le timbre car votre correspondant n'a pas forcément de fax. Il m'est déjà arrivé de faire payer la moitié des frais de port, en fait j'aurais dû leur faire payer tout ! Certains ne sont pas revenus, ils trouvent ça désagréable, mais sur un livre à 160 F, vous gagnez 30 F sur les 60 F de remise ... Vous voyez le travail pour gagner 30 F ! (rire). (Œ3)

---

[42] Tout autre produit, alimentaire ou non, dont le prix est libre, c'est à dire la quasi totalité d'entre eux, voit son prix varier selon qu'il est vendu en grande surface ou dans un magasin où des vendeurs conseillent les clients, et selon la qualité du magasin.

[43] « Le service de commande à l'unité doit être rendu (...) par tous les détaillants de livres. (...) Le renseignement bibliographique fait partie du service normal du détaillant », in *Prix du livre mode d'emploi.* op. cit. p. 50. On peut se demander comment, en travaillant aussi clairement en infraction avec la loi, les super et hypermarchés peuvent continuer à être autorisés à vendre des livres .... En fait, la poursuite des contrevenants entraînerait aussi la fermeture de nombreux points de vente du livre parmi les petits commerçants qui refusent de faire des commandes clients. L'accès au livre serait alors rendu difficile dans certaines régions, contrairement à l'objectif même de la loi Lang.

[44] Il peut alors être épuisé ou en réimpression pour une date plus ou moins précise, voire non indiquée. La plupart des distributeurs donnent une raison à cette absence de livraison, mais d'autres ne prennent pas cette peine et les libraires se heurtent parfois à l'incompréhension des clients qui pensent qu'il suffit qu'un libraire commande un livre pour qu'il le reçoive.

LIBRAIRE, UNE ACTIVITÉ PROFESSIONNELLE NON RECONNUE SOCIALEMENT, FIN DU XXème SIÈCLE

Cette énumération ne comprend pas l'éventuel temps de conseil qui peut encore s'ajouter. Commander un livre suppose de connaître à la fois le titre, le nom de l'auteur, l'éditeur et le distributeur. Si ce n'est pas le cas, le libraire consulte le service Électre sur minitel ou l'annuaire publié par le Cercle de la librairie, recensant tous deux l'ensemble des ouvrages disponibles classés par noms d'auteur(s), sujets ou titres. Or ils sont tous deux particulièrement chers. Si les éditeurs participent financièrement à la mise à jour de la base de données, en revanche la consultation d'Électre est totalement à la charge du libraire. De même l'achat des annuaires, entre 3 500 et 3 990 F[45] par an, est supporté par les seuls libraires[46].

> *Notre CD-Rom nous coûte 15 000 F par an. A chaque fois qu'un client nous demande une recherche, on en sort un état imprimé. On y passe donc du temps. Ça se traduit souvent par une commande, mais ce n'est pas systématique. Allez voir n'importe quel professionnel, un garagiste, un médecin, n'importe, vous payerez.* (VL3)
> *J'ai énormément de commandes tous les jours. Le coursier me coûte 5 000 fcs par mois. En plus il y a la recherche, la commande, le tri des commandes, et les gens qui viennent pas les chercher, même avec des arrhes.* (M3)
> *Rien qu'avec Prisme j'ai presque 5 000 francs de transport par mois, c'est monstrueux !* —Et les dépôts de province ?— *Il n'y en n'a pas, on est trop près de Paris.* (ŒE2)

---

[45] Les libraires et les éditeurs qui l'achètent par l'intermédiaire d'un syndicat, ont une réduction de 20 ou 25 %, alors que ceux qui s'adressent directement au Cercle de la librairie bénéficient d'une réduction de 10 %. Certains libraires préfèrent racheter l'annuaire de l'année précédente soldé par un autre libraire. S'ils sont abonnés à la revue professionnelle Livre Hebdo, qui recense mensuellement les nouveautés, ils sont à jour. Mais le temps de recherche se trouve considérablement allongé lorsqu'il s'agit d'un livre récent.

[46] Cet état de fait illustre le déséquilibre du rapport de force entre libraire d'une part, et diffuseurs et distributeurs d'autre part. Pourtant, si ces outils servent l'intérêt des libraires, ils servent également celui des diffuseurs dont l'existence des ouvrages est connue sur l'ensemble du territoire, celui des distributeurs qui diminuent leur stock en vendant des livres datant parfois de plusieurs années, et donc en dernier ressort celui des éditeurs.

En fait, la rémunération, et non le remboursement, du service, existe. Elle est le fait des distributeurs. Mais il est fort à parier que les libraires comptent davantage sur les ventes simples que sur les points de remise supplémentaires qu'ils obtiennent de certains éditeurs pour rentabiliser leur librairie. Cette gratuité du service pour les clients leur permet de choisir leur librairie aussi librement que possible. Inversement, c'est la constance de la qualité du service au client qui assure au libraire la fidélisation de sa clientèle.

II/ *Une identité professionnelle à construire contre celle de vendeur de livres*

1- Formation de l'identité professionnelle

De la "position" objective du libraire émerge son "positionnement" subjectif. En effet, puisque le statut social des "petits détaillants en livres" est proche de celui des "vendeurs de livres" et ne tient pas compte des caractéristiques du travail des "libraires", force est, pour eux, de se construire une identité professionnelle qui intègre pleinement leurs compétences et leur savoir-faire pour faire apparaître leur métier comme une activité à part entière et non comme un "plus" à l'activité de vendeur de livres. Différents processus se mettent alors en œuvre qui conduisent progressivement une personne à adhérer au personnage social qui correspond à son activité professionnelle. L'un d'entre eux est l'adhésion à un groupement[47] professionnel qui offre à ses adhérents de synthétiser et de promouvoir une conception du métier qui corresponde à l'image qu'ils veulent donner.

---

[47] Le recours aux groupements professionnels n'a pas d'autre but que d'accéder à des commerçants du livre qui soient des "libraires" et non des vendeurs de livres. Il n'est pas question ici de représentativité. En revanche, les mécanismes identitaires qui seront décrits n'ont rien de spécifique aux seuls adhérents des groupements.

SOCIALISATION ET MODE D'IDENTIFICATION PROFESSIONNELLE

L'identité peut être appréhendée par la sociologie en considérant la relation identité pour soi/identité pour autrui comme un processus de socialisation. « L'identité n'est autre que *le résultat à la fois stable et provisoire, individuel et collectif, subjectif et objectif, biographique et structurel, des divers processus de socialisation qui, conjointement, construisent les individus et définissent les institutions* »[48]. La "socialisation" est donc un processus au cours duquel une personne intègre les évènements qu'elle traverse en opérant une double interprétation : à la fois celle de l'évènement traversé en fonction des origines sociales, et celle de ses origines à partir de sa nouvelle situation sociale. Cette conception de la socialisation la fait apparaître comme un processus multidirectionnel et dynamique, et non comme une donnée qui, une fois constituée, agirait de façon linéaire et déterministe. Ainsi, le seul fait d'être à la tête d'un commerce de livres ne suffit pas à laisser prévoir la formation de telle ou telle identité et l'adhésion à une conception du métier plutôt qu'à une autre en fonction des seules origines sociales, et réciproquement. La formation et l'affirmation d'une identité professionnelle forte s'appuient au contraire sur un processus de socialisation long et sinueux et l'identité professionnelle est le produit toujours instable du croisement de l'origine sociale de la personne, de ses projets professionnels et de son environnement.

Le choix d'être libraire plutôt que vendeur de livres s'élabore ainsi au cours du temps, dans le processus de socialisation. Lorsqu'une personne se trouve à la croisée de chemins et devant des décisions à prendre, le "bilan subjectif" de ce qu'elle fait de ses "capacités"[49] permet d'anticiper les conséquences des différents choix. Elle imprime alors une certaine inclinaison à son avenir en prenant en compte deux

---

[48] DUBAR (Claude) : *La socialisation, Constructions des identités sociales et professionnelles*, Paris, A. Colin, 1992. - p. 111.
[49] DUBAR (Claude) : op. cit.

facteurs de décision non nécessairement orientés dans le même sens : "se faire reconnaître par les autres" et "accomplir les meilleures performances possibles". Mais une personne qui a un objectif professionnel, si tant est qu'il soit précis, n'a pas forcément une attitude strictement rationnelle par rapport au but qu'elle s'est fixé —le contraire supposerait que l'acteur social connaisse parfaitement à la fois ce qui le détermine et toutes les conséquences de ses actes. La socialisation est alors ce qui permet de s'orienter, quitte à prendre des décisions contradictoires, lors de la confrontation entre deux dimensions brutalement mises en présence, le passé et l'avenir, en imposant le renforcement de l'identité antérieurement construite, ou sa réorientation. Ainsi, la question de la construction de l'identité professionnelle chez les libraires ne se réduit-elle pas, par exemple, à la seule volonté d'accession à une certaine domination culturelle dans un champ donné selon un processus linéaire, même si, justement dans le cas particulier de la librairie, l'entretien de l'antagonisme entre culture et commerce participe à certaines (mais à certaines seulement) stratégies de distinction décrites par P. Bourdieu[50].

En fait, la problématique de l'identité « se trouve (...) à la rencontre de deux processus hétérogènes (...). Le premier concerne l'*attribution* de l'identité par les institutions et les agents directement en interaction avec l'individu. Il ne peut s'analyser en dehors des *systèmes d'action* dans lequel l'individu est impliqué et résulte de "rapports de force" entre tous les acteurs concernés et la légitimité —toujours contingente— des catégories utilisées. La "mise en forme" légitime de

---

[50] Les stratégies de distinction « peuvent être distinctives, distinguées, sans même chercher à l'être. La définition dominante de la "distinction" appelle "distinguées" les conduites qui se distinguent du commun, du vulgaire, sans intention de distinction En ces matières, les stratégies les plus "payantes" sont celles qui ne se vivent pas comme des stratégies. (...) Le profit de distinction est le profit que procure la *différence*, l'écart, qui sépare du commun. Et ce profit direct se double d'un profit supplémentaire, à la fois subjectif et objectif, le profit de désintéressement : le profit qu'il y a à se voir —et à être vu— comme ne cherchant pas le profit, comme totalement désintéressé », BOURDIEU (Pierre) : L'art de résister aux paroles, in *Questions de sociologie*, op. cit. - p. 10.

ces catégories constitue un enjeu essentiel de ce processus qui, une fois abouti, s'impose collectivement, pour un temps au moins, aux acteurs impliqués. Le processus aboutit à une forme variable d'*étiquetage* produisant ce que Goffman appelle les identités sociales "virtuelles" des individus ainsi définis »[51]. Dans le cadre de l'identité professionnelle, ces identités sociales virtuelles sont produites par diverses instances de classement qui proposent des cadres fixes. Mais, dans le cas des libraires, les identités qu'on leur attribue sont très différentes, voire antinomiques, selon les instances de classement. Ainsi, alors que l'INSEE ne prend en compte que l'appartenance de la librairie au secteur du commerce, le ministère de la Culture, dont dépendent les libraires depuis 1982, cherche à nier complètement cette caractéristique et la librairie est réputée faire partie de "l'industrie du livre"[52]. Si ces deux conceptions opposées du libraire peuvent servir de ligne d'orientation à une identification professionnelle, aucune d'elles n'est susceptible de fournir une identité sociale suffisamment réaliste du métier : nier la dimension culturelle de la librairie n'a pas plus de sens que d'en nier la dimension commerciale. L'inadéquation de ces qualifications sociales d'une activité à ceux qui la pratiquent a pour conséquence l'attribution d'identités bancales. La librairie fait ainsi partie des professions pour lesquelles l'identité professionnelle choisie par celui qui l'exerce n'a aucune chance de correspondre à l'identité sociale de détaillant en livres attribuée a priori par autrui.

« Le second processus [de formation de l'identité] concerne l'intériorisation active, l'*incorporation* de l'identité par les individus eux-mêmes. Elle ne peut s'analyser en dehors des *trajectoires* sociales par et dans lesquelles les individus se construisent des "identités pour soi" qui ne sont rien d'autre que

---

[51] DUBAR (Claude) : op. cit. - p. 113-114.

[52] Toute notion de vente est également niée par ce ministère chez les disquaires comme chez les exploitants de cinéma ou les marchands d'art qui, tous à leur manière, participent de "l'industrie culturelle" en faisant partie qui de "l'industrie du disque", qui de "l'industrie du cinéma", qui de "l'industrie artistique".

"l'histoire qu'ils se racontent sur ce qu'ils sont"[*] et que Goffman appelle les identités sociales "réelles". Celles-ci utilisent aussi des catégories qui doivent avant tout être légitimes pour l'individu lui-même et le groupe à partir duquel il définit son identité-pour-soi »[53]. Du fait même de la diversité des étiquettes attribuées aux libraires, le processus d'identification constitue un investissement important dans tous les sens du terme à cause du risque de confusion entre plusieurs identités. Les libraires doivent donc s'efforcer de mettre en œuvre tout ce qui leur permet de correspondre davantage aux groupes par lesquels ils se reconnaissent le mieux et par lesquels ils souhaitent être reconnus. L'adhésion à un groupement professionnel, quel qu'il soit, permet alors autant l'affirmation d'une identité pour autrui que la consolidation d'une identité pour soi. Pour un adhérent à un groupement professionnel, "autrui" peut être de deux types. S'il adhère au même groupement, il est d'emblée un interlocuteur potentiel même si une meilleure connaissance permet par la suite de faire une sélection davantage fondée sur l'affinité. Dans le cas contraire, qu'autrui adhère à un autre groupement ou à aucun, le groupement devient un médiateur auquel revient la plus grande part du travail de communication de la nature de l'identité professionnelle du libraire. Il fonctionne donc à deux niveaux : il est à la fois l'instance qui permet aux libraires pratiquant leur métier d'une manière relativement proche de se reconnaître entre eux, et l'instance chargée de "faire sienne" l'identité professionnelle qu'ils veulent afficher pour la promouvoir et la faire reconnaître du reste de la profession.

Hughes définit trois étapes dans la socialisation professionnelle. La première, le "passage à travers le miroir", est le passage de "profane" ou amateur, à "professionnel". Il ne s'agit pas seulement du renoncement à tous les stéréotypes liés au métier.

---

[53] DUBAR (Claude) : op. cit. - p. 114. [*] Laing, *Le soi et les autres*, Paris, Gallimard, 1961. - p. 114.

> *Je reçois deux ou trois lettres par semaine me disant "j'aime beaucoup la lecture alors je voudrais être employé en librairie" ... c'est surtout pas ... demandez à mes employées les livres qu'elles lisent ! on n'ouvre pas un livre ! Si quand même, on regarde les collections.* (M1)

Il s'agit bien plus de quitter sa position de personne souhaitant devenir libraire, pour entrer au plus vite dans celle de libraire avec tout ce que cela comporte. Il s'agit là d'une complète révolution dans l'image de soi, pour soi et pour les autres. Pour les libraires comme pour tout travailleur indépendant, cette première étape est décisive. Elle peut être la dernière lorsqu'un libraire ne prend pas suffisamment rapidement en charge les difficultés auxquelles il se heurte, et notamment lorsqu'aucune acculturation ne lui a permis d'acquérir la connaissance de certaines façons de faire. L'absence d'une première expérience de la librairie au cours de laquelle s'acquiert une "culture de métier" —incluant les façons de faire, non seulement avec les pairs, mais aussi avec les intervenants en amont et en aval—, rend encore plus délicate la traversée de cette période, si difficile qu'il arrive que l'expérience s'interrompe définitivement.

> *Quelqu'un s'est installé dans une petite rue. Il disait connaître beaucoup de monde. Mais comme sa rue n'était pas passante, il vivait mal. Au bout d'un an ou deux, il est tombé malade et il est mort. Il était déjà à moitié en faillite, et comme il avait des problèmes personnels ... Il s'intéressait beaucoup au métier, il faisait partie d'une commission qui se réunissait à Paris assez souvent, mais pendant qu'il y allait, il n'ouvrait pas sa librairie et dans le commerce .... Ensuite une libraire "jeunesse" s'est ouverte, dans cette petite rue, avec quelqu'un qui n'avait jamais été libraire, qui a fait un stage, et qui est arrivé en disant « enfin une librairie "jeunesse" à L. » ... et puis il a fermé bien sûr !* (Œ3)

Cette première étape doit impérativement être de courte durée pour qu'aux désillusions ne s'ajoute pas un endettement financier important, voire une remise en cause personnelle. En fait, il s'agit du passage d'un cap au cours duquel le libraire doit décider s'il persiste dans son choix de devenir un professionnel d'une activité qu'il imaginait ou dont il pratiquait déjà certains aspects en amateur. Les personnes qui pensaient pouvoir ouvrir un magasin avec comme objectif principal de ne se consacrer

LIBRAIRE, UNE ACTIVITÉ PROFESSIONNELLE NON RECONNUE SOCIALEMENT, FIN DU XXème SIÈCLE

qu'à l'aspect culturel, ou qui souhaitaient se lancer dans la librairie comme dans n'importe quel autre commerce non alimentaire, doivent alors opérer un revirement, s'il en est encore temps, ou choisir une autre activité dans le cas où ils ne sont pas prêts à négocier les réajustements vitaux entre désir et réalité. La mise en évidence de ce processus permet de comprendre pourquoi et comment ce sont les personnes qui sont déjà passées par une immersion dans l'activité qui ont le plus de chance de fonder une entreprise pérenne indépendamment de leur motivation et de leur bonne volonté, et bien au-delà d'une simple maîtrise d'instruments techniques de gestion. La reprise d'une librairie et la collaboration d'employés expérimentés sont deux paramètres qui interviennent fortement dans la rapidité de la réussite du projet en évitant notamment des erreurs qui peuvent être fatales.

> *Au début des années 70 on arrivait à faire des ventes très importantes sur certains livres, mais c'est vrai que c'était pas le but, à la limite on échangeait d'abord. Quand j'ai ouvert la librairie, je pensais que le livre allait être un média qui transformerait les mentalités. Là je me suis trompé, au moins partiellement. Les années 80 sont très décevantes. Les années 79-81 ont marqué la fin de ce qu'on a appelé la génération des librairies différentes et surtout politiques. Ces librairies-là ont pratiquement toutes fermé, quelques unes ont réussi à se reconvertir mais très peu.* (ŒI)
>
> *La période de 68, que j'ai vécue "avec intensité", était quand même une période importante. A ce moment là les livres politiques marchaient extraordinairement et c'était surtout l'axe de la librairie. Je me souviens de cette table centrale avec les essais, c'était formidable. Et puis tout d'un coup, c'est complètement tombé. C'est pourquoi les librairies politiques comme la nôtre n'ont pas pu continuer. Il a fallu, non pas se reconvertir, mais suivre le fil de l'histoire et reconsidérer notre projet. On est certainement des doux-rêveurs au fond de nous-mêmes mais on ne peut plus l'être du tout.* (ŒI2)

Ce n'est qu'une fois le changement de position d'un statut à un autre définitivement accepté, qu'il devient possible de passer à la deuxième étape de la socialisation au métier. Il s'agit cette fois de trouver un équilibre entre l'image idéale que l'on a du métier et sa mise en œuvre pratique dans la réalité quotidienne. Cette deuxième étape n'est donc pas la simple confrontation à la routine et aux éventuelles gênes financières, au lieu des journées principalement consacrées aux tâches nobles que l'on avait imaginées. Cette étape intermédiaire est fondamentale car elle détermine la ligne directrice que le libraire va donner à son entreprise. C'est dans cet intervalle de temps qu'il décide, en fonction de ses objectifs premiers et des contraintes qu'il rencontre dans sa pratique, si oui ou non il persiste dans son choix professionnel, quitte à faire quelques aménagements, et développe son activité dans un sens plus en prise avec, non plus sa propre réalité de professionnel, mais la réalité de la librairie.

Quand j'ai ouvert j'avais des secteurs forts, psychologie, sociologie, sciences humaines. Ça a encore marché pendant les années militantes. On avait beaucoup de rayons socio-politiques, c'était le gros de nos ventes. A la fin des années 70 ça c'est étiolé et au début des années 1980 j'ai senti qu'il fallait évoluer. D'ailleurs j'ai réorienté ma librairie, tout en lui gardant son âme. (Œ1)

Il arrive alors, dans le cas de réorientations radicales, que le processus soit à recommencer. Certes, la connaissance du terrain permet au libraire de réduire au maximum cette fois la première étape, mais le passage par la seconde sera de nouveau nécessaire. C'est à cette étape de la socialisation que Hughes voit des "groupes de référence" remplacer le modèle idéal dans lequel se projette la personne au cours de la première étape. Dans le cas de la librairie, les groupements professionnels peuvent jouer le rôle de "groupe de référence" puisque l'existence d'adhérents correspondant à un modèle donné atteste du réalisme de leur conception du métier.

Enfin, la troisième phase du mécanisme d'identification professionnelle défini par Hughes est la phase durant laquelle le libraire s'ajuste "lui-même" au projet du professionnel qu'il souhait devenir. Cette fois, il fait un travail de recomposition de l'image du libraire qu'il veut être grâce à celui qu'il peut être. Dans cette ultime phase de socialisation, il abandonne les images idéales qu'il avait construites avant d'entrer dans le métier et, en ayant pris la mesure de ce qu'il pouvait réaliser, il se construit une identité professionnelle en adéquation avec ses désirs et ses capacités. C'est seulement à ce moment-là que le libraire peut être considéré comme installé de façon sûre dans la librairie parce qu'il se stabilise dans sa conception du métier, et qu'il peut se consacrer pleinement à la réalisation de ses objectifs sans mettre en péril l'entreprise par des choix irréalistes. C'est d'ailleurs à partir de ce moment seulement qu'il devient possible aux libraires de concevoir de façon pratique la présentation d'une demande, désormais recevable, d'adhésion à un groupement professionnel. Celle-ci permet aux adhérents de ne pas renoncer totalement à leurs aspirations, ni de céder à leurs aversions, dans la défense de principes du métier auxquels ils tiennent, mais qu'ils ne peuvent mettre en pratique quotidiennement. Cependant, si le choix d'adhérer à un groupement est forcément volontaire, il peut également représenter la version positive d'une situation où le libraire aurait renoncé, contraint et forcé, à une partie de ses choix, c'est à dire où la socialisation dans le métier se serait mal faite. « L'homogénéité des dispositions associées à une position et leur ajustement apparemment miraculeux aux exigences inscrites dans la position sont le produit d'une part des mécanismes qui orientent vers les positions des individus d'avance ajustés, soit qu'ils se sentent faits pour des postes comme faits pour eux, —c'est la "vocation" comme adhésion anticipée au destin objectif qui est imposée par la référence pratique à la trajectoire modale dans la classe d'origine—, soit qu'ils apparaissent comme tels aux occupants de ces postes— c'est la cooptation fondée sur l'harmonie immédiate des dispositions —et, d'autre part, de la dialectique qui s'établit, tout au long d'une existence, entre les dispositions et les positions, entre les aspirations et les réalisations »[54].

QUATRE GROUPEMENTS PROFESSIONNELS DE LIBRAIRES
L'adhésion à un groupement professionnel constitue un tournant, tant dans la carrière du libraire que dans l'affirmation

---

[54] BOURDIEU (Pierre) : *La distinction, critique sociale du jugement*. - op. cit. - p. 123.

Une identité professionnelle à construire contre celle de vendeur de livres

de son identité professionnelle, en ce qu'elle permet l'affichage aux yeux d'autrui de l'identité choisie. Elle appuie et renforce l'investissement en temps et en moyens financiers, nécessaires à l'assise de l'image choisie, et accroît sa rentabilité sur une période beaucoup plus courte. Dans les années 1990, quatre groupements de librairies généralistes existaient au niveau national.

Majuscule est une coopérative d'achat de papetiers créée en 1958. Sept libraires-papetiers de province se réunissent autour d'un papetier de Saint-Quentin, et forment la SCOL, groupement d'achat de fournitures scolaires. En 1985 à la suite d'un audit qui affirme que les rayons librairie donnent une image de qualité à une papeterie, Majuscule décide de s'imposer comme groupement de libraires-papetiers, ce que sont déjà bon nombre de ses adhérents. Il développe donc ses propres activités autour du livre au travers de librairies-papeteries multi-services. Des magasins sont créés à l'enseigne de Majuscule, du Grand Cercle (700 m^2 pour les livres sur une surface de 1 500 m^2 dans les grandes villes comme Lille, Marseille avec un assortiment d'environ 40 000 titres) aux Relais (300 m^2 de surface totale dans des villes de moins de 30 000 habitants), en passant par les Cercles (700 m^2 de surface totale dans les villes de moins de 100 000 habitants)[55]. Pour ces magasins, le groupement impose des agencements-types, qu'il propose toujours aux adhérents souhaitant rénover leur magasin. Majuscule a aussi créé une filiale pour aider à la création ou au rachat de librairies-papeteries par le groupement. En 1989, il compte 150 magasins pour 117 adhérents, dont le chiffre d'affaires cumulé se répartit en « papeterie 38 %, livres 40 %, informatique 12 % et divers (disques, affiches et cadres, articles de journaux, jeux éducatifs …) 10 % »[56]. Cependant, en 1991 l'investissement dans les grandes surfaces confiées en gérance à des salariés de Majuscule s'avère être un gouffre financier à cause de la crise générale qui

---

[55] "Chaînes et groupements de librairies en Europe". *Cahiers de l'économie du livre*, hors série n° 2, mars 92. - p. 123.
[56] "Chaînes et groupements de librairies en Europe". op. cit. - p. 119.

commence à toucher les galeries marchandes dans lesquelles les magasins ont été implantés, et peut-être aussi de choix maladroits pour leurs emplacements. Une crise profonde éclate alors. L'équipe dirigeante est mise en minorité et la nouvelle direction change d'orientation. Aujourd'hui, Majuscule a revendu l'ensemble de ces sites et conseille à ceux de ses adhérents qui s'intéressent aux livres de faire partie du groupement Clé. Si sa stratégie est toujours de développer de grands magasins à son enseigne, il n'est plus question d'en salarier les dirigeants mais plutôt de leur apporter une aide logistique. Il se désinvestit de la librairie au profit d'un intérêt grandissant pour deux produits plus rentables que le livre, la papeterie et la bureautique avec, pour cette dernière, la création d'une nouvelle enseigne pour que l'image de Majuscule comme groupement de papetiers, ne constitue pas un frein au développement des nouveaux magasins.

Majuscule se charge lui-même du recrutement de nouveaux adhérents de manière à pouvoir compter un nombre toujours plus important de membres dans les villes petites ou moyennes et à la périphérie des grandes villes, le centre de ces dernières étant des zones d'implantation trop onéreuse pour bien des adhérents Majuscule. L'objectif principal de ce groupement était jusqu'en 1991 de développer l'étendue de son enseigne et d'augmenter le nombre de ses librairies-papeteries par de nouvelles adhésions ou par des ouvertures de magasins lui appartenant. Il a conservé quelques services logistiques en librairie, en particulier au niveau de l'acheminement. Il a également conçu des logiciels de gestion de stock ou de commandes appliqués à la librairie. Il réalise enfin des audits chez ses adhérents, lors desquels des notes sont attribuées à chacun dans divers domaines dans le but d'inciter le libraire à améliorer ses performances d'année en année. Tout ce qui compte désormais est le développement des magasins et l'obligation pour les plus petits d'augmenter considérablement leur chiffre d'affaires en papeterie pour que l'adhésion reste rentable.

En 1968, quelques libraires de province forment le projet d'exploiter leur librairie en commun et créent les *Librairies L.*

Très vite les associés décident de se tourner vers le développement des librairies et, pour ce faire, de réaliser et de promouvoir des services techniques. Le principal d'entre eux est un système de regroupement des commandes qu'ils ont été les premiers à mettre en place : chaque libraire envoie ses commandes au siège qui les centralise par maison d'édition, reçoit les livres, et les redistribue à chaque commanditaire. Les livraisons parviennent ainsi aux libraires dans un délai maximum de 48 heures, réduit les frais de port, et permet de travailler avec de petites maisons alors que le petit nombre de commandes à passer avec elles aurait eu un coût dissuasif pour chaque libraire individuellement. Le groupement offre aussi, aux adhérents qui le souhaitent, la possibilité d'être facturés par l'intermédiaire du groupement, réduisant ainsi leurs tâches administratives et les faisant bénéficier de délais de paiement négociés entre le groupement et les distributeurs. Depuis 1989, les librairies L ont mis en place des techniques d'enquêtes, effectuées par des entreprises spécialisées, afin d'établir l'indice de satisfaction de la clientèle au moyen de questionnaires posés à des clients au sortir du magasin, sur l'accueil et la présentation du magasin, et d'entretiens téléphoniques réalisés au hasard sur toute la ville sur la réputation de la librairie. Les libraires peuvent ainsi mieux connaître leurs rapports avec la clientèle, et le groupement mesurer le dynamisme de ses adhérents et proposer des solutions aux points qui demandent une intervention. Au bout de 22 ans d'existence, le groupement compte 43 adhérents, dont 2 en Suisse, et le chiffre d'affaires cumulé de l'ensemble des librairies atteint 800 millions de francs.

Depuis le début des années 90 ressort particulièrement la volonté de mettre en avant une certaine image des librairies L : généralistes, elles se doivent de ne négliger aucun rayon tout en développant ceux que l'adaptation au marché local impose de renforcer (rayon universitaire, spécificité régionale etc. ...). Les adhérents doivent consacrer un minimum de 70 % du chiffre d'affaires aux livres, et disposer d'une surface d'au moins 150 m^2. Quelques librairies plus petites figurent au nombre des adhérents mais il ne s'agit là que de persistances historiques. En

1993, désireux de renforcer encore cette image et de ne plus apparaître avant tout comme un groupement de services, le groupement prend le nom de *La Voie du Livre* et organise, dans ce sens, des campagnes de publicité d'incitation à la lecture et à l'achat de livres. L'objectif principal de la Voie du Livre reste d'aider au développement de grandes librairies généralistes situées dans des villes de province de grosse ou moyenne importance.

En 1973-1974, les éditions de Minuit ouvrent une librairie. Dès 1975, sous l'impulsion de l'éditeur littéraire J. Lindon, elles décident de créer une association pour défendre le prix unique du livre afin de permettre à la petite librairie de résister à la concurrence de plus en plus importante des grandes librairies, des chaînes et des grandes surfaces spécialisées. En 1980-1981, sept de ces libraires et deux éditeurs littéraires des éditions de Minuit créent l'association *l'Œil de la Lettre* autour de trois objectifs. L'un est politique, c'est le respect du prix unique du livre et la lutte contre les grands groupes de diffusion de livres. Le deuxième est technique, c'est l'aide à la gestion. Enfin le dernier est culturel, c'est l'aide à la création littéraire par la constitution d'un fonds d'ouvrages de littérature et de sciences humaines "de qualité" parfois difficiles d'accès et donc introuvables dans nombre de librairies. C'est pourquoi lorsqu'un libraire souhaite adhérer à l'Œil de la Lettre, la direction du groupement discute avec lui de ses motivations et de ses idées sur le métier de libraire. Entrait également en ligne de compte le "cachet" de la librairie. Les adhérents de l'Œil de la Lettre devaient réaliser un minimum de 95 % de leur chiffre d'affaires en livres, consacrer environ 70 % de leur chiffre d'affaires à la littérature et aux sciences humaines, et les ventes devaient se répartir à peu près à égalité entre le fonds et les nouveautés. En 1993, le groupement comptait 42 adhérents (44 magasins), dont 3 en Belgique, et 26 libraires non adhérents, mais qui proposaient la revue du groupement, dont 2 en Suisse, 1 à Athènes et 1 à Montréal. Mais, en 1995, le groupement se dissout à cause de désaccords sur les orientations à prendre. Quelques libraires, et d'autres non anciennement adhérent comme deux libraires Clé, continuent cependant de faire paraître une revue d'articles critiques sur divers ouvrages autour d'un thème commun, *Notes de lecture*.

Soucieux d'influer la création littéraire et sa diffusion, le groupement éditait trois numéro de revue par an. Il s'agissait d'articles de fond consacrés à la littérature française ou étrangère et un pays ou un auteur particulier. Leur financement était assuré pour un tiers par la publicité de diverses maisons d'édition, aux deux autres tiers provenant de la vente aux libraires et des subventions de divers instituts ou fondations qui participaient à l'élaboration d'une revue particulier. L'autre tiers était assuré par des achats réguliers d'encarts publicitaires par des éditeurs, tels que Gallimard, Grasset, Minuit ou le Seuil pour les plus connus, qui ont aidé le groupement à acquérir sa renommée de façon indirecte par la revue. Ces éditeurs soutenaient également le travail du groupement et ses adhérents par des dons de textes inédits —précédant le plus souvent la publication ultérieure d'un ou plusieurs ouvrages de l'auteur — pour les livres "cadeaux", distribués à Noël ou pendant "la Fureur de lire". Le Seuil proposait aussi au groupement la tenue conjointe d'un stand au Salon du Livre. Enfin, à l'attention de la clientèle des libraires, l'Œil de la Lettre avait mis en place une carte de fidélité donnant droit à la remise de 5 % au bout de l'achat d'un nombre donné d'ouvrages, valable chez l'ensemble des adhérents.

En 1982, un libraire d'Aix-en-Provence, nouveau venu dans le métier puisqu'il travaillait dans la communication, décide de créer un catalogue comprenant une sélection d'ouvrages commentés. Son but est d'entrer plus efficacement en contact avec son public, notamment à l'occasion des fêtes de fin d'année. Pour en réduire le coût élevé, il s'allie avec plusieurs autres gros libraires. En 1987, le périodique *"Page"* est créé en collaboration avec *Télérama* et le groupement *Clé* légalement constitué. En 1989 cette collaboration prend fin et *Page* devient indépendant. A travers la diffusion de *Page*, l'objectif de Clé est de permettre aux librairies de se développer selon deux principes fondamentaux : le renforcement du contact libraire-client et l'incitation du public à l'achat de livres par le développement de l'entreprise multi-spécialisée. En 1988, Clé compte déjà 28 adhérents, et en 1993, il a un poids économique, toutes librairies confondues, d'1,2 milliard de francs. Clé rassemble des libraires "de même nature" et dont les caractéristiques communes sont une grande surface de vente et un chiffre d'affaires minimum, imposé par l'achat-diffusion des catalogues, première raison d'être du groupement.

Clé se veut à la fois un associé des libraires qui les accompagne dans leur développement, et un lieu de réflexion sur le devenir de la librairie ainsi que sur les moyens à mettre en œuvre pour préserver le métier. C'est en ce sens qu'il s'efforce de développer la coopération entre libraires et éditeurs au travers d'actions communes telles que l'expérimentation de nouveaux fonds ou la réimplantation d'un fonds disparu dans quelque librairie. Mais la principale occasion de coopération entre les libraires Clé et les éditeurs est l'association de ces derniers aux catalogues pour lesquels ils versent une somme correspondant à un ou plusieurs encarts publicitaires dans les quatre numéros annuels. Lors de son adhésion en effet, le libraire s'engage à acheter un nombre plancher de chaque numéro de *Page* pour un coût approximatif de 100 000 F[57]. *Page* comprend désormais 6 numéros et 3 hors-série destinés aux scolaires, aux élèves de Terminale, et aux étudiants. La société de moyens ADL, liée à Clé par un contrat d'exclusivité, est chargée de la réalisation, de l'édition et de la diffusion des catalogues. En effet, Clé refuse de devenir un prestataire de services, et les libraires qui souhaitent commander plus d'exemplaires que le nombre plancher doivent s'adresser directement à l'imprimerie. *Page* est envoyé aux libraires Clé avec l'adresse de leur librairie en référence. A eux ensuite de les faire parvenir à leur clientèle réelle ou potentielle par distribution dans la librairie, mais surtout par voie postale. Chaque libraire doit prospecter auprès de la totalité de sa clientèle potentielle.

---

[57] Sur les 150 plus grosses librairies recensées par Livre Hebdo en 1991, 60 sont adhérentes d'un des quatre groupements dont 21 chez Clé sur 43 adhérents que compte ce groupement, alors que les librairies de l'Œil de la Lettre ne sont que 11 sur 38, les adhérents de la Voie du Livre 12 sur 42 et ceux de Majuscule 16 sur 84.

POLARISATION DES IDENTITÉS PROFESSIONNELLES ET RÉPARTITION DES RÔLES

Il existe deux façons principales de se forger une identité : soit par adhésion à une culture de métier, soit par une volonté de distinction par rapport à un ensemble de professionnels avec lesquels on ne veut à aucun prix être confondu. L'adhésion à un groupement permet une solution intermédiaire, à savoir l'affirmation d'une distinction sous la forme d'une participation à la défense d'une conception de métier et non d'un repli sur sa seule pratique. Les groupements fonctionnent alors comme des "prêts à porter identitaires" dans lesquels la plupart des libraires peuvent trouver des conceptions du métier proches des leurs, ainsi que des moyens de les affirmer et de les afficher. Par la prise en charge d'une part au moins de la promotion de cette identité, ils représentent pour les libraires un moyen d'affirmation de l'identité choisie. Chaque direction de groupement est donc chargée de mettre en avant l'activité et le rôle de son groupement, et, éventuellement, de promouvoir les conceptions du métier de libraire défendues par ses adhérents. Chacune d'elles propose une manière particulière de l'envisager et de traiter la relation entre commerce et culture en s'efforçant, à sa façon, d'associer équitablement ces deux caractéristiques au fondement même de la librairie, ou au contraire de mettre plus particulièrement en avant l'une des deux seulement. La Voie du Livre et Clé ont tous deux choisi de travailler à la fois sur des impératifs en matière de commerce et de développement d'entreprise, et sur des caractéristiques qualitatives. Les positions extrêmes en termes de défense d'une seule composante de la librairie sont occupées par Majuscule du côté du commerce et du développement du chiffre d'affaires, et par l'Œil de la Lettre du côté culturel.

Ce dernier se positionne très nettement comme un groupement qui défend la création littéraire au point d'avoir même oublié, dans un premier temps, la dimension de "vente" du métier de libraire.

> *Quand un livre arrive dans une librairie il n'arrive pas tout seul : son auteur a un passé, une histoire ... le libraire doit avoir intégré cette histoire, ce passé, et être capable de les resituer. Un libraire Œil de la Lettre doit être complètement*

impliqué dans l'écrit, l'écrit n'est pas neutre, il a un contenu politique. Nous avons un côté très politisé qui est la défense de la pluralité, de la démocratie et l'investissement au-delà de la simple écriture. Et puis c'est une certaine sensibilité pour sentir les clients et arriver à définir psychologiquement la personne pour savoir comment répondre à ses attentes ... Tout cela reste la base du groupement. Ce qui a changé et évolué, c'est toute la partie commerciale, qui consiste à savoir rendre au client le service qu'il attend de nous, par la recherche, la commande, l'accueil. (l'Œil de la Lettre)

La littérature proposée chez les libraires du groupement se distingue de celle que l'on trouve chez la plupart des autres libraires, et de celle qui se trouve à la portée de tous les lecteurs. On trouve chez les adhérents de l'Œil de la Lettre des auteurs peu ou pas connus d'une majorité de lecteurs, en littérature comme en sciences humaines. Mais il apparaît surtout ici que c'est en matière de connaissance du fonds plus qu'en matière de conseil au client que le groupement exigeait de ses adhérents un véritable "savoir-faire". Il s'agissait alors d'une démarche plus politique que professionnelle, démarche que le groupement avait fini par réorienter pour mettre également l'accent sur le conseil au client sans lequel il est impossible de parler de service au client correspondant au métier de libraire.

Les libraires du groupement ont souvent une formation universitaire et je pense qu'ils sont venus au livre essentiellement pas goût, par connaissance, par culture générale, peut-être plus que d'autres libraires. Ils n'ont pas une démarche de libraire au départ et ça a été dangereux parce que certains sont partis sans un rond avec... une notion de commerce qui n'était pas tout à fait celle qu'il fallait avoir ! (l'Œil de la Lettre)

Les adhérents de l'Œil de la Lettre présentent en effet quelques particularités. Un seul d'entre eux est issu d'une famille de libraire et très peu de libraires ont suivi une formation spécialisée. Par contre, la plupart d'entre eux détient des diplômes supérieurs au baccalauréat et surtout supérieurs à ceux que possède la majorité des personnes de leur âge issues de la même classe sociale. Dans le groupement Clé, c'est la volonté de développer la relation entre les livres et leur clientèle qui constitue le pivot autour duquel l'adhérent doit organiser non seulement son travail mais aussi sa librairie. L'essence de son travail est la transformation d'un produit. La dimension "vente" est ici fortement présente.

Il y a plusieurs façons de faire ce métier et, dans ma tête, il n'y a aucune hiérarchie de valeur, ce sont des choix. Mais il faut être clair sur le choix que l'on fait. Je considère que le libraire est un commerçant médiateur entre un livre, et donc un texte, et un marché : on part d'un produit individuel, qui est l'œuvre d'un auteur en collaboration avec un éditeur, et il faut que ce produit subisse une transformation radicale pour qu'il touche son public potentiel. Libraire c'est un métier. *Ce n'est pas parce qu'on a des livres dans un magasin qu'on est un libraire. Les Clé ont l'ambition, comme d'autres évidemment, de positionner leur entreprise avec une valeur ajoutée professionnelle qui s'appelle le métier de libraire qui implique une série de pratiques professionnelles bien sûr, mais aussi une communication particulière : « j'ai dans mon dos l'auteur, l'éditeur, la distribution ; j'ai créé mon rayon, les conditions de séduction de véritable service ; je me tourne vers* mon public ... *quel est-il, qu'est-ce que je peux entreprendre pour le satisfaire, pour lui plaire ? ». La très grande qualité professionnelle prioritaire du libraire c'est cette capacité à sentir cette clientèle qui va ensuite déterminer la proposition commerciale, la proposition d'offre qu'il va faire. En tant que produit individuel, le livre doit se fondre dans un ensemble qui est un rayon thématique ou de spécialité. Le public potentiel vient vers ce rayon, et dès lors le produit se vend tout seul car sa qualité intrinsèque se manifeste grâce à cette mise en scène dans le lieu où il va pouvoir "pousser". Le libraire n'est pas quelqu'un qui lit les livres. Il doit avoir une culture de départ, une base très solide, et ensuite une disponibilité permanente à saisir l'air du temps, à intégrer tout ce qui lui est utile.* (Clé)

Les compétences exigées, tant en matière de connaissance du produit que de transformations à lui faire subir, pourraient être requises dans le cadre de tout autre entreprise et pour tout autre marchandise. Cependant, l'accent mis sur des compétences très centrées sur le livre permet aux adhérents Clé de n'être interchangeables avec aucun chef d'entreprise exerçant dans une autre branche professionnelle. Le fait que chaque libraire doive adapter ses compétences à son terrain et les développer en les remettant sans cesse en question, suppose les libraires détenteurs d'un véritable savoir-faire. Clé est donc un groupement d'entrepreneurs spécialisés, et spécialistes, dans un secteur particulier, celui du livre. Ainsi, bien que Clé n'ait été créé qu'autour du projet de *Page*, il réunit des libraires partageant des conceptions communes de la librairie.

Bien qu'une part importante des adhérents Clé soit issue de famille de libraires, la poursuite de la tradition familiale n'est pas la ligne directrice de leur travail. Leur but principal est davantage le développement de l'entreprise familiale. Cette rupture avec la seule "tradition" du métier est d'ailleurs nécessaire pour adhérer au groupement. En effet, la recherche du contact avec le client, non pas seulement pour partager avec lui le plaisir du livre mais dans l'objectif de vendre, a longtemps été considérée comme une démarche mercantile n'ayant pas sa place dans la tradition de la librairie telle qu'elle devrait être affichée, même si elle était bien évidemment une dimension essentielle du métier. Clé a ainsi réussi à valoriser cet aspect de la librairie en lui adjoignant une caractéristique indissociable pour la rendre acceptable, le "professionnalisme".

La Voie du Livre défend encore une autre conception de la librairie associant commerce et culture.

> *Un bon libraire ... il y a évidemment une notion de compétence sur le livre, et une notion de commerce dans le sens positif du terme. Dire que l'un est plus important que l'autre n'est pas possible, la librairie ne fonctionne pas. Le deuxième élément est la capacité à bien organiser et à mettre en place son commerce. Ce sont des choses banales, avoir un magasin propre, un bon accueil, savoir conclure une vente même si on a envie de parler trois heures d'un livre. Une dernière dimension qui est peut-être particulière au groupement et qu'on développe, c'est que le libraire doit offrir, pour autant qu'il puisse le faire avec sa surface, tous les rayons qui correspondent à son marché, quitte à en développer certains plus que d'autres mais sans spécialisation. Il y a un équilibre à trouver entre les différents rayons, mais aucun rayon ne doit être négligé au profit d'un autre. Tous les livres doivent pouvoir être trouvés dans une librairie La Voie du Livre [sauf] ce qui est Arlequin etc. car c'est un autre type de diffusion. Il y a une adaptation nécessaire pour chaque ville et il y a une culture, une entité socioculturelle de la ville qui fait que la*

librairie par essence n'est pas duplicable d'un univers à un autre. Ce qui est duplicable par contre, c'est le label [la Voie du Livre] c'est-à-dire une qualité de libraires qu'on pourrait développer, qualité d'accueil, qualité de stock, connaissance du livre, qualité marchande classique d'un point de vente. (la Voie du Livre)

Si l'importance accordée à la connaissance des livres pour leur mise en place, comme au développement des rayons liés à la situation géographique de la librairie font penser au professionnalisme défendu par Clé, l'optique est ici toute différente. A la Voie du Livre, les libraires héritiers et les libraires issus de familles de commerçants représentent plus de la moitié des adhérents. Leurs librairies sont implantées dans des villes petites ou moyennes, dont certaines existent depuis le XIXème ou la première moitié du XXème siècle. Mais elles n'ont pas de tradition d'édition, elles sont souvent le fait d'artisans ou de commerçants reconvertis dans la librairie, commerce plus "propre", moins fatiguant et dangereux que d'autres. Ainsi, la nécessité de développer la notion de culture ne s'est faite sentir qu'après avoir aménagé le passage de la petite librairie traditionnelle familiale à la librairie mieux adaptée au nouveau visage de l'édition, la diffusion et la distribution d'un côté, et aux attentes de la clientèle de l'autre côté.

Malgré tout, la Voie du Livre est celui des groupements qui propose une identité professionnelle faisant le moins appel à des qualités professionnelles assimilables à un "savoir-faire traditionnel" alors même que les compétences qu'il exige en ont les qualités. Tout fonctionne en effet comme si, dans une activité non directement liée à l'artisanat, la notion de "savoir-faire" ne peut être mise en avant que par des groupements dont le recrutement interdit l'amalgame entre "métier" et "tradition" dans un sens péjoratif. C'est aussi pourquoi l'objectif affiché du groupement est surtout d'associer la notion de culture à une base commerciale déjà présente. La Voie du Livre offre ainsi la possibilité à ses adhérents de rester dans le commerce en évoluant de façon suffisamment progressive pour ne pas remettre en question la poursuite de la tradition familiale. Rien dans le discours du responsable du groupement n'évoque la

LIBRAIRE, UNE ACTIVITÉ PROFESSIONNELLE NON RECONNUE SOCIALEMENT, FIN DU XXème SIÈCLE

nécessité d'une transformation radicale des façons de faire, si ce n'est peut-être sur l'accueil. La performance du groupement a consisté à offrir aux adhérents la possibilité de valoriser cette révolution qui consiste à allier commerce et culture.

Au contraire des trois groupements précédents, Majuscule ne défend pas de conception particulière du métier de libraire.

Pour l'instant on ne se permet pas de faire de l'image puisque, de toutes façons, c'est secondaire. On essaye au maximum de développer le chiffre d'affaires et, pour cela, tous les moyens sont bons. Mais l'avenir de la librairie est inquiétant. Les marges ne sont pas terribles et on se creuse la tête pour savoir comment faire. Mais on ne veut pas abandonner le livre parce que c'est un formidable complément quand même ... ce n'est pas mauvais pour l'image. Et puis on n'est pas les sauveteurs de la culture, mais s'il n'y avait plus de libraires ... Leclerc a beau faire un peu de livres maintenant, s'il fallait compter sur lui pour cultiver les gens ! Je crois qu'on a besoin des libraires malgré tout. — Que demandez-vous aux libraires ?— Ceux qui font du livre font automatiquement de la papeterie. On a une personne en interne chargée de l'animation des ventes en papeterie, on lui a fixé son objectif, c'est-à-dire création de chiffre d'affaires supplémentaire à l'existant et développement du trafic dans les magasins. On s'en sort de mieux en mieux et chaque action qu'on mène est rentable. Aujourd'hui on est 135 adhérents, avec une centrale d'achat [en papeterie] de 340 millions de francs en achats et un chiffre d'affaires cumulé des adhérents de quasiment 2 milliards de francs. On a des adhérents qui ne sont pas que libraires mais leur partie librairie est faite de petits rayons. Je pense qu'ils sont voués à survivre et c'est dommage pour eux. De toutes façons quand une librairie ferme c'est dommage pour celui qui a monté l'affaire et c'est dommage pour les gens qui habitent à côté. Les petites librairies ne nous gênent pas, nous on est de grands libraires. Il faut se faire une raison, le monde change. Aujourd'hui, il vaut mieux investir dans les jeux éducatifs vidéo que dans le livre, je crois. A nous de faire en sorte que, s'il doit y avoir des fermetures de libraires, elles se fassent ailleurs que chez nous. Si la papeterie peut développer un chiffre d'affaires conséquent leur permettant de continuer cette activité tant mieux ... et puis à eux aussi de voir s'il ne faut pas évoluer un peu. (Majuscule)

L'absence de stratégie du groupement en matière de librairie est ici attestée par l'impossibilité de la définir en dehors d'objectifs financiers ne concernant pas la librairie. D'ailleurs, l'histoire du groupement ne semble pas transmise aux nouveaux cadres dirigeants. Seuls les adhérents déjà anciens la connaissent. En fait, il semble que le groupement cherche surtout à démarquer sa démarche de celle de l'ancienne direction et il est impossible de déterminer le profil des libraires-papetiers de Majuscule. Cohabitent donc dans ce groupement plusieurs générations d'adhérents : les fondateurs ou leurs successeurs immédiats, les adhérents qui avaient rejoint le groupement alors que celui-ci avait encore une image librairie-papeterie, et ceux qui ne l'ont rejoint qu'après le changement de direction. Sont ainsi associées des personnes qui construisent leur identité professionnelle sur celle de "papetiers-vendeurs de livres" et d'autres sur celle de "papetiers-libraires". Le désengagement actuel de Majuscule vis-à-vis de la librairie ne permet donc pas de le considérer comme "groupement de libraires-papetiers", c'est un groupement de papetiers qui consacrent éventuellement une part variable de leur chiffre d'affaires au livre, mais qui ne développent pas forcément de "librairies". De même, Majuscule n'est pas un groupement "professionnel" puisqu'il recrute sur des critères financiers stricts, mais ne fait pas intervenir de critères professionnels[58].

L'Œil de la Lettre, Clé et la Voie du Livre travaillent dans le sens de la promotion d'une certaine conception du métier de libraire. En permettant à leurs adhérents de faire valoir une identité professionnelle de libraire clairement identifiable, ces groupements peuvent être considérés comme des "groupements de libraires à caractère professionnel".

---

[58] La ligne générale du groupement n'empêche pas certains adhérents papetiers de faire aussi un véritable travail de "libraire" si l'on considère les compétences qu'ils organisent en savoir-faire pour développer un service au client digne de ce nom. Quelque uns d'entre eux sont d'ailleurs en même temsp adhérents d'un autre groupement.

2- Élaboration d'une visibilité du métier au travers des groupements

En dehors de l'Œil de la Lettre, Clé et la Voie du Livre, aucune association professionnelle de libraires généralistes au niveau national n'étant en mesure de proposer une autre conception du métier qui attire l'adhésion d'un grand nombre de personnes, il est possible de dire qu'ils fournissent tous les modèles d'identité professionnelle représentative de l'ensemble des libraires. Il n'est toutefois pas question d'affirmer que chaque libraire trouverait forcément une place dans l'un de ces groupements et aucun autre. En fait, chacun d'eux constitue un idéal-type d'identité professionnelle dans lequel ne se reconnaissent totalement que peu de libraires[59], mais qui permet à chacun de trouver quelques points communs avec tout ou partie de sa pratique. Ces groupements ont alors surtout l'avantage de promouvoir les principaux traits du métier de libraire en insistant chacun sur l'un d'entre eux.

LÉGITIMITÉ DES GROUPEMENTS COMME PÔLES IDENTITAIRES

Les groupements permettent à leurs adhérents de se distinguer à la fois des libraires des autres groupements et de ceux qui n'adhèrent à aucune association de ce genre. Mais l'appropriation et le maintien de cette position sur un domaine délimité exigent des compétences particulières de la part des responsables des groupements, compétences d'autant plus marquées que chaque groupement fonde aussi son existence sur la distinction par rapport aux autres. « Le rang social et le pouvoir spécifique que les agents se voient assigner dans un champ particulier dépendent d'abord du capital spécifique qu'ils peuvent mobiliser, quelle que soit par ailleurs leur richesse en

---

[59] Nombre de libraires correspondant parfaitement à l'un de ces idéaux-types ont fait le choix de n'adhérer à aucun groupement.

telle ou telle espèce de capital »[60]. A ce titre, le degré de proximité des responsables des groupements avec la librairie est un très fort facteur de crédibilité et de fiabilité aux yeux des adhérents.

J'étais libraire à Grenoble. Mais la librairie et le groupement en même temps c'était trop lourd. Donc en 84 j'ai laissé tomber la librairie et j'ai pris l'Œil de la Lettre. Avoir d'abord été libraire est fondamental. Dans la mesure où on intervient auprès des libraires, si on n'a jamais été libraire, on n'a pas le même poids, on ne connaît pas les difficultés donc on voit les choses de trop loin. (l'Œil de la Lettre)

J'ai été libraire à la P. pendant 20 ans, je suis tombé dans la bassine très tôt ! Je crois que je ne pourrais pas faire ce travail si je n'étais pas ... je dirais reconnu comme "libraire à part entière" et ayant une pratique effective de ce métier. (Clé)

Mon travail est lié, au-delà de tout ce que je pourrais vous dire sur mon intérêt pour le livre sur lequel je ne m'étendrai pas, au rôle d'un groupement : avant d'être à la Voie du Livre, j'ai créé un regroupement, P. Donc même si je n'ai pas exercé le métier de libraire, j'ai les compétences pour travailler sur un groupement. P. était orienté papeterie, alors que La Voie du Livre est orientée librairie, mais les métiers peuvent dans certains cas coexister au niveau des points de vente. (la Voie du Livre)

Je n'ai jamais été libraire, j'ai une formation de publicitaire. J'ai travaillé en agence de publicité où j'ai eu l'occasion d'animer des réseaux comme ceux-là et j'ai été embauché par Majuscule il y a 2 ans. —Vous êtes intéressé par le livre ?— Pas du tout puisque moi au départ chez Majuscule j'avais une fonction de ... plus ou moins avec le Service Achat. (Majuscule[61])

Alors que les représentants de l'Œil de la Lettre et de Clé mettent en valeur leur compétence à diriger une librairie ou leur ancienneté dans le métier, les autres font valoir, qui une

---

[60] BOURDIEU (Pierre) : *La distinction, critique sociale du jugement.* - op. cit. - p. 127.
[61] Majuscule est d'ailleurs le seul groupement à avoir une telle équipe de cadres, les autres comptent le(s) responsable(s) et un secrétariat, restreint pour l'Œil de la Lettre, un peu plus important pour Clé, ainsi qu'une équipe technique pour la Voie du Livre.

légitimité à occuper leur poste —en faisant référence à leur travail dans un groupement toujours en expansion, ajouté à un intérêt personnel pour le livre—, qui des compétences dans un domaine clef pour une société dont l'objectif prioritaire est de se reconstruire une image et surtout de prendre de l'importance. En fait, l'insistance des responsables de Clé et de l'Œil de la Lettre sur la difficulté à se faire entendre des libraires, souligne au moins autant leur proximité avec les adhérents qu'une façon d'éviter de sérieux désaccords. Ces remarques qualifient aussi un mode de travail que les responsables de la Voie du Livre et de Majuscule ne peuvent pas mettre en place. Ainsi, selon un schéma classique, moins les responsables des groupements peuvent faire valoir leur autorité en termes d'expérience et de compétence dans le métier, plus ils soulignent celles qu'ils ont acquises en dehors mais qu'ils peuvent réinvestir dans leur travail actuel. L'autorité légale des responsables des quatre groupements est déléguée par les adhérents qui les chargent, par un vote en conseil d'administration, de représenter l'orientation qu'ils ont choisie pour le groupement. A Majuscule, l'accent a porté sur des critères d'adhésion trop peu qualitatifs et proches des conceptions du métier de papetier-libraire qui étaient celles de la plupart des créateurs du groupement. Ceux-ci ont alors été mis en minorité et ont dû laisser la place à d'autres objectifs bien différents qui ne portaient plus sur des conceptions du métier mais sur des visées de développement.

Les différences qui se font jour au niveau de la forme du discours sont également chargées de sens. Celui de la responsable de l'Œil de la Lettre, montre une certaine prise de distance par rapport aux questions posées. Il donne ainsi à voir une expression distanciée caractéristique de la distinction cultivée[62] à la hauteur de bien des libraires du groupement et des exigences de celui-ci quant au niveau culturel des adhérents. Le discours du responsable des libraires Clé est plus efficace dans le sens où les réponses sont toujours en rapport direct avec la

---

[62] BOURDIEU (Pierre) : *La distinction, critique sociale du jugement.* - op. cit., mais aussi *Questions de sociologie.* - op. cit.

question. Celle-ci est traitée à fond sans détour ni besoin de relance, et lorsqu'une demande de précision interrompt le discours, l'interviewé revient lui-même à l'endroit où son exposé avait été interrompu. Le responsable de la Voie du Livre a, quant à lui, une parole davantage guidée par son enthousiasme et celui de ses adhérents pour le métier de libraire et le livre, enthousiasme qu'ils se font fort de traduire en réussite professionnelle. Enfin la personne de Majuscule tient un discours en décalage avec l'objet de l'entrevue. En effet, elle ne répond pas aux questions relatives à la pratique du métier, domaine qu'elle ne connaît pas en dehors de données générales. Elle cherche davantage à montrer l'intérêt de ce que Majuscule fait en dehors de la librairie. Si son statut à Majuscule explique cette attitude, il est plus surprenant que la direction du groupement ne comprenne aucun salarié plus au fait des questions strictement liées à la librairie.

« La délimitation d'un champ de production du discours savant sur un domaine du réel (...) circonscrit (...) la possibilité de proposer une rationalisation et une intervention sur ce domaine »[63]. Les groupements ont ainsi acquis une "autorité" dans le champ de la librairie leur permettant de représenter une certaine partie de la profession. Se trouve alors renforcée la zone de compétence et d'action que chaque groupement s'est aménagée et sur laquelle il n'admet pas de concurrence —rendue d'autant plus probable par l'inexistence de syndicats généralistes forts—, quitte à présenter la coexistence de plusieurs groupements professionnels comme pacifique, voire positive. D'ailleurs seuls les responsables de l'Œil de la Lettre et de Clé s'expriment largement sur le sujet :

La Voie du Livre fait un très très gros effort. Il y a une ouverture sur la qualité. C'est un bon groupement de librairies assez fortes, traditionnelles. Je n'ai pas de critiques même si, quand on est en réunion ensemble, on n'a pas du tout le même discours, on ne travaille pas de la même façon. (...) De temps en temps Clé m'agace parce qu'il fait du bon travail ! (rire). Mais ils travaillent sur les nouveautés et nous plutôt sur le

---

[63] MILBURN (Philip) : op. cit. - p. 62.

fonds. Jusqu'à présent on était plutôt complémentaires et on a même été des alliés dans des batailles sur le livre. C'est un peu différent maintenant parce qu'on devient beaucoup plus concurrents dans la mesure où il y a un développement de la qualité. Mais on ne s'en plaindra pas. Majuscule ... "X" a sans doute mis en danger le groupement par des investissements trop lourds, mais il avait fait progresser l'image des Majuscule et ça commençait à venir. En fait, le groupement a une image de libraires grâce à deux ou trois grosses librairies. Ce qui m'étonne c'est que les gros libraires, qui ont pourtant de l'influence, ne soient pas arrivés à faire bouger un petit peu les choses[64]. *(l'Œil de la Lettre)*
Moi je suis très pacifique. Je pense que les querelles de boutique sont des alibis pour ne pas traiter les problèmes de fond. Les librairies L-Voie du Livre sont des libraires de grande qualité qui se sont regroupées il y a 25 ans maintenant pour traiter les problèmes urgents de l'époque qui étaient la logistique. (...) Il y a 25 ans, il faut voir dans quel état était la librairie ! C'est donc très positif. Majuscule est maintenant un groupement de papetiers, donc une centrale d'achats classique, là aussi tout à fait nécessaire. Le groupement l'Œil de la Lettre regroupe des petites librairies ayant une spécialité très pointue littérature-sciences humaines. Ce sont de petites entreprises qui se sont regroupées pour, je dirais "créer une communauté intellectuelle, psychologique et d'assistance mutuelle", en sachant qu'ils n'ont pas de budget vu la taille de la plupart de leurs entreprises. Ils ne peuvent donc fonctionner que par l'amitié et l'affectif. Là aussi, c'est un travail indispensable parce qu'il est bon que ces libraires, que je qualifie moi d'"artistes", restent en place. Je pense que ces gens là ont beaucoup de mérite, c'est très difficile, mais ils ont un rôle important dans le panorama. (Clé)
A l'Œil de la Lettre, ils ont une vision, une culture interne. Sur certains points on a des approches communes, mais sur d'autres on a des approches différentes. (la Voie du Livre)

---

[64] En fait plusieurs de ces libraires sont également adhérents de Clé. Ils n'avaient donc aucun intérêt particulier à orienter Majuscule dans une direction "librairie" qu'ils ont trouvé chez Clé.

Cette capacité et ce droit de jauger les autres groupements n'est pas sans relation avec la position professionnelle des responsables de chacun des groupements. S'autoriser à émettre un jugement suppose une autorité et une reconnaissance particulière. « On peut (...) supposer que la compétence au sens de capacité technique (...) varie comme la compétence au sens de capacité socialement reconnue, d'attribut et d'attribution statutaires —dont l'inverse est à la fois impuissance et exclusion objective ("ce n'est pas mon affaire") et subjective ("ça ne m'intéresse pas") »[65]. La prise de recul nécessaire à un jugement, qui passe pour objectif puisqu'il se fonde sur des critères professionnels, suppose en effet de pouvoir paraître détaché d'une situation dans laquelle on est complètement impliqué. Ces particularités du discours sont un signe de distinction que permet seule la détention d'une position dominante. Ainsi, le responsable de la Voie du Livre émet non seulement le jugement le plus court et le plus neutre, mais il le fait sur le groupement dont les adhérents ont la conception du métier et un type de librairie les plus éloignés des adhérents de la Voie du Livre.

Mais, de façon générale, si les responsables des groupements sont quelquefois amenés à travailler ensemble lors de tables rondes entre différents professionnels du livre, sur la librairie ou la conception de catalogues avec des diffuseurs, l'évitement des questions de concurrence entre eux ne tient pas seulement au tact. En effet, si la compétition entre certains groupements est impossible lorsqu'ils ont des positionnements opposés, elle est en partie fausse dans les marges. Certaines librairies de la Voie du Livre ou de l'Œil de la Lettre ont un chiffre d'affaires suffisant pour adhérer à Clé et certaines librairies Clé pourraient rejoindre l'Œil de la Lettre. En fait, le véritable enjeu est que, affirmer que plusieurs types de librairies, non seulement peuvent, mais doivent, cohabiter, oblige à délimiter d'autant plus strictement les domaines d'intervention de

---

[65] BOURDIEU (Pierre) : *La distinction, critique sociale du jugement*. - op. cit. - p. 466.

chacun des groupements. Ils se doivent alors de transformer ces domaines en "domaines réservés" sur lesquels pourront intervenir leurs adhérents, et, dans une situation idéale, eux seuls. La négation de la concurrence entre les groupements, par leurs responsables respectifs est ainsi une manière de signifier que leurs adhérents sont les seuls sur le terrain qu'ils occupent. En outre, l'acceptation, et surtout la reconnaissance au sens plein du terme, de l'existence d'autres groupements garantissent à chacun le fait que les domaines sur lesquels ils travaillent ne deviendront jamais ceux des autres et qu'ils ne dévieront pas de leurs objectifs. On comprend mieux ainsi la remarque de la responsable de l'Œil de la Lettre sur les libraires Clé. Par contre, aucun des trois autres groupements ne revendique l'appropriation d'une partie de l'aura en matière de défense de la "littérature de création" dont jouissait l'Œil de la Lettre. Ce monopole accepté permet à Clé et la Voie du Livre de se situer d'autant mieux sur d'autres terrains, et réciproquement. Chaque groupement fait ainsi désormais autorité dans le domaine sur lequel il a réussi à se construire une reconnaissance sociale, non seulement aux yeux des libraires quels qu'ils soient, mais aussi aux yeux du ministère de la Culture et des professionnels des métiers du livre.

« L'institutionnalisation de la distinction, c'est-à-dire son inscription dans la réalité dure et durable des choses ou des institutions, va de pair avec son *incorporation*, qui est la voie la plus sûre vers la naturalisation : lorsqu'elles sont admises et acquises comme allant de soi, (...) les dispositions distinctives ont toutes les apparences d'une nature naturellement distinguée, différence qui enferme sa propre légitimation. La rente de distinction se trouve ainsi redoublée par le fait que l'idée de distinction suprême (donc le profit maximum) se trouve associée à la facilité et au naturel dans la production des conduites distinguées, c'est-à-dire au coût de production minimum »[66]. Cette situation de "distinction suprême" caractérise la position de chaque groupement dans son domaine spécifique. Clé fait ainsi

---

[66] BOURDIEU (Pierre) : *Le sens pratique*. - op. cit. - p. 240.

de la séparation entre le groupement et le prestataire de services, en créant une société distincte pour produire *Page*, un outil de distinction par rapport à d'autres groupements. Le fait que la Voie du Livre puisse revendiquer son côté commercial sans pour cela être assimilé à un groupement de vendeurs de livres, suffit à mettre en évidence sa position dominante dans le commerce de la librairie. Enfin, l'Œil de la Lettre se distingue en ce qu'il était le seul groupement à attirer des libraires sans leur proposer aucun avantage technique, laissant paraître que son domaine réservé est, par essence, le terrain du désintéressement. Son choix de ne pas prendre une forme syndicale, alors même que ses objectifs l'en rapprochaient singulièrement, redoublait la distinction culturelle du groupement par une distinction professionnelle : devenir un syndicat aurait fait de l'Œil de la Lettre une association de libraires, certes spécialisée dans certains types d'actions, mais au même titre que d'autres syndicats spécialisés. Au contraire, la qualité de groupement militant le distinguait des autres groupements professionnels. Il n'est pas question de dire que dans les autres groupements aucun libraire n'adhère alors qu'il lui serait possible de s'en passer, mais seulement que cette tendance n'est pas aussi marquée qu'à l'Œil de la Lettre jusqu'à en faire une caractéristique du groupement, redoublant ainsi le capital symbolique tiré de l'adhésion au groupement. D'ailleurs plusieurs libraires du groupement, soit par leur importance, soit par leur travail de fond sur tel ou tel type de littérature, ont une réputation suffisante auprès de l'ensemble des professions du champ des métiers du livre, écrivains compris, pour les dispenser d'adhérer à l'Œil de la Lettre pour une recherche de reconnaissance. C'est d'ailleurs sans doute parce que les adhérents n'avaient pas besoin de son existence, que le groupement a disparu plutôt que de changer d'orientation, comme cela s'est produit à Majuscule et aux librairies L.

UNE VOIE DE PROFESSIONNALISATION

Plusieurs sociologues ont travaillé sur l'objectif de "professionnalisation" supposé exister dans tout groupe professionnel. Hughes appelle ainsi « l'effort collectif d'un métier organisé afin d'obtenir l'amélioration de la position et l'accroissement de son pouvoir, relativement à ses homologues. En ce qui concerne les métiers des classes moyennes, cet effort est typiquement orienté vers l'acquisition du statut de profession [au sens anglo-saxon] »[67]. L'existence des groupements professionnels de libraires pose tout naturellement la question de la "professionnalisation" d'une partie de la librairie, sachant qu' « une "profession" est un métier qui a obtenu que ses praticiens disposent d'un monopole sur les activités qu'il implique, et d'une place dans la division du travail qui les empêche d'avoir affaire à l'autorité du profane dans l'exercice de leur travail »[68]. Est-il donc possible que, par leurs exigences et leur mode de fonctionnement, quelques uns des quatre groupements constituent une voie de professionnalisation pour leurs adhérents ?

Dans cette optique, le diplôme nécessaire à l'exercice de la "profession" sert au moins autant à déclarer le "professionnel" apte à exercer, qu'à assurer son entrée dans le cercle fermé de la "profession". Or, si aucun groupement n'exige la possession d'un quelconque diplôme professionnel de la part de ses adhérents, tous imposent leurs propres règles à l'entrée dans le groupement et un strict contrôle des compétences qu'ils reconnaissent comme telles. La forme même de l'entrée dans un groupement peut donc être considérée comme une épreuve équivalente au passage d'un diplôme. En effet, si elle est volontaire, il ne suffit pas de "vouloir pour pouvoir" et toute candidature est soumise à un véritable "examen", puis à l'accord de la direction ainsi que du conseil d'administration et à sa ratification par l'assemblée générale. Enfin, les candidats doivent être déjà en exercice pour pouvoir faire preuve de la correspondance de leurs objectifs avec ceux du groupement et la bonne santé de leur librairie doit attester de leur capacité à mettre en œuvre leurs

---

[67] HUGHES (Everest C.) : op. cit. - p. 367. traduction MILBURN (Philip) : op. cit. - p. 71.

[68] DESMAREZ (P.) : *La sociologie industrielle aux États Unis*, Paris, A. Colin, 1986, in DUBAR (Claude) : op. cit. - p. 150.

intentions. Majuscule et Clé exigent ainsi un minimum d'un an d'existence alors que La Voie du Livre et l'Œil de la Lettre admettent des exceptions lorsque le projet paraît viable, ou, pour l'Œil de la Lettre, lorsque le nouveau libraire a travaillé quelques années chez un libraire du groupement. Certes, Clé et Majuscule mettent des "formations" à la disposition de leurs adhérents, mais il s'agit de formations continues destinées à améliorer les performances des adhérents, et non d'une formation destinée à permettre à un candidat d'acquérir les qualités requises pour adhérer. En fait, les critères nécessaires à un candidat pour être admis dans un groupement, supposent l'acculturation préalable aux valeurs de celui-ci, et leur mise en pratique avant l'adhésion. Des critères d'adhésion insuffisamment travaillés permettent l'entrée dans le groupement de libraires qui n'ont pas les mêmes conceptions du métier. A Majuscule, ces entrées ont été facilitées parce qu'il y avait deux possibilités de se présenter comme candidat à l'adhésion, l'une permettant de faire valoir sa qualité de libraire-papetier, l'autre sa qualité de papetier. Le groupement ne défendait donc pas un seul et même métier. C'est ainsi que les libraires Majuscule de la "première génération" se sont faits dépasser par une mouvance qui n'a plus rien à voir avec eux. Seuls Clé, l'Œil de la Lettre et la Voie du Livre "imposant" un ensemble de critères stricts aux candidats offrent plus qu'une image de marque : un pôle d'identification fort.

    A la différence de ce qui se passe dans les "professions", le financement du groupement par le coût de l'adhésion est tel qu'il garantit l'attachement des adhérents aux objectifs ainsi qu'aux valeurs défendues par le groupement, mais aussi que le départ d'un adhérent paraît toujours volontaire. « Toute nouvelle adhésion donne lieu d'une part à la souscription à la coopérative et d'autre part à un dépôt à hauteur de 10 000 F en comptes courants »[69]. Ensuite, la cotisation annuelle dégressive de 2 à 1,2 % du chiffre d'affaires des adhérents de la Voie du Livre est la seule source de financement du groupement. En revanche,

---

[69] "Chaînes et groupements de librairies en Europe". op. cit. - p. 118.

l'utilisation des différents services est facturée en fonction du nombre de catalogues commandés, du nombre de lignes de commandes, et du volume de livres fournis. En l'absence de services techniques et avec un nombre de permanents très réduit, la cotisation à l'Œil de la Lettre était de 0,3 à 0,5 % du chiffre d'affaires en 1993. C'est donc le coût du financement de la défense d'une certaine conception du métier. Les libraires de Clé quant à eux ne versent pas de cotisation mais chacun s'engage à acheter, par an, à la société ADL 9 000 exemplaires de l'ensemble des catalogues au prix de 4 F l'unité, le prix diminuant ensuite pour les exemplaires supplémentaires. Ici, l'intérêt pour ces médias assure seul la convergence de la conception de la librairie et du rôle des libraires vis à vis de la clientèle chez l'ensemble des adhérents. Ainsi, que l'adhérent quitte le groupement parce qu'il estime que son contact avec le public peut se faire d'une façon différente, parce que ce type de prospection de la clientèle n'est pas son premier objectif, ou parce que son entreprise n'a plus les moyens de supporter ce coût, il peut être dit qu'il ne correspond plus aux librairies que le groupement compte réunir. Chez Majuscule « tout nouveau membre doit acheter une part (d'une valeur de 30 000 F) de la structure coopérative et déposer 50 000 F en comptes courants »[70]. La première année, la cotisation mensuelle est de 1 250 F, et ensuite elle est calculée en proportion inverse du montant de ses achats en papeterie à la coopérative. Or « l'identité d'un "groupe d'intérêt" diffère de celle d'un "groupe de culture" »[71]. C'est ce qui explique que les adhérents de Majuscule ne forment pas un groupe homogène, ni même soudé.

De façon générale, les mouvements ou les associations de "professionnels" affirment défendre autant leurs membres que des intérêts bien plus généraux. Or, ce sont, à divers niveaux, les buts affichés de trois des quatre groupements de libraires, ne serait-ce que parce que chacun de leurs adhérents, à sa manière, souhaite promouvoir la lecture et l'achat des livres

---

[70] "Chaînes et groupements de librairies en Europe". op. cit. - p. 122.

[71] ZARCA (Bernard) : op. cit. - p. 249.

qu'ils proposent, au-delà d'un simple intérêt mercantile. Les groupements ont alors pour mission de décupler les forces de chacun de leurs adhérents. La création d'une carte de fidélité valable dans l'ensemble des librairies de l'Œil de la Lettre, est justement dictée par ce principe. La Voie du Livre a aussi financé des campagnes nationales de publicité en faveur du livre, notamment sous forme d'affiches sur lesquelles figurent le nom du groupement avec des slogans comme « Non, Zola n'est pas un fromage italien », ou encore « Vous pouvez passer une super soirée avec Michel Foucault ». Majuscule quant à lui propose son enseigne à l'ensemble de ses adhérents même si un nombre important d'entre eux préfère garder la sienne. En outre, même si cela s'effectue sur des modes différents pour chacun, l'ensemble des groupements publie ou participe à l'élaboration de catalogues ou revues qui leur sont propres dans le but de guider les lecteurs dans leurs choix et de les inciter à la lecture.

Enfin, la dernière caractéristique des "professions" est de bénéficier de l'exclusivité de la clientèle qui a besoin de leurs services, puisqu'elles sont les seules à avoir le droit d'exercer leur activité. Ce phénomène ne concerne ni les libraires en général, ni ceux des groupements en particulier. La concurrence des vendeurs de livres de toute sorte est réelle.

> *On est dans un système où les gens qui font de l'écrémage l'emportent. Tout ce qui est facile est vendu dans les grandes surfaces, et heureusement qu'il n'y a pas de discount. On a le même problème pour les bouquins universitaires ou en sciences humaines : les libraires sur les campus universitaires[72] font tout ce qui est facile.* (C3)
>
> *Si on nous supprime les ventes faciles, on ne peut pas entretenir un fonds, on ne peut pas inciter les gens à la curiosité ... donc on assiste à un appauvrissement.* (C3)
>
> *Des clients viennent chercher ici ce qu'ils n'ont pas trouvé chez les grands, sans imaginer que, pour nous faire vivre, il faudrait aussi qu'ils achètent ce qu'il achètent chez les grands.* (Œ3)

---

[72] Une université de la région parisienne accueille dans ses murs un vendeur de livres qui se cantonne à la vente de prescription. Les clients ne rentrent pas dans le local trop exigu qui accueillait le standar, mais demandent leur livre à travers un guichet. Sur les rayons ne figurent que les titres les plus souvent demandés en plusieurs exemplaires.

Mais le monopole d'une clientèle est lié à la non-concurrence entre les gens de même "profession". Or, les adhérents de Clé[73], Majuscule et la Voie du Livre se doivent d'occuper une position de leader sur le marché local, même s'il n'est pas question de franchise en dehors de Paris et des très grosses villes de province. L'Œil de la Lettre, quant à lui, ne refuse pas, a priori, un nouvel adhérent situé dans une zone où il y a déjà un adhérent, mais il demande d'abord l'avis de ce dernier. Chacun des quatre groupements garantit donc à ses adhérents qu'aucune librairie concurrente située dans sa zone de clientèle ne pourra bénéficier de son soutien et de ses services. En outre, les quatre groupements ayant des conceptions différentes du métier, il n'y a pas non plus de concurrence entre eux dans le "recrutement" des adhérents, ni de choix difficiles pour les libraires qui souhaitent faire partie d'un groupement. Or, si l'on fait l'hypothèse qu'une partie au moins de la clientèle a des desiderata précis quant au type de choix de livres qu'elle souhaite avoir à sa disposition, ainsi qu'à leur mode de mise en valeur, on peut penser qu'elle choisit préférentiellement un type de librairie plutôt qu'un autre.

Deux solutions s'offrent alors aux personnes recrutées dans les classes moyennes ou supérieures : choisir un type d'entreprise valorisant en lui-même, comme la libraire, ou bien accéder à la renommée dans leur secteur. Or, dans le commerce des livres, même si les libraires ne peuvent plus agir directement sur la création littéraire, ils ont la possibilité de choisir dans une certaine mesure, parmi quelques 300 000 titres disponibles, ceux qu'ils vont proposer ou au contraire ne pas proposer à leur clientèle. Ils peuvent ainsi donner une singularité et un cachet à leur librairie dans laquelle ils affichent une image personnelle de ce qu'ils conçoivent comme étant leur métier. Je suis intransigeant sur un point : on n'a pas à faire de sectarisme. Je suis quand même le professionnel du livre du coin ... C'est une discussion qu'on a souvent avec le personnel. Mais dans la conception que j'ai de la librairie, il y a "répondre à la demande". Il y a une partie qui consiste à

---

[73] Le groupement justifie cette option par le fait que chaque libraire doit investir le plus complètement possible son bassin de clientèle potentielle.

travailler le terrain, ce sont les animations et les débats, et il y a une partie animation du magasin et qui est la mise en avant des livres, et c'est là où le libraire et le personnel s'expriment par des tables thématiques ou autre. On ne fait pas de Cartland ou d'Arlequin parce qu'il n'y a pas de la place et parce qu'on trouve que c'est vraiment nul et que si quelqu'un nous en demande, on est capable de lui proposer autre chose, même un J'ai Lu. On n'a pas à juger les gens par rapport à leur politique de lecture, on doit avoir un éventail assez vaste ... ce qui ne veut pas dire qu'on doit tout mettre sur la table, on ne fait pas que suivre les meilleurs ventes de l'Express, mais si on n'avait pas les bouquins de L'Express je serais furieux, quitte à ne pas les avoir à dix exemplaires. Le libraire qui est capable de vendre uniquement des bouquins qu'il aime, pourquoi pas s'il tient économiquement. On a tous l'image du vieux libraire adorant les bouquins et en vendant un occasionnellement mais ce n'est pas très réaliste. Ma conception à moi elle est claire, c'est "loyauté vis à vis du terrain", et "animation-participation à la vie locale" avec notre spécialité, le livre. (C3)
Quand je fais une ouverture vers le grand public, les gens ne sont pas contents (rire) ! Alors je leur dis "vous êtes bien beau mais ..." ! J'ai pris une boîte de "Père Castor". D'ordinaire je ne le fais pas mais ... Néanmoins ma collègue, commençait à suspendre la publicité, je lui ai dit "on n'est pas obligé d'être aussi royaliste que le roi, ça on va le mettre dans le fond". On l'a mise dehors hier. Elle a marché formidablement parce que les gens qui sont à l'extérieur sont pas ceux qui rentrent. (Œ2)

On peut donc parler de zones de non-concurrence soigneusement entretenues par chaque groupement au travers d'une publicité, sous forme de catalogues, de carte de fidélité, ou d'enseigne communs. Ils présentent ainsi l'ensemble de leurs adhérents comme assurant le même type de service au client.

L'ensemble des caractéristiques du travail des groupements montre bien que la mise en avant de leurs adhérents participe à leur promotion professionnelle et sociale. Seul Majuscule n'atteint pas ce but, non pas faute d'actions mises en œuvre en direction de ses adhérents, mais du fait d'un manque de considération de critères professionnels lors de l'adhésion. Toutefois, la grande majorité de libraires n'a pas fait le choix de rejoindre l'un des trois groupements professionnels de libraires. Certains en ont fait le choix, d'autres ont de toute façon une réputation et des moyens suffisants pour qu'une adhésion à une telle association ne lui apporte aucun capital social. Mais, pour avoir une reconnaissance sociale et professionnelle aussi importante que celle des adhérents des groupements, ils doivent avoir de grosses librairies ou, à défaut, une réputation assise sur une longue pratique. Ils ont alors un savoir-faire reconnu à la fois par leur clientèle, leurs pairs et les autres professionnels du livre. Mais la majorité des libraires qui n'adhèrent à aucun groupement n'ont pas cette envergure. Pour eux, aucune des voies de professionnalisation développées par les groupements, de façon à la fois évidente et limitée dans ses effets, ne leur apporte quelque capital social, parce que leur travail ne rejaillit pas sur l'ensemble de la profession des libraires. Ainsi, ce n'est pas le métier qui est en voie de professionnalisation, mais quelques libraires seulement.

UN VECTEUR DE RECONNAISSANCE PROFESSIONNELLE ET SOCIALE

« Les corps sont des groupes durablement institués, par la vertu à la fois intégrative et distinctive d'une désignation socialement connue et reconnue, publiquement et officiellement proclamée (nom propre, *sigle*, etc.) et dotés de ce fait d'un capital symbolique commun qui, du fait de la solidarité ainsi instaurée entre tous les détenteurs légitimes de l'identité commune (...) assure à chacun d'eux la participation à ce capital, sorte de garantie symbolique constituée par la somme des capitaux individuels »[74]. Il faut cependant distinguer les corps constitués, à la manière des anciennes corporations, des corps "de fait", qui consistent en une reconnaissance commune de l'appartenance à une communauté.

Or, l'ensemble des adhérents de chaque groupement forme en effet une communauté de pensée autour du partage d'une même conception de leur activité professionnelle. La

---

[74] BOURDIEU (Pierre) : "Effets de champs et effets de corps". - *Les Actes de la Recherche en Sciences Sociales*, n° 59, 1985. - p. 73.

cohésion de leur groupe est alors assurée par un mode de fonctionnement particulier auquel participe l'organisation d'assemblées générales qui permettent à tout adhérent de connaître personnellement à peu près l'ensemble des adhérents. De même, les outils communs à l'ensemble des adhérents à un même groupement, comme les services techniques ou les catalogues[75], fournissent la base d'un sentiment d'appartenance à une communauté de métier. Les groupements offrent ainsi à leurs adhérents de participer à l'enrichissement d'un même "capital symbolique", "somme des capitaux individuels". En faisant respecter les objectifs définis par l'ensemble des adhérents, au moins trois des quatre groupements ont donc bien une démarche de corps professionnel "de fait", au moins dans la forme, faute que ce soit dans l'ampleur. Toutefois, l'ensemble des adhérents de tous les groupements professionnels de libraires ne constitue pas une communauté professionnelle se revendiquant comme telle. L'existence de trois groupements professionnels de libraires offre non pas *une*, mais *plusieurs* alternatives à l'absence de "corps institué". Un des signes les plus flagrants de cette absence de cohésion est la différenciation des modes de fonctionnement des groupements quant au signalement à autrui de leur identité et de celle de leurs adhérents. Deux d'entre eux, Majuscule et La Voie du Livre, pratiquent ou ne voient pas d'un mauvais œil l'utilisation de leur nom à la manière d'une enseigne. Les deux autres groupements, au contraire, rejettent cette éventualité en évitant toute possibilité de reconnaissance d'un magasin par le public, comme Clé, ou en permettant seulement son identification par une étiquette apposée sur la porte ou la vitrine du magasin, comme l'Œil de la Lettre.

« Le "nous" peut [alors] fonctionner comme un "noyau fondamental de résistance" favorisant "les stratégies de prises de contrôle d'un espace symbolique et réel au détriment de l'auto-

---

[75] Ces pratiques ne sont pas l'apanage des libraires des groupements. D'autres libraires font un travail similaire en éditant eux-mêmes leurs propres sélections d'ouvrages dans des conditions d'autant plus remarquables que leurs moyens sont souvent limités.

rité officielle" »[76]. L'adhésion à un groupement ou à un syndicat est alors un moyen de lutter contre un sentiment d'isolement, dans le cas le plus négatif, un moyen d'expression, dans le cas le plus neutre, ou encore un moyen de revendiquer le choix qui a été fait, dans le cas le plus positif. Contrairement aux libraires non reconnus dans leur spécificité et qui ne sont pas en mesure de faire valoir leurs particularités, ni de faire entendre leurs revendications, l'adhésion à un groupement permet à certains d'entre eux de créer un lieu où le "nous" agit comme un pôle d'attraction fort et permet aux adhérents d'affirmer leur existence et leurs particularités. C'est d'ailleurs pourquoi la convivialité au sein d'un même groupement est si fortement mise en avant par les adhérents, comme s'il suffisait de "faire le même métier" pour que l'entente, non seulement professionnelle, mais aussi personnelle, s'instaure.

> *J'y suis depuis à peine un an, mais ce que j'apprécie surtout, c'est que j'ai l'impression qu'on fait le même métier. A la première réunion j'ai été perdue parce que je ne connaissais pas les autres. Et puis là, on a passé trois jours ensemble qui m'ont permis de connaître mieux les autres libraires de l'Œil de la Lettre. On sait qu'on peut se téléphoner si on a un renseignement à demander ou si l'un fait une animation avec un auteur, il peut donner le tuyau, etc. .... Ça m'a stimulée pour l'animation car je me suis dit que si les autres y arrivaient pourquoi pas moi ?! Et puis peut-être que je pourrais apprendre et éventuellement aller passer trois-quatre jours chez eux pour voir comment ils fonctionnent. C'est vraiment très important.* (Œ3)
>
> *On s'entend bien. Le libraire La Voie du Livre à X km n'est pas un concurrent, c'est un confrère, quelqu'un qui a la même profession, les mêmes problèmes. On peut parler librement du métier que l'on fait, de ce qu'on a envie de faire, des problèmes qu'on rencontre. J'ai été en voir, j'en ai pris en photo. Et puis c'est une petite structure La Voie du Livre, on est peu nombreux donc on connaît les gens. Les L* [Voie du Livre], *vous appelez, vous avez un interlocuteur, vous avez un responsable, vous avez*

---

[76] CHAMPAGNE (Patrick), LENOIR (Rémy), MERLLIÉ (Dominique), PINTO (Louis) : *Initiation à la pratique sociologique*. - Paris : Dunod, 1989. - p. 43.

quelqu'un qui rappelle s'il faut. Je les connais, je les ai en photo « Bonjour E. — Bonjour Mr. B. ... ». Quand je vais les voir je mets la main à la pâte. (VL3)
J'aime bien rencontrer les gens et ... on était un peu une équipe de boy-scouts à la SCOL et c'est comme ça que je m'entends toujours avec T. A chaque fois que je vais à P. on passe des week-ends ensemble. (M1)

« La consécration sociale que confère la *nomination* fonde une véritable solidarité d'intérêts symboliques qui, en identifiant l'identité individuelle à une identité collective, fonde l'esprit de corps, sentiment de solidarité avec le groupe lui-même, son nom, son honneur etc., et avec ses membres, qui commande la soumission aux exigences de la reproduction du corps, c'est-à-dire de son identité, donc de ce qui le constitue en tant que tel, c'est-à-dire la solidarité »[77]. C'est ainsi que l'Œil de la Lettre et la Voie du Livre, plus récemment, ont essayé de donner un contenu significatif à leur nom. L'œil de la lettre désigne la partie en relief du caractère d'imprimerie, c'est à dire l'image de la lettre qui laisse son empreinte sur le papier. Ce nom donné au groupement éclaire donc sur le caractère littéraire du groupement et, même lorsque le sens du terme technique est inconnu, il fait penser à un regard attentif et critique porté sur ce qui s'écrit. Les librairies "L", comme "Librairie", changent de nom en 1993. Certes, d'après le responsable de la Voie du Livre, il pouvait prêter à confusion avec le "L" de Larrousse ou avec le magazine "Elle". Mais, lors du choix du nouveau nom, le groupement décide de mettre en évidence l'évolution de sa stratégie vers une attention désormais plus soutenue au public et aux ventes : les adhérents de la Voie du Livre se doivent d'amener un maximum de personnes au livre. Au contraire, le sigle "Clé" ne fait que reprendre les trois initiales de "Coopération Livres et Édition" et n'a aucune relation directe avec l'activité du groupement pour que celui-ci ne soit pas tenté de devenir une enseigne. Pourtant, force est de constater que ces trois lettres tombent assez bien pour représenter un signe de reconnaissance entre adhérents d'un même groupement, et

---

[77] BOURDIEU (Pierre) : "Effets de champs et effets de corps". op. cit. - p. 73.

qu'une "clé" peut ouvrit bien des portes dont celles des livres et de la lecture. Enfin, plus qu'un nom de groupement, Majuscule est une enseigne même si une grande partie des héritiers ou des repreneurs de librairies anciennes n'a pas souhaité abandonner l'ancien nom de leur magasin. Par son ambiguïté, le terme "majuscule" fait autant référence à la librairie qu'à la papeterie par son rapport à l'écriture, en même temps qu'il évoque l'importance et la qualité des magasins. C'est donc l'abandon de la défense d'une image particulière de la librairie-papeterie qui explique que le nom de Majuscule ne constitue pas une marque de reconnaissance aussi efficace que le nom des trois autres groupements. Toutefois, Clé et Majuscule n'ont pas choisi des noms qui renseignent autant que L'Œil de la Lettre et la Voie du Livre, le repérage d'une conception particulière du métier.

Mais l'un des principaux rôles d'un corps professionnel est d'augmenter le capital social de chacun de ses adhérents. « Les stratégies institutionnalisées de distinction par lesquelles les "groupes de statut" visent à rendre permanentes et quasi naturelles, donc légitimes, les différences de fait, en redoublant symboliquement l'effet de distinction qui est associé au fait d'occuper une position rare dans la structure sociale, sont la conscience de soi de la classe dominante »[78]. Sur ce plan aussi le travail des groupements est réussi. Par la visibilité qu'ils donnent à leurs adhérents, le seul fait d'appartenir à l'un des trois groupements, l'Œil de la Lettre, Clé et la Voie du Livre, les assure d'occuper une position dominante sur le plan professionnel en palliant pour certains une petite taille relative ou d'éventuelles faiblesses dans quelque domaine que ce soit. A condition de se placer sur le terrain de la culture savante et artistique, la position de l'ensemble des libraires de l'Œil de la Lettre est ainsi dominante, devant les libraires Clé que l'importance du chiffre d'affaires et de la surface de vente autorise à proposer des ouvrages de fonds. Les libraires de la Voie du Livres sont donc en troisième position. Mais l'échelle des positions se trouve bouleversée dès lors que l'on se place sur le terrain de la

---

[78] BOURDIEU (Pierre) : *Le sens pratique*. - op. cit. - p. 239.

réussite commerciale mesurée à l'aune de l'importance du chiffre d'affaires, de la surface de vente et du nombre d'employés. Les libraires Clé se trouvent alors en première position. Les libraires de la Voie du Livre se trouvent en deuxième position, devant ceux de l'Œil de la Lettre dont les très grosses librairies ne compensent pas la modestie du chiffre d'affaires et la surface de vente des plus petites. A la différence de ce qui se passe pour les adhérents des autres groupements, il est impossible de cerner les adhérents de Majuscule dans leur ensemble du fait de la diversité des situations des libraires-papetiers de ce groupement.

Ainsi, même s'il n'est pas question de dire que les libraires n'adhérant pas à l'un des quatre groupements dont il vient d'être question, ne bénéficient d'aucune reconnaissance sociale et professionnelle, force est de constater que les groupements nationaux de librairies généralistes augmentent le capital social de leurs adhérents et non celui de la profession dans son ensemble.

Conclusion

L'analyse détaillée du statut du commerce des livres à la fois dans le champ du commerce, dans celui des métiers du livre et dans l'espace social plus général, montre la position ambiguë de la librairie. Accepter la définition de l'INSEE revient à entériner la domination de l'activité de commerce et de la taille de l'entreprise sur la nature de l'activité. Au contraire, chercher à nier cette dimension revient à ne mettre en avant que l'aspect culturel de la vente de livres. Ces deux positions ne sont toutes deux que des positions idéales entre lesquelles se répartissent l'ensemble des vendeurs de livres, au nombre desquels les "libraires". La distance entre une catégorie instituée et des catégories spontanées aux contours flous, ressort ainsi de façon particulièrement évidente dans le cas de la librairie. Du fait du caractère culturel de la marchandise vendue, celle-ci n'est pas un commerce comme les autres et ne peut se faire valoir dans ce domaine que lorsqu'elle atteint au moins la taille d'une petite chaîne de magasins. Mais par son appartenance au secteur du commerce, elle occupe une position dominée, et parfois déconsidérée, dans le champ des métiers du livre. Le libraire qui tient à affirmer son rôle dans le champ de la production et de la diffusion du livre doit donc s'efforcer de développer des traits qui le distinguent le plus possible du commerce dans son acception la plus générale, alors que s'il veut au contraire développer l'aspect commercial de son entreprise il a toutes les chances de se trouver exclu du champ des métiers du livre.

Contrairement aux vendeurs de livres, les libraires se définissent par leur "savoir-faire" en matière de "service" aux clients qui repose sur la connaissance et la maîtrise du support du travail de libraire, le livre, mises en pratique dans l'entretien et le développement d'un fonds et le conseil au client. Les groupements professionnels de libraires, structure particulière de défense d'une conception du métier, permettent alors de mettre à jour différents choix en matière de modèles d'identités qui s'offrent potentiellement à l'ensemble des libraires. Leur rôle est de promouvoir les orientations de leurs adhérents ainsi que leur conception du rôle social de libraire. La seule opportunité qui s'offre aux libraires pour se trouver une place dans la division du travail au plus près de leur fonction, est en effet de développer une forte identité de professionnels du livre, que ce soit grâce à l'adhésion à un groupement professionnel de libraires ou par un travail quotidien plus inaperçu mais bien réel. L'étude des quatre groupements que sont l'Œil de la Lettre, Clé, la Voie du Livre et Majuscule, a donc surtout permis d'accéder aux façons dont des commerçants du livre ayant décidé d'être libraires, prennent leurs distances avec une identité professionnelle qui ne les satisfait pas. Ils donnent ainsi une consistance au rôle de libraire qui l'éloigne beaucoup du statut social de vendeur de livres qui lui est a priori attribué, et avec lequel le confond la stratification sociale des activités professionnelles.

CONCLUSION

A partir de la fin du XIXème siècle, la division et la rationalisation du travail ayant séparé l'édition de la vente des livres, il semble qu'il n'y ait plus de place que pour des éditeurs et des commerçants. Pourtant, tous les commerçants du livre ne se résignent pas à abandonner le rôle d'intermédiaire entre les auteurs et leurs lecteurs. Petit à petit, en mettant en œuvre une pratique spécifique de conseil au client et d'entretien d'un fonds important, ils élaborent une activité professionnelle qui, en plus de la vente, développe un réel service au client autour du livre.

L'étude des quatre groupements que sont l'Œil de la Lettre, Clé, La voie du Livre et Majuscule, permet de repérer cette évolution. Majuscule, qui débute en 1958, disparaît en 1991 en tant que groupement de "libraire-papetier", mais aussi en tant que groupement "professionnel", faute d'avoir conservé sa conception de la librairie-papeterie. Au delà des problèmes internes qui ont conduit à ce résultat, on peut y voir le signe d'une évolution historique dans le sens d'un relâchement des liens entre librairie et institution scolaire, tels qu'ils existaient encore après guerre, au profit de relations plus directes entre les éditeurs ou les fabriquants de fournitures scolaires et l'institution scolaire. Les libraires tels que ceux de la Voie du Livre ont permis de faire reconnaître le rôle culturel de certains libraires qui ont des origines lointaines plus proches du commerce que de la librairie. La revendication d'un rôle culturel, lontemps restée interdite aux commerçants ou aux personnes d'origine commerçante est désormais possible notamment grâce à la réconciliation entre commerce et librairie mise en avant par le groupement. Les libraires comme ceux de Clé révolutionnent, quant à eux, l'idée traditionnelle de la librairie en prouvant qu'il est possible d'associer librairie et recherche du client, sans que le commerce ou l'entreprise gomme toute particularité et spécificité du métier. Ce groupement montre aussi, grâce à l'adhésion de libraires héritiers et de libraires issus de familles étrangères à la librairie, qu'il est envisageable d'associer, dans cette conception, une certaine forme de librairie contemporaine et un type particulier de libraires héritiers. Enfin, les libraires tels que ceux de l'Œil de la Lettre perpétuent la tradition des libraires influant la création littéraire. Mais la grande jeunesse de la très large majorité des libraires du groupement mettait en valeur l'ampleur du traumatisme causé par la séparation de l'édition et de la librairie. L'Œil de la Lettre prouvait, en revanche, l'existence possible d'une nouvelle forme de librairie entretenant des liens étroits avec la création littéraire qui ne passe pas forcément par l'édition. La dissolution de ce groupement, plutôt que sa réorientation, ne fait que montrer la persistance de cette conception du métier, en même temps qu'elle met en évidence leurs difficultés à imposer collectivement ce type de librairie.

Les groupements sont ainsi les signes les plus apparents de l'évolution qui traverse la librairie depuis deux siècles, et leurs adhérents ne sont que des idéaux-types de centaines de libraires qui ont des objectifs similaires même s'ils n'ont pas les mêmes ambitions quant à la promotion de leur identité professionnelle. La librairie a mis presqu'un siècle à réaliser, accepter et intérioriser la séparation de la librairie et de l'édition dans des positionnements professionnels intégrant, de façon non plus subie mais agie, l'ensemble des bouleversements. Elle s'est ainsi adaptée à l'évolution des besoins des lecteurs et aux nouveaux modes de distribution des biens marchands comme des biens culturels et en s'affirmant comme un métier à part entière, même si l'existence de plusieurs groupements souligne les nuances de vue sur certains "modèles de références éthiques ou techniques". Quoi qu'il en soit, à la différence d'un vendeur de livres, chaque libraire apporte sa propre touche dans la relation auteur-client ou lecteur.

Cependant, la meilleure connaissance du métier de libraire, tant dans ses origines et son mode de fonctionnement actuel que dans la façon dont les libraires se construisent une utilité sociale et affirment le statut qu'ils pensent aller de pair, soulève plusieurs questions. Ce travail a notamment souligné les carences des connaissances théoriques des professions qui ont trait au commerce. Approfondir la manière d'aborder ce secteur d'activité suppose de ne plus réduire la vente à un acte d'échange marchand, mais de l'appréhender comme la réalisation d'une rencontre entre, d'une part un professionnel et le travail qu'il fournit, et d'autre part la clientèle effective de la librairie avec ses propres exigences. Se trouve alors posée la question de la revendication d'une identité professionnelle non plus seulement dans un affichage extérieur, mais aussi sa manifestation dans une pratique professionnelle. Comment les libraires s'affirment-ils comme tels au travers des tâches qui constituent leur "quotidien", qu'il s'agisse de tâches communes aux libraires et aux vendeurs de livres ou de tâches ayant trait à l'élaboration et à la mise en œuvre du service au client ?

ANNEXE

ANNEXE

Le commerce des livres, du XVème au XIXème siècle.

Cette chronologie reprend les principaux jalons de l'histoire sociale de la librairie telle que nous la connaissons aujourd'hui. C'est pourquoi, elle commence en 1470, année de l'invention de l'imprimerie pour prendre fin en 1893, année qui suit la création de la Chambre syndicale de la librairie, et qui voit la nette séparation des rôles d'éditeur et de libraire. Afin de restituer l'évolution du commerce des livres dans son contexte, figurent dans la première colonne aussi bien des évènements politiques que des données sur la situation économique et sociale du pays. La troisième colonne reprend des dates et des événements relatifs au commerce des livres. Cette chronologie n'a d'autre but que de présenter le cadre dans lequel prenaient place les évènements dont nous avons essayer de saisir le sens et l'impact sur la forme que recouvre aujourd'hui la librairie.

Contexte économique et politique	Date	La librairie
	XVème siècle	
Règne de Charles VII. 1470 : règne de Louis XI. • Début de 5 ans de croissance économique. 1483 : mort de Louis XI, avènement de Charles VIII. 1492 : découverte de l'Amérique. 1494 : Lyon supplante Genève comme centre bancaire. 1498 : interdiction de fonder de nouvelles confréries. • Mort de	1449 1470 1480 1490	Gutenberg invente l'imprimerie. 1470 : installation de la première imprimerie à la Sorbonne. 1473 : première imprimerie à Lyon. 1483 : première imprimerie à Troyes. 1485 : première imprimerie à Rouen. 1493 : sortie du premier almanach. 1498 : à Paris, 61 libraires ; l'un d'eux a 14 presses, emploie 500 ouvriers, et livre près de 200 rames de papier par semaine. A la fin du siècle : 4 censeurs de l'Université. • Les libraires stationnaires de Paris, et leurs commis, sont dispensés du guet et de la taille (comme les docteurs, maîtres, ré-

ANNEXE

Charles VIII, avènement de Louis XII. • 100 millions d'européens.		gents, bacheliers, écoliers, également dépendants de l'Université)· • 30 ou 35 000 éditions et 20 millions d'exemplaires de livres imprimés en Europe.

XVIème siècle

1506 : sentence du Châtelet condamnant les compagnonnages.	1500	1500 : à Lyon, 160 imprimeurs. 1507 : premiers privilèges accordés par la Chancellerie royale, les Parlements ou des juridictions inférieures.
1513 : mauvaises moissons. 1515 : mort de Louis XII, avènement de François Ier.	1510	1513 : édit sur le contrôle des libraires par les Universités.
1521 : condamnation de la foi luthérienne.	1520	1521 : le contenu des livres ne se limite plus à l'impression d'anciens manuscrits. 1527 : les libraires sont exonérés du nouvel impôt, la capitation.
1530 : nomination de lecteurs royaux par François Ier (origine du Collège de France) 1533 : Calvin adhère à la Réforme. 1535 : première Bible protestante en France. 1538 : première Église réformée. 1539 : fondation de l'ordre des jésuites. 1539-1541 : édits contre les hérétiques.	1530	1532 : Rabelais, *Pantagruel*. 1534 : un édit impute autant à l'imprimeur, au libraire et à l'auteur, la responsabilité de la circulation d'un écrit interdit. 1537 : obligation pour tout libraire ou imprimeur de remettre un exemplaire de chaque ouvrage publié à la Bibliothèque royale. 1539 : Robert Estienne, premier membre d'une grande famille d'imprimeurs parisiens, sort un *Dictionnaire latin-français* et devient l'imprimeur de François Ier.
1543 : ouverture d'une Bourse à Lyon, et à Toulouse en 1549.	1540	1539-1543 : grèves des compagnons imprimeurs à Paris et Lyon.
1551 : édit de Châteaubriant réprimant l'hérésie. 1557 : émeutes protestantes à Paris. 1559 : mort de François Ier, avènement	1550	1551 : l'édit défend l'exercice et l'état d'imprimeur dans les villes et les lieux non autorisés et secrets. 1552 : Ronsard, *les Amours*. 1553 : les libraires ne peuvent vendre que les livres inscrits sur deux catalogues affichés dans leur magasin, l'un comprenant les

ANNEXE

de François II. • Répression contre les protestants.

1560 : mort de François II, avènement de Charles IX, régence de Catherine de Médicis.
1561 : à Paris, juridiction commerciale (juges et consuls). • Liberté de prière dans chaque foyer.
1562 : autorisation du culte protestant hors des villes, mais début des guerres de religion.
1564 : mort de Calvin.
1566 : ouverture d'une Bourse à Rouen.
1567 : ordonnance sur la police des métiers.
1570 : autorisation du culte protestant dans deux villes par province.
1572 : Saint Barthélémy (3 000 morts à Paris et 10 000 en province).
1574 : mort de Charles IX et avènement d'Henri III.
1576 : liberté de culte.
1581 : ordonnance pour "régler uniformément" les métiers du royaume, formation de

1560

1570

1580

ouvrages approuvés par l'Église ; toute infraction fait encourir la peine de mort.
1556 : Pechon de Ruby, colporteur, écrit ses "mémoires". • Estienne Ier, retiré à Genève depuis 1552, y est reçu bourgeois.
1558 : à Paris, faillite des premiers Cramoisy.
1566 : instauration de la censure des textes publiés ou diffusés par les imprimeurs, les libraires et les colporteurs, pour prévenir les risques de trouble de l'État ou de l'ordre public ; peines de confiscation "de corps et de biens". • La peine de mort, rétablie par Henri II pour des délits de fabrication ou de vente d'ouvrages interdits, est laissée à l'arbitrage des juges. • Ordonnance de Moulins confiant à la chancellerie la délivrance des privilèges.
1568 : à la demande des compagnons, le nombre d'apprentis est limité à 2 par presse, et l'apprentissage est fixé à 3 ans.

1569-1573 : à Paris et à Lyon, grèves de compagnons imprimeurs.
1571 : à Paris, la Compagnie des Usages obtient un privilège pour l'édition des livres d'Église.
1579 : La Croix du Maine établit la liste de 2 031 "auteurs" de textes français depuis 500 ans.

1582 : à Paris, la Compagnie du Navire obtient un privilège pour la publication des œuvres des Pères de l'Église.
1583 : imposition de tous les artisans sauf

ANNEXE

corps de métier. 1585 : révocation des édits favorables aux protestants. 1589 : mort de Catherine de Médicis, puis d'Henri III, avènement d'Henri IV. 1593 : Henri IV abjure le protestantisme. 1598 : édit de Nantes, liberté de culte.	1590	les libraires et les imprimeurs. 1584 : publication d'une version simplifiée du travail de La Croix du Maine. 1589 : à Paris, 235 libraires. 1595 : Montaigne, *les Essais*. • A la fin du siècle : 150 à 200 000 éditions en Europe, dont 25 000 à Paris et 13 000 à Lyon, soit environ 200 millions d'exemplaires.
XVIIème siècle		
1603 : autorisation de fonder des collèges pour les jésuites. 1603-1606 : peste à Paris.	1600	1600-1686 : à Paris, plus de 20 édits pour infraction à l'ordre de ne s'installer que dans quelques rues. 1606 : à Paris, 60 personnes entrent dans la compagnie des libraires.
1610 : mort d'Henri VI, avènement de Louis XIII, régence de Marie de Médicis. 1612 : à Paris, T. Renaudot, médecin, soigne et s'occupe des pauvres. 1616 : Richelieu, secrétaire d'État pour la Guerre et les Affaires étrangères grâce à la Régente. 1617 : Louis XIII exile sa mère et renvoie Richelieu. • Séries de disettes jusqu'en 1644.	1610	1614 : Cramoisy, libraire de Richelieu, des cisterciens, de l'Église de Paris et des jésuites. 1615 : des libraires parisiens, associés à de grands libraires de province tentent, en vain, de récupérer la prolongation des privilèges des Compagnies des Usages et du Navire. 1618 : à Paris, le lieutenant civil chargé de l'exécution du règlement de la librairie, organise la constitution du *Syndicat de la librairie et de l'imprimerie*. • Tout manuscrit, puis sa forme éditée, devront être présentés au chancelier pour l'attribution du "privilège du roi". • Les colporteurs de livres doivent savoir lire ; à Paris, autorisation d'exercer pour 12 d'entre eux ; Rouen, Toulouse, Strasbourg, Avignon ont leurs propres colporteurs autorisés. • A Paris, premiers statuts d'un regroupement de libraires et d'imprimeurs.
1622 : Richelieu devient cardinal. 1623 : poursuites contre des libertins.	1620	1620 : édit menaçant de mort les libraires installés dans les rues non autorisées. 1623 : jusque là, ceux qui voulaient une permission d'imprimer demandaient à 2 doc-

ANNEXE

1624 : Richelieu au conseil du roi, il devient premier ministre.
1624-1640 : peste endémique.

1630 : Richelieu triomphe de la régente.
1634 : début de l'Académie française.
1635-1672 : Séguier, chancelier de France.
1637 : 415 000 parisiens.
1642 : mort de Richelieu, remplacé par Mazarin.
1643 : mort de Louis XIII, avènement de Louis XIV.
1646-1647 : mauvaises récoltes.
1648 : début de la Fronde.
1649 : siège de Paris, grande misère des parisiens.

teurs de leur choix une approbation valable au Sceau.
1624 : première apparition d'une notion de propriété des textes avec la généralisation des privilèges pour toute publication.
1626 : à Paris, toute personne voulant tenir une imprimerie ou une librairie doit connaître le latin et le grec. • Richelieu rétablit la peine de mort pour tout auteur ou diffuseur de livres s'en prenant à la religion ou au gouvernement.
1628 : à Paris, le syndic de la corporation comprend 6 libraires, 6 imprimeurs et 6 relieurs élus pour deux ans ; il a à saisir les livres attentant à la religion du Royaume ; il limite le nombre d'imprimeurs à 24.
1629 : c'est au chancelier et au Garde des sceaux de faire examiner les manuscrits avant d'accorder un privilège.

1630

1631 : sortie du premier numéro de l'hebdomadaire *La Gazette*, de T. Renaudot.
1637 : Corneille, *Le Cid* ; Descartes, *Discours de la Méthode*.
1639 : à Paris, les petits libraires et artisans imprimeurs se révoltent contre le Pouvoir et l'oligarchie des grands libraires protégés par Richelieu.

1640

1640 : publication de plus de 500 titres.
1641 : Barbin, futur libraire de Molière, obtient son brevet d'apprentissage.
1643 : premières tentatives de publications de bibliographies appelées "librairies".
1644 : Cramoisy fait travailler 7 des 75 imprimeries de Paris et l'Imprimerie royale dont il est le directeur (la famille sort en tout plus de 2 500 volumes et des milliers de pièces volantes et d'actes officiels, plus qu'aucun libraire de l'époque). • A Paris, 8 ateliers d'imprimeries emploient au moins 9 compagnons et apprentis.
1649 : défense, sous peine de sanctions, d'imprimer un livre sans privilège du roi.

ANNEXE

1650 : plus de 50 000 écoliers inscrits dans les collèges.
1651 : exil de Mazarin. • Mauvaises récoltes. • Premiers salons littéraires féminins.
1652 : famine et grande mortalité.
1653 : condamnation du jansénisme par le pape. • Fin de la Fronde, retour de Mazarin.
1654 : sacre de Louis XIV.
1656 : mouvement des Précieux. • Mazarin éradique Port-Royal.
1661 : mort de Mazarin. • Fouquet, surintendant général des Finances, très généreux avec les plus grands auteurs du siècle, est fait arrêter par Colbert. • Mauvaise récolte, famine.
1664 : bannissement de Fouquet, Colbert, recommandé par Mazarin, surintendant des bâtiments. • Réforme des péages et barrières douanières du royaume dans un sens protectionniste.
1665 : Colbert, ministre des finances.
1667 : à Paris, création de la charge de lieutenant général de police.

1650

1651 : à Paris, autorisation d'exercer pour 20 colporteurs.
1653 : obligation d'enregistrer les privilèges à la Chambre syndicale qui s'occupe de la lutte contre les contrefaçons et la baisse de qualité des ouvrages.
1654 : à Paris, Barbin est maître libraire.
1656 : Pascal, *les Provinciales* ; Molière, *le Dépit amoureux.*
1657 : la demande de privilège est autorisée pour la réimpression d'un ouvrage par un nouveau libraire si le texte est augmenté d'au moins un quart. • Interdiction des *Provinciales.*

1660

1660 : à Paris, la communauté des libraires obtient que les détenteurs d'un privilège ou une continuation en auront l'exclusivité.
1662 : à Paris, Rocollet, libraire de moyenne importance installé au Palais, possède à sa mort 15 à 20 000 volumes entreposés. • Le libraire G. Desprez est embastillé pendant près d'un an pour publication de manuscrits de Port-Royal.
1664 : à Paris, 75 ateliers d'imprimerie regroupent 180 presses (dont 16 dans l'illégalité pour n'avoir qu'une presse).
1665 : la réforme de 1660 s'étend aux ouvrages anciens largement corrigés ou augmentés.
1666 : à Paris, Colbert interdit l'installation de maîtres imprimeurs dans les collèges, et la formation de nouveaux maîtres imprimeurs à moins de l'accord du prévôt de Paris ou de son lieutenant. • Interdiction de *Tartufe* de Molière. • 335 compagnons travaillent dans 76 imprimeries (183 presses).
1667 : le lieutenant général de police a la

1668 : Colbert, secrétaire d'État à la maison du roi.
1671 : diminution de l'influence de Colbert.
1672 : Louvois entre au Conseil d'en haut.

1683 : mort de Colbert.
1684 : 480 000 parisiens.
1685 : révocation de l'édit de Nantes, interdiction du culte protestant sauf en Alsace, exil de 250 000 personnes.
1687 : grave famine.

1693 : grande misère.
1695 : capitation pour 22 classes de contribuables, supprimée en 1697.
1698 : suite au rattachement de la Flandre à la France, Louis XIV déclare l'école obligatoire.
1699 : institution de lieutenants de police en province. • Mouvement des "dévots" à la Cour.

1670 — charge de surveiller la librairie et d'empêcher la diffusion d'ouvrages clandestins.
1668 : La Fontaine, *les Fables*.
Dans les années 70 : le "goût chinois" se développe et tout ce qui se trouve à l'est de l'Adriatique est à la mode.
1672 : la Chancellerie attribue un privilège de 50 ans pour l'exclusivité de la publication de l'œuvre de Saint-Augustin, avec l'interdiction d'en publier les anciennes versions pour tout autre libraire, au libraire des Bénédictins.
1677 : à Paris, la communauté fait saisir une tonne remplie des *Instructions chrétiennes* achetés par un mercier armurier.

1680 — 1680 : Premiers livres de petits formats. • Utilisation des contes de fées, apparus dès 1655, pour inculquer des préceptes moraux. • Richelet, *Dictionnaire français des mots et des choses*.
1684 : Furetière, *Essai d'un dictionnaire universel*.
1686 : G. Desprez, imprimeur du roi.
1688 : Oudot, imprimeur de livrets de colportage à Troyes, possède 3 000 rames à plat de brochures déjà imprimées, 3 000 douzaines de livrets prêts à partir, et plus de 10 000 livres de caractères d'imprimerie.

1690 — 1694 : première édition du *Dictionnaire de l'Académie française*. • Saint-Simon, début de la parution des *Mémoires*.
1695 : à Paris, Barbin doit vendre 25 729 volumes à d'autres libraires pour ne pas faire faillite.
1699 : ouverture de la librairie Danel à Lille.

XVIIIème siècle (siècle des Lumières)			
1701 : rétablissement de la capitation. 1709 : éradication de Port-Royal. • Famines et révoltes.	1700	1700 : recensement général des imprimeurs, libraires et relieurs. 1701 : à Paris, 339 compagnons imprimeurs travaillent dans 50 ateliers (pour 195 presses). • En province, limitation du nombre d'imprimeries. 1709 : en Angleterre, le *Statute* attribue aux auteurs le droit de demander pour eux-mêmes un copyright.	
1715 : régence de Philippe d'Orléans. • Banqueroutes.	1710	1711 : à Paris, autorisation d'exercer pour 46 colporteurs. 1715-1759 : 51 titres de livres scolaires.	
1722 : sacre de Louis XV. 1724 : édits contre les protestants. 1725 : disettes et émeutes.	1720	1721 : à Paris, 340 compagnons imprimeurs. 1722 : à Paris, 120 colporteurs autorisés. 1723 : nouveau règlement : interdiction à tout maître d'embaucher un compagnon pour plus d'un an ; l'apprentissage doit durer 4 ans et il est interdit à l'apprenti de s'absenter sans son autorisation, sous peine de devoir renoncer au métier ; pour être maître, le libraire doit fournir un certificat du Recteur de l'Université, attestant qu'il connaît le Latin et le Grec. • A Paris les libraires et les imprimeurs "censés et réputés" du Corps et des Suppôts de l'Université, sont séparés des Arts mécaniques. 1724 : grèves et révoltes d'imprimeurs contre l'emploi de main d'œuvre de louage. 1727 : par une ordonnance municipale, à Dijon, imprimeurs et libraires font partie de la première des 4 classes de métier. 1728 : suppression de la peine de mort pour les auteurs ou diffuseurs de livres s'en prenant à la religion ou au gouvernement. 1729 : ouverture de la librairie Leroux à Strasbourg.	
1730 : Orry, contrôleur des finances.	1730	Apparition du terme "éditeur". 1730 : à Troyes, les familles d'imprimeurs de livrets de colportage, Oudot et Garnier ont 10 presses ; Oudot est en rela-	

1741 : forte hausse des prix agricoles. 1745 : Madame de Pompadour aux côté du roi jusqu'en 1764. 1749 : impôts du vingtième sur tous les revenus (théorique).	1740	tion avec une dizaine de clients en Champagne et une trentaine au-delà. 1739 : en province, nouvelle limitation du nombre d'imprimeries. 1741 : 79 censeurs : 10 pour la théologie, 11 pour la jurisprudence et le droit maritime, 12 pour les sciences médicales et physiques, 8 pour les mathématiques, 36 pour l'histoire et les belles lettres, 2 pour les beaux arts. 1744 : ouverture de la librairie Aubanel en Avignon. 1749 : défense aux ouvriers de quitter leur maître sans un congé écrit, et de s'assembler ou de s'organiser en confrérie.
1750 : timides débuts du système capitaliste industriel. 1758 : Choiseul exerce le pouvoir.	1750	1750 : Malesherbes, lieutenant de police, directeur de la librairie. 1759 : à Paris, 36 imprimeries autorisées. • En province, remise en cause de la limitation du nombre d'imprimeries. • Voltaire, *Candide*.
1760 : premiers arrêts contre les jésuites. • Augmentation de la capitation. • En Grande-Bretagne, machinisme déjà très avancé. 1762 : 22 millions de Français. 1764 : la France, le pays d'aujourd'hui moins Avignon et la Lorraine. • Interdiction de l'ordre des jésuites. 1767 : instauration du "livret ouvrier". 1768 : un bourgeois de Montpellier souhaite exclure les enfants d'artisans des collèges, et toute personne ayant pratiqué les Arts Mécaniques des universités	1760	1760-1789 : 161 titres de livres scolaires. 1760 : à Troyes, Oudot emploie plus de 200 ouvriers. 1762 : Rousseau, *Le contrat Social* ; Diderot, *le Neveu de Rameau*. 1763 : 121 censeurs. 1764 : en province, 900 ouvriers pour 274 ateliers. • A Paris, la maison Barbou, imprimerie ouverte à Limoges en 1524, est très atteinte par la perte de la clientèle jésuite. • Voltaire, *Dictionnaire philosophique*. 1767 : la question de la limitation de la durée des privilèges sans possibilité de les renouveler est posée ; Diderot consulté pour avis écrit la *Lettre sur le commerce de la librairie*. • A Paris, 360 librairies et imprimeries d'après Diderot. • Ouverture de la librairie Mame à Angers puis à Tours. 1769 : à Troyes, la famille Garnier rachète le fonds Oudot. 1769-1771 : à Paris, pour 300 presses,

de Droit ou Médecine.	700 à 1 000 ouvriers.
1770 : 24,6 millions de Français. • Ateliers de charité pour les chômeurs.	**1770** 1776 : à Paris, grève des relieurs pour des hausses de salaires.
1773-1774 : émeutes de la faim.	1777 : à Paris, ouverture de la librairie de François Belin, fils d'instituteur de province. • Une loi stipule que les auteurs ont le droit de vendre leurs ouvrages, et eux seuls, chez eux. • Les privilèges ne sont plus accordés que pour les nouveaux manuscrits, la reproduction de tout autre texte est libre.
1774 : mort de Louis XV, avènement de Louis XVI.	
1776 : démission de Malesherbes. • Turgot, contrôleur général des finances, supprime en vain les corporations.	
1779 : suppression du servage dans les domaines royaux.	1779 : à Paris, 215 libraires assujettis à la capitation.
1781 : mise en place du "livret ouvrier", que chaque ouvrier doit conserver et présenter lorsqu'il veut changer d'employeur.	**1780** 1780 : obligation de déclarer à la police toute vente de livres d'occasion ; aucun libraire ne peut vendre ou posséder d'ouvrage sans nom d'imprimeur sous peine d'une amende de 2 000 F.
1787 : montée des prix, disettes.	1781 : à Paris, 142 libraires recensées par *L'Almanach du libraire* dont une cinquantaine sur la montagne Sainte-Geneviève, parmi lesquelles 22 dans la rue Saint-Jacques (qui compte aussi 31 des 36 imprimeries autorisées). 27 libraires situées quai des Augustins où quelques colporteurs se sont déjà installés.
1788 : révoltes des parlements. • 12 000 lieues de voies bien entretenues ; Paris à 5 jours de Lyon et 12 de Marseille ou Toulouse.	
	1787 : Le catalogue de F. Belin compte 600 titres dont 30 "à compte d'auteur".
	1788 : l'abbé Grégoire, futur député de la Convention, veut utiliser les almanachs pour propager les idées des Lumières.
Révolution. 27 millions de Français dont 52 % de moins de 19 ans. • Suppression du livret ouvrier. • Division administrative du royau-	**1789** Invention de la stéréotypie. • La famille Barbou perd la plus grande partie des commandes administratives.

me en 83 départements divisés en districts, cantons et communes.

XIXème siècle

	1790	

1791 : libération du commerce par la suppression des octrois et des douanes intérieures.
• Abolition des corporations, jurandes, maîtrises, et manufactures à privilège.
1792 : abolition de la royauté, République.
1793 : exécution du roi. • Tensions entre la France et l'Angleterre.
• Obligation et gratuité de l'enseignement élémentaire (supprimées en 1795).
1794 : le français, langue obligatoire pour tout acte public.
1795 : Directoire. • Liberté de culte. • Une école centrale d'enseignement secondaire et supérieur pour 300 000 habitants.
1796 : prohibition des produits anglais.
1799 : coup d'État de Bonaparte, Consulat, Bonaparte Ier consul.
1800 : création des préfectures, 98 départements et 36 000 communes.
1801 : 547 736 parisiens.
1802 : réorganisation

1791 : abolition de la censure.
1792 : Belin s'associe à Claude Simon, issu d'une longue lignée d'imprimeurs, ancien imprimeur de la Reine, du prince de Condé, de Monseigneur l'Archevêque et de la Faculté de Théologie.
1793 : instauration d'un droit d'auteur dérivé du droit de propriété des libraires sur les manuscrits du temps des privilèges ; les auteurs peuvent "concéder" un de leur titre à un libraire pour 10 ans tout en en restant propriétaire, ou le "céder" complètement au libraire qui en devient l'unique propriétaire.
• Fin la liberté de la presse instituée au lendemain de la Révolution.
1796 : invention du procédé lithographique en Allemagne.
1797 : Chateaubriand, *Essais sur les révolutions*.
1798 : invention de la "machine" à fabriquer le papier de Robert.

1800

1803 : 1 004 nouveautés, dont 180 ouvrages consacrés aux sciences naturelles et 353 aux beaux-arts, incluant les arts mécaniques.
1804 : liberté (théorique) des colporteurs, mais la circulation des imprimés reste très contrôlée. • A Paris, le *Tableau de la librai-*

de l'enseignement par Fourcroy. • Création des Chambres de commerce dans 22 villes. • Ré-instauration du livret ouvrier. • 29 millions de Français.
1804 : premier Empire. • Code civil.
1805 : création d'un bureau de presse contrôlé par Fouché, ministre de la Police. • Crise financière.
1807 : Code de Commerce.
1811 : application des codes d'instruction criminelle (1808) et pénal (1810).
1812 : disettes.
1814 : chute de Napoléon, rétablissement de la Royauté avec Louis XVIII. • Rétablissement de l'ordre des jésuites.
1815 : 15 millions de Français. • 900 000 commerçants. • Très lent début du développement des liaisons non principales. • En Grande Bretagne, machinisme dans presque tous les domaines.
1816 : disette.
1817 : loi électorale censitaire.
1818 : prise de position du manufacturier Ternaux contre le mouvement favorable au

rie recense 310 magasins "qui ont des ouvrages de fonds" : 121 librairies modernes, 52 spécialisées dans la librairie ancienne, 55 dans le moderne et l'ancien, 44 dans les nouveautés tenant un cabinet de lecture, 17 dans des techniques diverses (pour la plupart en même temps éditeur), 8 dans les livres de piété, et 10 dans le rayon classique.
1808 : Mort de Belin dont le catalogue compte 1 219 titres. • A Paris, à la mort des deux derniers frères Barbou, Delalain, libraire-imprimeur, rachète leurs deux dépôts.

1810 1810 : création de la Direction de la librairie dépendant du ministère de l'Intérieur pour délivrer le "brevet" à tout libraire ou imprimeur sous condition de "bonnes vie et mœurs" et de son attachement à la Patrie et au Souverain. • A Paris : 180 imprimeurs, mais limitation de leur nombre à 60, puis 80. • A Paris, 4 journaux autorisé. • Les autorités peuvent arrêter la vente et la circulation de tout ouvrage sans aucun recours possible pour les vendeurs.
1811 : *Journal officiel de la librairie.*
1812 : sous-économe au collège de Sainte-Barbe, où il gagne 2 400 fr. par an, nourri et logé, Werdet est en rapport avec des libraires.
1813 : début des libraires-commissionnaires d'après l'idée du libraire Lefèvre.
1814 : le procédé lithographique arrive en France. • Loi restrictive sur la presse. • La presse dite "Stanhope" inventée en Grande Bretagne permet de tirer 2 à 3 000 épreuves par jour. • Didot, membre d'une grande lignée d'imprimeurs, se réfugie en Angleterre où il invente la première "machine à papier continue". • Obligation du brevet pour les personnes tenant un cabinet de lecture. •

rétablissement des corporations, dans une proclamation électorale.
1819 : loi De Serre sur la presse.

L'amende pour la possession d'un ouvrage sans nom d'imprimeur passe de 2 000 F à 1 000 F si le libraire dénonce l'imprimeur.
1815 : retour aux lois de 1723. • Création de *La Bibliographie de France* comprenant les fiches du dépôt légal, les documents administratifs, les annonces d'éditeurs ; débuts de la publicité, d'abord sous forme de "vient de paraître" dans les périodiques professionnels, tels le *Correspondant de la librairie* puis le *Journal de la librairie,*.
1815-1830 : à Paris, sur 194 personnes ayant déposé un dossier pour obtenir un brevet pour un cabinet de lecture, 17 sont libraires, 5 sont d'anciens commis de librairie et 1 a été compositeur-typographe pendant 30 ans.
1816-1818 : de retour en France avec sa machine, Didot fait de la papeterie Sorel la première "usine à papier". 3 hommes et 2 enfants fabriquent autant que 50 ou 60 personnes par l'ancienne technique.
1818 : 9 papeteries en Isère.
1819 : les peines de prison encourues pour outrages à la morale publique et religieuse, font augmenter le nombre d'imprimeries clandestines.

1820-1840 : le système capitaliste s'insinue peu à peu dans toutes les activités, transformant les structures, et augmentant la production par des réductions de main-d'œuvre, de matière et de temps. • Double vote pour les personnes les plus imposées.
1824 : mort de Louis XVIII, avènement de Charles X. • Mandat de 7 ans pour les députés.

1820

1820 : début d'une période de crise sauf pour l'édition scolaire. • Vogue des lithographies, illustrations dans tous les ouvrages pour attirer le lecteur et résister à la concurrence de la presse. • Werdet entre comme commis à 600 fr. par an chez Lefèvre. Il y reste 8 ans commis-voyageur.
1820-1825 : période de crise.
1822 : rétablissement de l'autorisation préalable et procès de tendance pour la presse.
1823 : début de l'utilisation de la presse Stanhope ; dès la fin de l'année, une douzaine fonctionnent à Paris.
1824 : progression des presses à vapeur.
1826 : sortie de 4 347 titres. • A Paris,

1825 : A. Comte, cours de philosophie positive.
1825-1832 : récession économique.
1826 : création de la compagnie des Messageries générales de France.
1827-1829 : 44,8 % des conscrits savent lire.
1829 : auteurs dramatiques et compositeurs se regroupent pour défendre le métier et sauvegarder leurs droits.

1830 : révolution, abdication de Charles X, avènement de Louis Philippe. • Première version de la "méthode globale" dans l'enseignement scolaire. • Ateliers de travail pour les chômeurs. • 30 km de voies ferrées.
1831 : crise économique générale. • Débuts du développement des sociétés anonymes. • Impossibilité, pour tout ministre, de dénoncer l'engagement d'une commande antérieure de livres pour son ministère. •

434 libraires brevetés non imprimeurs, 24 imprimeurs-libraires, 81 bouquinistes et 9 cabinets de lecture de journaux. • Apparition de la publicité rédactionnelle à l'initiative du libraire Ladvocat. • Le roi ayant fait fermer son École Normale pour raison politique, Hachette devient libraire. • Selon une mode venue d'Angleterre, la vogue de l'almanach est relancée dans toutes les couches de la population.
1827 : suite à la crise, début d'une période difficile pour les libraires, en particulier les nouveaux. • Fermetures de 4 librairies nantaises non brevetées. • Werdet s'installe à son compte en rachetant le fonds d'un librairie, puis d'un deuxième en s'associant avec le fils de ce dernier.
1828 : loi libérale sur la presse. • Sortie de 7 616 titres.
1829 : Canson améliore la machine à papier de Robert. • Première parution de la *Revue des deux mondes*, succès immédiat.

1830 1830-1835 : période de crise.
1830 : Garnier, dernier imprimeur troyen, est rachetée par Baudot. • A Paris, 4 grands libraires publient une feuille d'opposition au début de l'année. • Papetiers et libraires, dont Hachette, participent à l'insurrection ; des compagnons imprimeurs, craignant l'augmentation du chômage, détruisent des presses mécaniques. • Age d'or des auteurs à la mode, surtout dans la presse. • Le libraire et le vendeur ambulant doivent être brevetés par le roi qui délègue ce pouvoir à l'autorité municipale.
1831 : sortie de 5 063 titres. • Balzac, *La peau de chagrin* ; Hugo, *Notre-Dame de Paris*.
1833 : sortie de 7 011 titres. • Hachette pourvoit aux besoins de l'école primaire.
1834 : la presse à réaction recto-verso entre en France. • 3 500 abonnés à la *Revue*

Élection du conseil municipal mais nomination par le roi ou le préfet des maires des petites communes.
1831-1835 : 52,6 % des conscrits savent lire.
1832 : 1 937 000 écoliers. • A Paris, 774 338 habitants, 18 500 morts du choléra.
1833 : Guizeau organise un système scolaire sous le contrôle de l'État, mais dont le financement reste aux communes.
1834 : obligation de l'enseignement de la grammaire et de l'arithmétique à l'école primaire.
1836 : projet de 684 000 km de chemins vicinaux à la charge des communes.
1837 : plan de construction de 35 400 km de route.

1841 : limitation du travail des enfants dans les manufactures. • Refus de la liberté de

1840

des deux mondes. • 24 ans après l'instauration du brevet, un fils Belin obtient le sien sans jamais avoir cessé d'exercer depuis la mort de son père. • Sévère loi sur la presse, les associations et les crieurs publics ou colporteurs qui doivent disposer d'une "autorisation préalable" délivrée par l'autorité municipale qui peut la retirer à tout moment et sans préavis.
1835 : Émile Girardin crée *la Presse* avec un abonnement à moitié prix ; il est imité par son ami Dutacq avec *Le Siècle* ; la "livraison populaire", le feuilleton, domine alors désormais le secteur de l'écrit, provoquant la fermeture d'un grand nombre de cabinets de lecture. • L'annonce illustrée donne un nouvel élan à la publicité éditoriale, et les annonces sur grandes surfaces se développent. • Commande de près d'1 million d'ouvrages à Hachette par le ministère de l'Instruction publique dont 500 000 alphabets des écoles, des livrets de lecture, arithmétique, géographie, histoire. • Le ministre de l'Intérieur estime que le nombre de libraires à Paris a doublé depuis 1791. • Tocqueville, *De la démocratie en Amérique.*
1836 : ouverture de la maison Calmann-Lévy. • Hachette siège, avec Delalain comme imprimeur, comme seul libraire désigné à la commission instituée par le ministre de l'Instruction publique au titre d'attaché à ce ministère.
1837 : à l'imitation des Anglais, Dupuis, ancien imprimeur-libraire-éditeur, crée le papier grand-jésus. • Création de la Société des Gens de Lettres.
1838 : 28 papeteries en Isère.
1839 : ouverture de la librairie Privat à Toulouse.
1840 : première tentative pour créer un "dépôt central de la librairie". • Ouverture de la librairie Birmann à Thonon les Bains.
1842 : fondation de *L'Illustration* par

l'enseignement secondaire par les députés.
1841-1845 : 60 % des conscrits savent lire.
1844 : création des crèches.
1847 : 3 500 000 écoliers. • Guideau président du Conseil des ministres. • 1 832 km de voies ferrées, et autres moyens de transport se renforcent pour faire face à ces progrès.
1847-1848 : Falloux, ministre de l'Éducation.
1848 : renvoi de Guideau. • Proclamation du droit au travail. • Abolition de la peine de mort pour raison politique. • Liberté d'expression. • Ateliers nationaux pour les chômeurs dont la fermeture déclenche la Révolution. • Abdication de Louis Philippe. IIème République. • Élection des maires partiellement accordée. • Suffrage universel masculin.
1849 : interdiction des coalitions ouvrières ou patronales.

l'éditeur Paulin. • La Papeterie dauphinoise de Pont-de-Claix, ouvre un magasin dans la capitale. • Hetzel publie le premier volume de la *Comédie Humaine* et devient l'éditeur de Balzac.
1843 : ouverture de la librairie Davignier à Gap.
1845 : création de la rotative typographique à grand débit, rapidement abandonnée à cause de la censure qui ralentit la production. • N. Chaix fonde une Imprimerie et Librairie centrale des chemins de fer. • Dalloz, avocat à la Cour de cassation et auteur du *Répertoire général de Jurisprudence*, crée sa maison d'édition.
1846 : premier virage vers l'industrialisation de la production d'imprimés amorcé grâce aux progrès techniques du secteur. • En chimie, les découvertes de l'Allemand Vœlter introduisent l'usage des pâtes de bois, ou pâtes mécaniques, puis des pâtes chimiques. • A Paris, 180 000 abonnés à 25 quotidiens de presse. • Charles Gasselin a, le premier, l'idée de confier l'exclusivité de la vente de ses ouvrages à Pagnerre, distributeur d'almanach. • Hetzel donne un nouvel élan au livre récréatif pour enfants, notamment grâce aux illustrations. • Première "Bibliothèque de poche" de Paulin. • Proudhon, *Philosophie de la misère.*
1847 : fondation du Cercle de la Librairie.
1848 : Marx et Engels, *le Manifeste du parti communiste.* • La disposition de 1834 sur les colporteurs est levée avant les journées révolutionnaires, mais la liberté de la presse est de nouveau bridée dès novembre. • Hachette et les frères Plon, au nombre des contre-révolutionnaires. • Le roman populaire et le roman "littéraire" commencent à se scinder en deux courant distincts.
1849 : la disposition de 1834 sur les colporteurs est remplacée par l'obligation de

1850 : la loi Falloux, favorable à l'Église catholique, consacre la liberté de l'enseignement secondaire. • 1 437 000 commerçants. • Le commerce de commission prend de l'ampleur. • Création d'une caisse nationale de retraite.
1851 : 1 053 897 parisiens. • Stricte réglementation de l'apprentissage. • Coup d'État de Napoléon III.
1851-1855 : 65,9 % des conscrits savent lire.
1852 : Second empire. • 3 500 km de voies ferrées.
1854 : création de 16 circonscriptions académiques et rectorats. • Épidémie de choléra.
1855 : 1ère exposition universelle.
1857 : loi favorable aux sociétés de secours mutuel.
1859 : ouverture de bibliothèques populaires gratuites.

1850 détenir une autorisation préfectorale pour les colporteurs et les livres qu'ils diffusent.
1850 : à Tours la librairie "classique" Mame rivalise avec Hachette dans le secteur de l'enseignement religieux. • Ouverture de la librairie Renaudier à Mâcon. • Les journaux à succès sont tirés à 50 000 exemplaires.
1851 : Larousse, fils d'un charron-aubergiste de l'Yonne, fonde la maison Larousse.
1852 : interdiction de la contrefaçon d'ouvrages étrangers. • Tout libraire sans brevet est passible d'une amende de 100 à 2 000 F, d'un mois à deux ans de prison, et sa boutique peut être fermée. • Tout imprimé ou gravure destinés au colportage doit passer par la censure et se faire apposer un timbre par la préfecture dont dépend le lieu d'édition. • Républicain convaincu, secrétaire pendant quelques semaines de Lamartine, ministre des Affaires Étrangères, Hetzel s'exile en Belgique où il continue son activité et organise des entrées clandestines de livres en France. • Création des Messageries de journaux Hachette. • Delalain soutient Hachette qui veut le monopole des points de vente de livres dans les gares.
1853 : convention internationale sur les droits d'auteurs.
1854 : les droits des collatéraux d'un auteur décédé sont de 10 ans, ceux des enfants sont de 30. • Plon, éditeur d'origine belge, devient "éditeur de l'Empereur". • Une Commission est instituée pour examiner les livres à estampiller.
1855 : ouverture de la librairie Fayard.
1857 : succès de *Madame Bovary* de G. Flaubert grâce au scandale qu'il provoque.
1858 : reconnaissance internationale des œuvres. • *Dictionnaire universel des Contemporains* chez Hachette.
1859 : Werdet, *De la librairie française,*

1860 : normalisation des relations avec la Grande-Bretagne. • Le "représentant", ou "voyageur de commerce", commence à prendre un rôle essentiel dans le développement du commerce en général mais les commissionnaires et courtiers, tous types de commerce confondus, restent peu nombreux (seulement 11 000 en 1896, mais ils sont 73 000 en 1906 du fait du déclin des foires).
1861-1865 : 73 % des conscrits savent lire.
1862 : création des bibliothèques scolaires.
1864 : le droit de grève est rétabli.
1865 : épidémie de choléra. • Création des magasins du Printemps.
1866 : Jean Macé crée la Ligue de l'enseignement pour le développement de l'instruction populaire.
1867 : loi sur les sociétés anonymes.

1860 *son passé - son présent - son avenir.* • Sous la pression du président du Cercle de la librairie, Hachette doit vendre des livres d'autres éditeurs dans ses kiosques de gare qui peuvent fonctionner sans brevet. • Delalain préside le Cercle de la librairie.
1860 : 25 000 abonnés à la *Revue des deux mondes.* • Belin a vendu 27 à 28 000 exemplaires du *Dictionnaire de la lecture et de la conversation,* ouvrage de 1 512 pages et de grand format. • A Nice : 15 librairies. • A Bordeaux : 52 librairies.
1861 : Hachette possède 162 librairies de kiosques de gare, dont 120 en province ; dans *l'Instruction populaire et le Suffrage universel*, il dénonce le colportage et prône une organisation rationnelle de la librairie, notamment la création de dépôts en province.
1863 : parution en livraison du *Dictionnaire de la langue française*, en projet dès 1841, chez Littré. • Parution du *Petit Journal* à 1 sou. • Fermeture de la maison Baudot à Troyes.
1864 : Delagrave se spécialise dans le livre scolaire. • Ouverture de la librairie Montbaron à Bourg en Bresse.
1865 : crise de surproduction. • A Paris, la Papeterie dauphinoise de Pont-de-Claix est devenu une importante affaire de vente en gros. • Larousse, *Dictionnaire universel du XIXème siècle* en fascicules, dont le dernier paraît en 1876.
1866 : les héritiers conservent la propriété des manuscrits pendant 50 ans avec réserve de jouissance au conjoint survivant.
1868 : suppression de la nécessité d'autorisation préalable et du système des avertissements pour la presse. • A. Colin, employé de Delagrave, obtient son "brevet". Il invente et systématise l'envoi de spécimens gratuits aux enseignants.

1868 : 87,6 % des conscrits savent lire. • Liberté de réunion. • Création d'une caisse pour les accidents du travail.
1869 : 18 000 km de voies ferrées.
1870 : chute de Napoléon III, IIIème République. • Thiers président. • Perte de l'Alsace et de la Lorraine. • Élection de tous les maires.
1871-1875 : 82,1 % des conscrits savent lire.
1872 : apparition légale de la notion de "fonds de commerce", à l'occasion d'une loi fiscale qui soumet leur vente à un droit de mutation, entérinant une pratique déjà en place.
1873 : Thiers renversé, Mac-Mahon président.
1874 : loi sur le travail des femmes et des enfants.
1879 : démission de Mac-Mahon, Jules Grévy président. • Création d'écoles normales d'institutrices.

1869 : nouveaux journaux républicains et socialistes.

1870

1870 : *le Petit journal* est vendu à 300 000 exemplaires. • Rétablissement de la liberté de commerce avec la suppression du brevet et du timbre sur les ouvrages qui paraissent. • Les maisons d'édition commencent à employer un personnel spécialisé et à diversifier leurs services.
1871 : plus de 500 "usines" à papier, face à 4 000 petits ateliers en mauvaise posture. • Ouverture de la librairie Tremblote à Millau.
1872 : 34 papeteries en Isère. • Les éditeurs "non littéraires" sont une vingtaine et 80 à la fin du siècle.
1873 : ouverture des librairies Paul Even à Metz, et Duclerc à Abbeville.
1875 : début de la mensualisation des auteurs qui réservent toute leur production à leur éditeur. • Mort de Larousse.
1876 : la branche "papeterie" emploie 28 000 ouvriers, produit 140 000 t et réalise un chiffre d'affaires de 103 millions de fr.
1877 : environ 13 000 titres.
1878 : 1 724 000 volumes parus chez Calmann-Lévy, dont 184 nouveautés (445 000 volumes) et 845 réimpressions (1 269 000 volumes), et 2 500 000 périodiques. • L'"office" se met petit à petit en place. • Fayard s'installe boulevard Saint Michel et rencontre le succès grâce à des publications populaires en livraison, il publie aussi des ouvrages d'histoire.
1879 : sortie de 14 000 titres.

ANNEXE

1881 : 300 élèves dans les lycées et les collèges féminins de l'enseignement public (elles seront 30 000 en 1913).
1881-1883 : 87 % des conscrits savent lire. • A Paris, 1 600 abonnés au téléphone.
1882 : l'école laïque est décrétée gratuite et obligatoire.
1884 : rétablissement du droit d'association, loi Waldeck-Rousseau sur les syndicats professionnels. • 1 923 000 commerçants.
1885 : Pasteur découvre le vaccin contre la rage.
1886 : institution des Bourses du travail.
1887 : apogée du boulangisme. • Démission de Jules Grévy, Sadi Carnot président.

1890 : suppression du livret ouvrier.
1890-1892 : 92,7 % des conscrits savent lire (96,8 % en 1908).

1880

1880 : à Paris, ouverture de le maison Nathan. • Les plus grosses maisons d'édition entrent activement dans le capitalisme comme Hachette, Calmann-Lévy, Marpon, Flammarion, Fayard, Jules Tallandier, plus tard Albin Michel, et commencent à faire des prévisions à long terme pour de gros tirage à vente rapide.
1881 : la branche "papeterie" compte 527 usines à papier, emploie 34 000 ouvriers (dont 5 597 en Isère), produit 180 000 t, et réalise un chiffre d'affaires de 120 millions de fr. • La loi permet "la libre expression, publication et vente des idées" mais fait porter les délits d'outrage à la morale publique, aux mœurs et à l'armée, devant la cour d'assises au lieu du tribunal correctionnel.
1883 : avortement d'un projet de loi qui devait substituer l'éditeur à l'imprimeur
dans l'obligation du dépôt et de la déclaration de l'imprimeur (ce n'est qu'en 1925 qu'un dépôt et une déclaration de l'éditeur deviennent obligatoires).
1885 : Surproduction : 19 000 titres en livres ou en brochures, dont 3 000 romans.
1887 : les journaux à succès sont tirés à 100 ou 200 000 exemplaires. • Convention d'*Union internationale pour la protection des œuvres littéraires et artistiques* : la durée de la protection internationale des productions littéraires est partout de 50 ans (certains pays signataires se retirent ensuite de cette convention).
1888 : 15 papeteries-journaux sur 84 librairies à Bordeaux, 8 sur 49 à Toulouse, 10 sur 22 à Dijon, 8 sur 33 à Marseille, à Nice 10 sur 36.

1890

1891 : à Lyon, naissance d'un mouvement syndical qui se développe à Marseille, Lille, Caen, Nantes et Dijon.
1892 : première demande de réforme de l'office de la part des libraires. • 1 000 ad-

1892 : loi réglementant le travail des enfants.	hérents à la Chambre syndicale ; parution du *Bulletin des Libraires*, journal de défense et d'information ; fixation d'une remise minimum à la suite d'une grève des achats. • Nouvelle crise de la librairie. 1893 : le *Bulletin des Libraires* édite un *Catalogue illustré pour les étrennes* qui n'indique aucune adresse d'éditeurs, signe de la séparation définitive de l'édition et de la librairie.

INDEX DES TERMES ET NOTIONS SOCIOLOGIQUES

Acculturation, 219; 220; 231; 257.

Activité, 120-121, 124, 128, 134-135, 145, 152, 178, 183, 189, 191, 194-197, 216-217, 226, 229, 231-233, 235, 245, 256, 259, 268 ; branche d'—, 198-200 ; — des commerçants (de commerce) (commerciale), 49, 139, 152, 176, 193, 198-199, 202, 207, 268 ; — de librairie, 13, 79, 98, 179, 191, 207, 222 ; — professionnelle, 11-12, 182, 207, 201, 226, 262, 269, 271 ; secteur d'—, 193-194, 273 ; — de vendeur de livres, 207, 226.

Capital, 123 ; — économique (monétaire), 12, 33 ; — social, 33, 49, 136, 203, 262, 266-267 ; — symbolique, 11-12, 255, 262-263.

Capitalisme (capitaliste), 105, 110, 114-115, 121-125, 153, 155, 178 ; économie —, 148, 153 ; esprit —, 115, 122 ; — industriel, 111, 113, 178 ; mode de fonctionnement ou de gestion — (du travail), 121, 123, 125, 146, 149, 171 ; organisation — (du travail), 67-68, 99, 110, 120 ; système —, 120, 124, 172.

Catégorie, 23, 42, 185, 196, 198, 201-203 ; — aristocratique, 35, 39, 80, 93 ; — bourgeoise, 19, 23, 29, 34-35, 55, 58-62, 71, 79-80, 84-85, 90, 93-94, 96, 123, 144, 163, 170, 176-177, 186 ; — de commerçants, 179, 198-199 ; — instituée ou spontanée, 268 ; — populaire, 41, 44, 50, 56, 58-61, 94, 97 ; — professionnelle, 10, 195, 198 ; — sociale, 10, 163, 193, 204, 206, 220 ; — socioprofessionnelle, 198-199, 203-204.

Classe (sociale), 35, 52, 59, 61, 79, 144, 169-170, 182-183, 197, 202, 234, 242 ; — moyenne, 122, 202-204, 256 ; — populaire, 140, 144, 163, 170, 178, 203 ; supérieure; 35, 59, 61, 143, 266 ; classer (classé, classant), 185, 189, 194, 196-199, 204, 206 ; classement, 10, 36, 173, 193, 195-197, 200-201, 206, 229 ; — institué (INSEE), 189-190, 193, 196, 198 ; classification, 196, 198-199.

Colportage (commerce ambulant), 18, 42, 44-46, 48, 51, 54, 61-62, 94-95, 98, 141-146, 185, 204 ; livre(t) de —, 36, 43-44, 47-48, 50-54, 56-57, 59, 61, 71-72, 94, 96, 144, 146-147 ; colporteurs en tant que groupe social, 18, 41-44, 46, 94, 140, 185, 204.

Commerce, 12-13, 17, 19, 25, 32-33, 43, 48, 54, 73, 80, 84, 93, 95, 103-104, 106, 113, 119, 128, 132, 143, 145, 151, 153, 158, 173-174, 177-178, 182, 189-193, 195, 198-199, 202-203, 206, 221, 228, 232, 241, 244-246, 268, 271-273 ; — de librairie, 81, 143, 161, 173, 255 ; — de livres, 10, 13, 17-19, 25, 32, 41-42, 44, 63, 79, 98-99, 103, 105, 110, 131, 138, 141, 146, 149, 154-156, 160, 171, 186, 189, 193, 195-197, 201, 227 ; libéralisation (liberté) du — (du livre), 93, 105, 138, 140, 149, 172, 175 ; organisation du — (du livre), 26, 79, 83, 154, 160, 184 ; secteur du —, 173, 189, 191, 199, 205-206, 216, 229, 268 ; commerçant, 13-14, 35, 42, 61, 95, 113, 134, 157, 172-173, 178, 183, 185, 189, 193, 197-200, 202, 204-205, 219, 245, 271 ; — de lives, 13, 18, 28, 183, 197-198, 218, 269, 271.

Compétence, 9, 11, 31, 47-49, 65, 77, 115, 147-148, 158, 160, 179, 184, 197, 199, 215-217, 219, 226, 243, 245, 248-251, 253, 256.

Corps, 182-183, 262-263, 265 ; — de métier, 20, 71, 94, 108, 109, 179, 182 ; esprit de —, 265 ; — professionnel, 191, 263, 266.

Culture, 13, 56, 58, 60, 170, 189-191, 195, 206, 228, 241, 244-246, 266 ; culturel(elles), 10-12, 14, 194, 206, 228-229, 232, 238, 241, 250, 268, 271-272.

Détaillants, 156, 199, 208 ; — en librairie, 180, 199, 201, 215 ; — en livres, 9-10, 198, 217, 226, 229.

Identifier (identifié, identifiable, identification), 18, 38, 201, 229-230, 233, 257 ; identité (identitaire), 12, 201, 227-230, 235, 241, 258, 262-263, 265, 269 ; — professionnelle, 12, 14, 189-190, 200, 226-230, 233, 235, 245, 247-248, 269, 272-273 ; — sociale, 12, 229-230.

Légitimité (légitimer), 55, 66, 107, 228, 230, 250, 254, 262, 266.

Librairie, 9-13, 17, 20, 25, 34, 104 ; champ de la —, 70, 99, 251 ; organisation de la —, 69, 104, 113 ; rôle des —, 9, 269 ; statut (position) des libraires, 12-13, 43, 98, 113, 117, 161 ; travail des —, 13, 33, 110, 129, 206-207, 213, 216, 220, 226, 268.

Métier(s), 10, 12, 55, 63, 65, 69, 71-72, 106, 114, 132, 176, 179, 182, 196-197, 216-217, 219-220, 226, 229-230, 232-233, 245, 255-256, 263, 272 ; — ambulant, 95, 176 ; conception du —, 12, 200, 215, 226-227, 233-234, 241, 250, 253, 257-258, 266, 269, 272 ; culture de —, 153, 219, 231, 241 ; — du livre, 9, 11, 33, 47, 64, 71, 104-105, 108, 112-115, 121, 124, 148, 151-152, 155, 159, 162-163, 183, 185-186, 201, 206, 255,

268 ; libéralisation des —, 105, 173.

Position (positionnement) social(e), 13, 18-19, 32, 98, 179, 190, 196, 199, 206 ; — professionnelle, 11, 253, 272 ; — dominante, 19-20, 62, 73, 116, 204, 253, 255, 266 ; — dominée, 20, 268, — symbolique, 61 ; — de classe, 183.

Profession (professionnel, professionnellement), 9, 12-14, 59, 75, 115, 141, 148, 182, 189, 197, 206, 216, 219-221, 229-231, 233, 241, 254-256, 273 ; — du livre, 11, 189, 205, 253, 262, 269 ; reconnaissance — et sociale, 262, 267 ; — au sens anglo-saxon, 13, 135, 148, 179, 207, 219, 221-222, 256-259, 260 ; professionnalisation, 179, 181-182, 255-256, 262.

Rôle social, 14, 18, 41, 48, 64, 98-100, 192, 199, 201, 269.

Salarié, 28, 89, 196-197, 203- ; salariat, 192, 197, 202-204.

Savoir-faire, 32-34, 47-49, 64, 82, 92, 95, 98, 103, 110, 115-117, 182, 196, 212, 216-221, 226, 242, 244-245, 262, 268

Service, 151-152, 194-195, 207-208, 221, 223, 225 ; — au client, 10, 215, 217, 221-222, 225, 242, 261, 268, 271, 273.

Socialisation, 58, 219, 227-228, 230, 232-234.

Statut, 11, 18, 38, 48, 71, 109, 112, 178-179, 186, 198, 202, 204-205, 217, 220, 232, 256, 266, 268, 272 ; — (social) des libraires, 12-13, 41, 43, 113, 117, 161, 173 ; — social, 13, 20, 41, 72, 93-94, 98, 189, 191, 196, 202, 226, 269.

Travail, conception du —, 93, 151 ; division (sociale) du — (social), 14-15, 100, 149, 160, 183-184, 192, 216, 220, 256, 269, 271 ; méthode (formes, modes, techniques) de —, 26, 68, 92, 98, 109, 156 ; organisation du —, 42, 93, 104, 120, 125, 148, 153 ; rationalisation du —, 100, 146, 271.

Vente, 47, 104, 117, 152, 155, 160, 194, 199-200, 207, 220, 241, 243, 273 ; — de livres, 26, 28, 118, 145, 148, 152, 154, 170, 175, 208, 211, 220-221, 271 ; point (lieu) de — (de livres) 9-11, 148, 170, 174-175, 177, 217, 221 ; vendeur de livres, 9-10, 12-14, 18-19, 98-100, 103, 145, 158, 161, 184, 189-190, 204, 207-208, 216-220, 222, 226-227, 247, 255, 259, 268-269, 272-273.

BIBLIOGRAPHIE

Sociologie générale

BOURDIEU (Pierre) : Les trois états du capital culturel, *Actes de la Recherche en Sciences sociales*, n° 30, 1979, pp. 3-6.

BOURDIEU (Pierre) : Effets de champs et effets de corps, *Actes de la Recherche en Sciences Sociales*, n° 59, 1985, pp. 73-75.

BOURDIEU (Pierre) : *La distinction, critique sociale du jugement*, Paris, Minuit, col. Le sens commun, 1979, 670 p.

BOURDIEU (Pierre) : *Le sens pratique*, Paris, Minuit, col. Le sens commun, 1980, 477 p.

BOURDIEU (Pierre) : *Questions de Sociologie*, Paris, Minuit, col. Le sens commun, 1984, 277 p.

BOURDIEU (Pierre), avec WACQUANT (Loïc J. D.) : *Réponses*, Paris : Seuil, col. Libre examen, 1992, 270 p.

CHAMPAGNE (Patrick), LENOIR (Rémy), MERLLIÉ (Dominique), PINTO (Louis) : *Initiation à la pratique sociologique*, Paris, Dunod, 1989, 238 p.

DUBAR (Claude) : *La socialisation, Constructions des identités sociales et professionnelles*, Paris, A. Colin, col. U, 1992, 276 p.

DURKHEIM (Emile) : *De la division du travail social*, Paris, PUF, col. Quadrige, 1991 (1ère édition : 1893), 416 p.

LECLERC (Gérard) : *L'observation de l'homme, une histoire des enquêtes sociales*, Paris, Seuil, 1979.

MARX (Karl) : *Le manifeste du parti communiste*, Paris, 10/18, 1980 (1ère édition : 1847), 114 p.

WEBER (Max) : *Essais de sociologie des religions*, Die, Ed. A. Die, col. l'Ordre des choses, 1992 (1ère édition : 1920), 188 p.

WEBER (Max) : *L'éthique protestante et l'esprit du capitalisme*, Paris, Plon, col. Presses Pocket Agora, 1990 (1ère édition : 1920), 287 p.

Sociologie des activités salariées

CASTEL (Robert) : *L'ordre psychiatrique*, Paris, Minuit, 1973, 334 p.

CHAPOULIE (Jean-Michel) : Sur l'analyse des groupes professionnels, *La Revue Française de Sociologie*, XIV-2, 1973, pp. 89-114.

DESROSIÈRES (Alain) THÉVENOT (Laurent) : *Les catégories socioprofessionnelles*, Paris, La Découverte, col. Repères, 1988, 125 p.

FREIDSON (Eliot) : Les professions artistiques comme défi à l'analyse sociologique, *La Revue Française de Sociologie*, XXVII-3, 1986, pp. 431-443.

GOFFMAN (Erving) : *Asile, études sur la condition sociale des malades mentaux.*, Paris, Minuit, col. Le sens commun, 1968, 449 p.

MAURICE (Marc) : Propos sur la sociologie des professions, *Sociologie du Travail*, n° 2, 1971, pp. 113-115.

MILBURN (Philip) : *La défense pénale : une relation professionnelle, les avocats, la défense en matière pénale et les délinquants : analyse sociologique des relations, de la pratique et des relations professionnelles*, Thèse de Doctorat Nouveau Régime, Paris VIII, Juin 1991, 295 p.

MOULIN (Raymonde) : De l'artisan au professionnel : l'artiste, *Sociologie du Travail*, n° 4, 1983, pp. 388-403.

Commerce et artisanat

COSTE (Laurence) : *Espaces publics, Espaces vulnérables : les commerçants du métro parisien*, Thèse de Doctorat Nouveau Régime, Lyon II, 1991, 541 p.

COURPASSON (David) : Élément pour une sociologie de la relation commerciale, les paradoxes de la modernisation dans la banque, *Sociologie du travail*, XXXVII, n° 1, 1995, pp. 1-24.

FANSTEN (Michel) : *L'évolution du commerce français depuis 1962 d'après l'opinion des commerçants*, Paris, INSEE, col. les Collections de l'INSEE E, n° 12, janvier 1972, 212 p.

GRESLE (François) : Éléments pour une sociologie du commerce, *La Revue Française de Sociologie*, XIII-4, 1972, pp. 569-577.

GRESLE (François) : *Indépendants et petits patrons, pérennité et transformation d'une classe sociale*, Thèse de Doctorat, Paris V, 1978, 1057 p. (2 tomes)

GRESLE (François) : *L'univers de la boutique, les petits patrons du Nord (1920-1975)*, Lille, Presses universitaires de Lille, 1981, 163 p.

LE MORE (H) : L'invention du cadre commercial : 1881-1914, *Sociologie du Travail*, n° 4, 1982, pp. 443-450.

MARENCO (Claudine), MAYER (Nonna) (sous la direction de) : *Commerce et consommation : les acteurs et les stratégies*, UER Sciences des Organisation, Paris Dauphine, cahier n° 130, 1984, 200 p.

MARENCO (Claudine), MAYER (Nonna) (sous la direction de) : *Commerce, consommation et crise*, UER Sciences des Organisation, Paris Dauphine, cahier n° 138, 1985, 130 p.

THIBAUD (Jean) : *Petites entreprises de l'artisanat, du commerce et des services*, Paris, INSEE, col. les Collections de l'INSEE E, n° 110, janvier 1988, 220 p.

ZARCA (Bernard) : *Les artisans : gens de métier, gens de parole*, Paris, L'Harmattan, col. Logiques sociales, 1987, 187 p.

ZARCA (Bernard) : Identité de métier et identité artisanale, *La Revue Française de Sociologie*, XXIX-2, 1988, pp. 247-273.

BIBLIOGRAPHIE

Histoire de la librairie et autres commerces des livres, et situation historique et économique de l'Ancien Régime au XIXème siècle

AUDION-BAUDRY (Lionel) : *Histoire d'une librairie de province, Lanoë à Nantes de 1838 à nos jours*, Nantes, Le Passeur / CECOFOP, 1990, 55 p.

BOURNAZEL (Eric), VIVIEN (Germaine), GOUNELLE (Max) : *Les grandes dates de l'histoire*, Larousse, Paris, 1989, 248 p.

BRAUDEL (Fernand), LABROUSSE (Ernest) : *Histoire économique et sociale de la France*, Paris, PUF, col. Quadrige, 1993 (1ère édition : 1976), 1089 p. - tome III/ (1789-1880).

BRAUDEL (Fernand), LABROUSSE (Ernest) : *Histoire économique et sociale de la France*, Paris, PUF, col. Quadrige, 1976 (1ère édition : 1980), 971 p. - tome IV/ (1880-1950).

CHARTIER (Roger) : *L'ordre des livres, lecteurs, auteurs, bibliothèques en Europe entre XIVème et XVIIIème siècle*, Aix en Provence, Alinéa, 1992, 119 p.

CHAVARDÈS (Maurice) : *Histoire de la librairie*, Paris, Ed. Pierre Waleffe, 1967, 183 p.

CHEVALIER (Louis) : *Classes laborieuses et classes dangeureuses*, Paris, Hachette, col. Pluriel, 1978 (1ère édition : 1958), 729 p.

DARNTON (Robert) : *Le grand massacre des chats, attitudes et croyances dans l'ancienne France*, Paris, Robert Laffont, col. Les hommes et l'histoire, 1985, 285 p.

DARNTON (Robert) : « La France, ton café fout le camp ! » de l'histoire du livre à l'histoire de la communication, *Actes de la Recherche en Sciences Sociales*, n° 100, 1993, pp. 16-26.

Dictionnaire pratique de la presse, l'imprimerie et la librairie, England, Gregg International Publishers Limited, 2 tomes 1971 (1ère édition, Imprimerie et librairie générale de jurisprudence de Cosse et Delamotte, 1847).

DIDEROT (Denis) : *Lettre sur le commerce de la librairie*, Paris, Grasset, 1937, 171 p.

FOUCAULT (Michel) : Qu'est-ce qu'un auteur ?, *Bulletin de la société française de Philosophie*, tome LXIV, juillet-septembre 1969, pp. 73-104.

HUBERT (Jean) : *Librairie Belin, 1777-1977*, Paris, Librairie Classique Eugène Belin, 1977, 159 p.

KRAFFT POURRAT (Claire) : *Le colporteur et la mercière*, Paris, Denoël, 1982, 325 p.

LABARRE (Albert) : *Histoire du livre*, Paris, PUF, col. Que sais-je ?, 1985, 127 p.

LYONS (Martyn) : *Le Triomphe du livre, une histoire sociologique de la lecture dans la France du XIXème siècle*, Paris, Promodis édition du Cercle de la librairie, 1987, 302 p.

MANDROU (Robert) : *De la culture populaire au XVIIème et XVIIIème siècles*, Paris, Imago, 1985, 264 p.

MARTIN (Henri-Jean) : *Le Livre français sous l'Ancien Régime*, Paris, Promodis édition du Cercle de la librairie, 1987, 303 p.

MARTIN (Henri-Jean) : *Histoire et pouvoirs de l'écrit*, Paris, Librairie Académique Perrin, col. Histoire et Décadence, 1988, 518 p.

MERCIER (Louis Sébastien), RESTIF DE LA BRETONNE (Nicolas) : *Paris le jour, Paris la nuit*, Paris, Robert Laffont, col. Bouquins, 1990 (1ère édition : 1781), 1420 p.

MOLLIER (Yves) : *Michel et Calmann Lévy ou la naissance de l'édition moderne, 1836-1891*, Paris, Calmann Lévy, 1984, 560 p.

NÉRET (Jean-Alexis) : *Histoire illustrée de la librairie et du livre français des origines à nos jours*, Paris, Ed. Lamarre, 1953, 385 p.

PARENT-LARDEUR (Françoise) : *Lire à Paris au temps de Balzac, les cabinets de lecture, 1815-1830*, Paris : Édition de l'École des Hautes Études en Sciences Sociales, 1981, 208 p.

POULOT (Denis) : *le Sublime ou le travailleur comme il est en 1870 et ce qu'il peut être*, Paris, Librairie A. Lacroix, 1870.

PROCACCI (Giovana) : *Gouverner la misère, La question sociale en France 1789-1848*, Paris, Seuil, col. L'Univers Historique, 1993.

REED (Gervais E.) : *Claude Barbin libraire de Paris sous le règne de Louis XIV*, Genève, librairie Droz, 1974, 133 p.

RICHTER (Noë) : *La lecture et ses institutions, 1700-1918*, Caen, Plein chant, Bibliothèque de l'université du Maine, 1987, 302 p.

SEE (Henri) : *La France économique et sociale au XVIIIème siècle*, Paris, A. Colin, col. U, 1969, 192 p.

THIESSE (Anne-Marie) : *Le roman du quotidien : lecteurs et lectures populaires à la Belle Époque*, Paris : le Chemin vert, 1984, 268 p.

WERDET (Edmond) : *De la librairie française, son passé - son présent - son avenir*, Paris, E. Dentu Libraire-Editeur, 1860, 394 p.

La librairie d'aujourd'hui et ce qui s'y rapporte

BÉTOURNÉ (Olivier) : *Les maux endémiques de l'édition*, in Le Monde, 10/10/97.

BOIN (Jean-Guy), BOUVAIST (Jean-Marie) : *Les jeunes éditeurs, esquisse pour un portrait*, Paris, La Documentation Française, 1986, 184 p. (épuisé)

CAHART (Patrice) : *Le livre français a-t-il un avenir ? rapport au ministre de la Culture et de la communication*, Paris, La Documentation française, 1987, 190 p.

Chaînes et groupements de librairies en Europe. *Cahiers de l'économie du livre*, hors série n° 2, mars 92, 342 p.

CHARTIER (Anne-Marie), HÉBRARD (Jean) : *Discours sur la lecture*, Paris, BPI, col. Études et recherches, 1989, 525 p.

COLIN (Jean-Pierre), VANNEREAU (Norbert) : *Librairies en mutation ou en péril ?* Paris, Publisud, 1990, 200 p. (épuisé)

GÈZE (François) : Où va l'édition française ?, *Esprit*, n° 151, septembre 1989, pp. 17-29.

LEBLANC (Frédérique) : *Du statut social à la pratique professionnelle, construction dune identité professionnelle, libraire*, Thèse de doctorat, Paris VIII, décembre 1995.

LEBLANC (Frédérique) : La vente du dictionnaire, in *Les usages du dictionnaire de langue française*, sous la direction de COMBESSIE (Jean-Claude), CSEC, 1993.

LORANT-JOLLY (Annick) : « Profession : libraire ». *Le français aujourd'hui*, n° 102 juin 1993, pp. 84-87.

Les libraires, *Dossier PRECEPTA*, Paris, 1990.

Le métier de libraire, Paris, Promodis, 1988, 317 p.

PINGAUD (Bernard) : *Le livre a son prix*, Paris, Ministère de la Culture, 1983, 188 p.

Prix du livre mode d'emploi. Paris, Ministère de la Culture, 1992, 68 p.

ROUET (François) : *Le livre, mutation d'une industrie culturelle*, Paris, La Documentation Française, 1992, 272 p.

TABLE

INTRODUCTION ... 9

Chapitre 1 : Deux types de commerces distincts (XVème-XVIIIème siècles) ... 15

I/ Deux catégories distinctes de commerçants ... 19
1- Les libraires ... 19
L'invention de Gutenberg révolutionne la circulation de l'écrit et les métiers du livre ... 20
De l'art d'être libraire ... 28
Le travail avec les auteurs ... 34
2- Les colporteurs ... 41
Le colportage des livres et ses contraintes ... 42
L'édition de colportage ... 50
La clientèle des colporteurs ... 56

II/ Diverses instances de contrôle du commerce des livres ... 63
1- Organisation et contrôle professionnels ... 63
Hiérarchisation du métier ... 63
Les corporations de libraires ... 69
Les privilèges, protection commerciale aux mains des grands libraires parisiens ... 73
2- Administration politique des catégories institutionnalisées ... 79
La librairie comme enjeu politique ... 79
Détournements des mesures coercitives ... 87
Particularité des livres de colportage ... 94

Conclusion ... 98

Chapitre 2 : Le commerce du livre : vers une seule et même activité (XIXème siècle) — 101

I/ Conditions de création d'un marché de l'imprimé — 105

1- Les retentissements de l'abolition des corporations — 105
Libéralisation des métiers — 105
Conséquences des progrès techniques sur les métiers du livre — 111
Évolution des valeurs de référence dans le travail — 115

2- De l'économie de monopole à l'économie de marché — 120
Pénétration de l'esprit du capitalisme dans les métiers du livre — 120
Évolution des rapports auteurs-libraires — 125

3- Les cadres légaux des commerces des livres — 132
La réglementation de la librairie — 132
La fin des tournées de colportage de livres — 139

II/ Élaboration de la librairie moderne — 148

1- Réorganisation structurelle de la diffusion des livres — 148
Extention du commerce des livres au niveau national — 149
Nouvelle structuration du commerce des livres — 154
Séparation de la librairie et de l'édition — 158

2- Évolution de la clientèle — 162
Le développement de l'enseignement et ses conséquences sur le marché des livres — 163
Les conséquences de l'économie de marché sur la librairie et l'édition — 169

3- Les débuts de la librairie dans le commerce des livres — 172
La librairie quitte l'artisanat pour le commerce — 173
La valeur sociale du statut des nouveaux libraires dans l'économie de marché — 178

Conclusion — 184

Chapitre 3 : Librairie, une activité professionnelle non reconnue socialement (fin du XXème siècle) — 187

I/ La librairie aujourd'hui — 191
1- Un statut social flou et peu valorisant — 191
Le commerce des livres, un secteur de peu d'intérêt — 191
Le commerce des livres dans les classements administratifs — 195
La vente des livres, un commerce de détail parmi d'autres ? — 202
2- La vente des livres : un commerce particulier — 206
La pratique ordinaire du libraire — 207
La librairie appréhendée en termes de métier — 216
La notion de service comme spécificité de la librairie — 220

II/ Une identité professionnelle à construire contre celle de vendeur de livres — 226
1- Formation de l'identité professionnelle — 226
Socialisation et mode d'identification professionnelle — 227
Quatre groupements professionnels de libraires — 234
Polarisation des identités professionnelles et répartition des rôles — 241
2- Élaboration d'une visibilité du métier au travers des groupements — 248
Légitimité des groupements comme pôles identitaires — 248
Une voie de professionnalisation — 255
Un vecteur de reconnaissance professionnelle et sociale — 262

Conclusion — 268

CONCLUSION — 271

ANNEXES — 275
INDEX — 299
BIBLIOGRAPHIE — 303

Collection *Logiques Sociales*
*fondée par Dominique Desjeux
et dirigée par Bruno Péquignot*

Déjà parus

MARTIN C. et LE GALL D., *Familles et politiques sociales. Dix questions sur le lien familial contemporain*, 1996.
NEYRAND G., M'SILI M., *Les couples mixtes et le divorce*, 1996.
Dominique DESJEUX, *Anthropologie de l'électricité*, 1996.
Yves BOISVERT, *Le monde postmoderne*, 1996.
Marcel BOLLE DE BAL (ed), *Voyage au coeur des sciences humaines De la reliance*, 1996 (Tome 1 et 2).
J. FELDMAN, J-C FILLOUX, B-P LÉCUYER, M. SELZ, M.VICENTE, *Epistémologie et Sciences de l'homme*, 1996.
P. ALONZO, *Femmes employées*, 1996.
Monique BORREL, *Conflits du travail, changement social et politique en France depuis 1950*, 1996.
Dominique LOISEAU, *Femmes et militantismes*, 1996.
Hervé MAUROY, *Mutualité en mutation*, 1996.
Nadine HALITIM, *La vie des objets. Décor domestique et vie quotidienne dans des familles populaires d'un quartier de Lyon, La Duchère,1986-1993*, 1996.
A CORZANI, M. LAZZARATO, A. NEGRI, *Le bassin de travail immatériel (BTI) dans la métropole parisienne*, 1996.
Pierre COUSIN, Christine FOURAGE, Kristoff TALIN, *La mutation des croyances et des valeurs dans la modernité. Une enquête comparative entre Angers et Grenoble*, 1996.
Chantal HORELLOU-LAFARGE (Sous la direction de), *Consommateur, usager, citoyen : quel modèle de socialisation ?*, 1996.
Roland GUILLON, *Les syndicats dans les mutations et la crise de l'emploi*, 1997.
Dominique JACQUES-JOUVENOT, *Choix du successeur et transmission patrimoniale*, 1997.
Philippe LYET, *L'organisation du bénévolat caritatif*, 1997.
Annie DUSSUET, *Logiques domestiques. Essai sur les représentations du travail domestique chez les femmes actives de milieu populaire*, 1997.Guido de RIDDER (coordonné par), *Les nouvelles frontières de l'intervention sociale*, 1997.

Collection *Logiques Sociales*
*fondée par Dominique Desjeux
et dirigée par Bruno Péquignot*

Déjà parus

Jean-Bernard WOJCIECHOWSKI, *Hygiène mentale, hygiène sociale : contribution à l'histoire de l'hygiénisme.* Deux tomes, 1997.
René de VOS, *Qui gouverne ? L'État, le pouvoir et les patrons dans la société industrielle*, 1997.
E. MATTEUDI, *Structures familiales et développement local*, 1997.
Françoise DUBOST, *Les jardins ordinaires*, 1997.
M. SEGRÉ, *Mythes, rites, symboles de la société contemporaine*, 1997.
Roger BASTIDE, *Art et société*, 1997.
Joëlle AFFICHARD, *Décentralisation des organisations et problèmes de coordination : les principaux cadres d'analyse*, 1997.
Jocelyne ROBERT, *Jeunes chômeurs et formation professionnelle. La rationalité mise en échec*, 1997.
Catherine SELLENET, *La résistance ouvrière démantelée*, 1997.
Laurence FOND-HARMANT, *Des adultes à l'Université. Cadre institutionnel et dimensions biographiques*, 1997.
Jacques COMMAILLE, François de SINGLY, *La question familiale en Europe*, 1997
Antoine DELESTRE, *Les religions des étudiants*, 1997.
R. CIPRIANI (sous la direction de), *Aux sources des sociologies de langue française et italienne*, 1997.
Sylvette DENEFLE, *Sociologie de la sécularisation*, 1997.
Pierre-Noël DENIEUIL, *Lieu social et développement économique*, 1997.
M. KARA, *Les tentations du repli communautaire. Le cas des Franco-Maghrébins en général et des enfants de Harkis en particulier*, 1997.
Michel BURNIER, Sylvie CÉLÉRIER, Jan SPURK, *Des sociologues face à Pierre Naville ou l'archipel des savoirs*, 1997.
Guy BAJOIT et Emmanuel BELIN (dir.), *Contribution à une sociologie du sujet*, 1997.
Françoise RICHOU, *La Jeunesse Ouvrière Chrétienne (J.O.C.), genèse d'une jeunesse militante*, 1997.
Claude TEISSIER, *La poste: logique commerciale/logique de service public. La greffe culturelle*, 1997.
Jacques LE BOHEC, *Les rapports presse-politique. Mise au point d'une typologie "idéale"*, 1997.

Série Théories sociologiques
Collection ***Logiques Sociales***
dirigée par Monique Hirschhorn

Déjà parus

M. HIRSCHHORN, J. COENEN-HUTHER, *Durkheim-Weber. Vers la fin des malentendus,* 1994.
C. GIRAUD, *Concept d'une sociologie de l'action. Introduction raisonnée*, 1994.
J. COENEN-HUTHER, *Observation participante et théorie sociologique*, 1995.

624464 - Octobre 2015
Achevé d'imprimer par